Mes chroniques américaines

André Kaspi

Mes chroniques américaines

De Pocahontas à Joe Biden, 20 moments clés de l'histoire des États-Unis

Éditions de L'Observatoire

ISBN : 979-10-329-1491-5
Dépôt légal : 2023, janvier

170 *bis*, boulevard du Montparnasse, 75014 Paris

Avant-propos

L'histoire des États-Unis est courte - à peine quatre siècles. Elle commence par la colonisation de la Virginie, qui honore Elizabeth Ire, la reine « vierge ». Mais aussi avec l'arrivée des Pèlerins, à bord du *Mayflower*, aux alentours du Cap Cod, ces protestants dissidents qui ne trouvaient plus leur place en Europe. C'est une histoire qui connaît ses heures de gloire et ses tragédies. De Pocahontas à Joe Biden, des personnalités hors du commun comme Washington, Franklin, Jefferson, La Fayette, Lincoln, Franklin D. Roosevelt, John F. Kennedy, Ronald Reagan ont laissé une forte empreinte sur leur temps et sur le nôtre. La proclamation de l'indépendance des colonies en 1776, l'adoption d'une Constitution fédérale toujours en vigueur, la guerre de Sécession qui fit plus de 700 000 morts (des Américains tués par d'autres Américains, une terrible guerre civile), la carrière spectaculaire d'un industriel comme Andrew Carnegie, la mise en valeur des Grandes Plaines et de la côte Pacifique, l'immigration de masse, le New Deal, la guerre froide et le maccarthysme, le général de Gaulle aux côtés des États-Unis ou face à eux, voilà des moments qui n'ont pas fini d'exercer leur influence sur notre temps. Que nous le voulions ou non, que nous en soyons conscients ou non, cette histoire nous fascine ; elle nous inquiète ou nous rassure. Le cinéma et la littérature ne cessent pas de nous la raconter, de l'exalter, de la déformer. Et puis, la plupart des innovations que connaît notre société, nous les empruntons aux Américains. Oui, l'histoire des États-Unis influence notre vie quotidienne. Elle l'a envahie. Nous croyons la connaître. Et pourtant, elle conserve à nos yeux bien des mystères - en tout cas, des faces cachées.

Je n'ai pas tenté de retracer dans le détail les quatre cents ans de cette société, de ce pays étonnant, que nous imitons volontairement ou non, ou que nous détestons. Mon ambition est beaucoup plus modeste. Je voudrais proposer une promenade dans le passé et le présent. Avec une seule volonté : faire mieux connaître les moments les plus importants, les personnalités les plus influentes, les métamorphoses d'un pays qui nous fait rêver. C'est qu'il ne cesse pas de nous poser des questions sur notre présent et sur notre avenir. Quelles sont ces institutions politiques qui n'ont guère changé depuis la fin du XVIIIe siècle ? Comment une nation de 330 millions de citoyens résiste-t-elle aux querelles partisanes, aux divisions de toutes sortes, aux influences extérieures ? Pourquoi sommes-nous fascinés, au point que nos vies, nos mœurs, notre culture subissent l'attrait d'une société dont 6 000 kilomètres et même davantage nous séparent ?

Mes choix sont personnels. Les opinions que j'émets peuvent être et seront critiquées. Les analyses que je propose, le lecteur les applaudira ou les rejettera. Cela fait bien des années qu'à l'université comme dans la société, j'ai rencontré des approbations ou des rejets, plus rarement l'indifférence. Je ne serais pas surpris par les réactions contradictoires que provoqueront ces *Chroniques*. L'Amérique, ce n'est pas un secret ni une découverte, ne laisse personne insensible. Tant mieux ! Toutefois, je formule un vœu, qui est aussi ma seule ambition. C'est que le lecteur partage avec moi cette curiosité, ce goût de la découverte, le plaisir d'une promenade à travers les siècles.

1

Pocahontas, la belle sauvage

Son histoire ressemble à un conte de fées. En 1607, une jeune Indienne sauve de la mort un aventurier anglais. Pocahontas est la fille du roi Powhatan, qui règne sur une trentaine de tribus algonquines. John Smith, lui, a traversé l'Atlantique pour fonder une colonie dans cette Virginie inconnue, peut-être prospère, en un mot mystérieuse. Sept ans plus tard, la princesse épouse un autre aventurier, John Rolfe. Un enfant naît de leur union. Tous trois partent pour l'Angleterre en 1616. Ils vont rendre visite au roi d'Angleterre, Jacques Ier. Dès leur arrivée en Europe, ils sont l'objet d'une insatiable curiosité. Fille d'un roi, Pocahontas ne peut être qu'une princesse. Convertie au protestantisme, elle est devenue lady Rebecca. Hélas ! la belle histoire prend fin en 1617. Sur le bateau qui la ramène en Amérique, elle tombe malade, sans doute victime de la variole ou de la tuberculose. Elle meurt près de l'embouchure de la Tamise. Elle aurait été enterrée près de Gravesend, mais sa tombe a été détruite par un incendie au début du XVIIIe siècle. Est-elle l'une des figures fondatrices des États-Unis ? Le symbole de la fraternité entre Indiens et Européens ? Ou plus simplement une légende qui contredit l'histoire ?

Des Anglais en Amérique

Comme les Espagnols, comme les Français, les Anglais cherchent à prendre pied sur le continent que Christophe Colomb a découvert en croyant qu'il touchait aux abords des Indes. Dès 1497, John Cabot, un Génois au service du roi d'Angleterre, longe les côtes américaines et laisse son nom à cette navigation côtière. Giovanni da Verrazzano, puis Jacques Cartier participent aux explorations, au nom du roi de France, François Ier. Près d'un siècle plus tard, en 1576, l'Anglais Humphrey Gilbert est missionné par la Compagnie de Cathay pour découvrir un passage vers la Chine. Il pourrait établir des bases en Amérique et dévaliser les galions espagnols qui transportent de l'or vers l'Europe. Il pilote plusieurs expéditions et finalement renonce. Son demi-frère, sir Walter Raleigh, relève le défi. En 1585, il crée une colonie sur l'île de Roanoke, entre ce qui est aujourd'hui la Caroline du Nord et la Virginie. C'est là que naît, deux ans plus tard, une fille qui sera considérée comme la première Américaine. Mais la colonie ne survit pas. Les Anglais n'ont pas découvert le passage vers la Chine. Ils n'ont pas, non plus, créé le moindre comptoir de l'autre côté de l'Atlantique.

Ils n'en sont pas moins attirés par cette Amérique du Nord qu'ils ont baptisée Virginie, en l'honneur de la reine Elizabeth Ire, la « reine vierge ». Son successeur, Jacques Ier, favorise la création de la Compagnie de Virginie, divisée en deux sociétés, l'une établie à Plymouth et chargée de mettre en valeur le nord du territoire ; l'autre établie à Londres et chargée de mettre en valeur le Sud. En décembre 1606, la Compagnie de Londres affrète trois navires, le *Susan Constant*, le *Godspeed* et le *Discovery*.

À bord, une centaine d'hommes qui parviennent à destination en mai 1607, après une traversée de l'Atlantique qui a duré dix-huit semaines. Leur mission : établir une colonie à l'embouchure d'un cours d'eau qu'ils s'empressent de baptiser la James (en l'honneur du roi) et de fonder un comptoir qu'ils nomment Jamestown. John Smith, âgé de 27 ans, prend le commandement. Il ne manque pas d'énergie ni d'expérience puisqu'il a combattu les Turcs du côté de la Hongrie.

Les colons cherchent de l'or. Espoir déçu. Pour se nourrir, ils cultivent du maïs. Ils exportent du bois de cèdre. Impossible, toutefois, de ne pas entrer en contact avec ces hommes et ces femmes, un peu bizarres, qu'on appelle par erreur des Indiens. Ils ont un mode de vie rudimentaire. Ce sont des chasseurs et des pêcheurs. Ils pratiquent la cueillette des fruits sauvages. Les femmes cultivent le maïs et la courgette. Ils ignorent l'écriture. Ils ne connaissent pas la roue. Ils n'ont jamais vu de chevaux. Leur religion n'a rien à voir avec le christianisme. Pourtant, ils sont indispensables à la survie des nouveaux venus. Ce sont « de bons sauvages » qui apprennent aux colons anglais comment semer le grain, comment naviguer sur les cours d'eau, comment chasser et ramasser les huîtres et d'autres fruits de mer. En contrepartie, les colons apportent aux Indiens les armes à feu, qui sont efficaces pour chasser et livrer bataille. Ils vendent ou donnent aux Indiens des alcools en tous genres qui sont consommés sans aucune modération avec des effets terriblement destructeurs sur les organismes.

Le roi Powhatan est curieux de connaître John Smith et ses compagnons. Il est aussi méfiant dans la mesure où ces nouveaux venus menacent son autorité et prennent les bonnes terres du front de mer. Les colons apprennent à cultiver le tabac. Une plante qui rapporte gros, qu'ils ont importée des Caraïbes, car en Europe, les fumeurs sont de plus en plus nombreux. Voilà une plante qui sauve la colonie d'un désastre complet. Mais les relations des Anglais avec les Indiens dégénèrent. John Smith aurait tué plusieurs Indiens. Dans quelles circonstances ? On ne sait pas. C'est pourquoi, en 1608, il est capturé par les proches du roi et condamné à mort. Sur le point d'être exécuté, le voilà sauvé par Pocahontas qui a intercédé en sa faveur. Pourquoi cette jeune fille de 12 ans intervient-elle ? On l'ignore. Toujours est-il qu'elle devient l'intermédiaire entre les Indiens et les colons. Elle aurait appris un peu d'anglais auprès de John Smith, et John Smith connaîtrait quelques mots dans la langue des Indiens. Des échanges rapprochent les uns des autres. Les colons continuent de fournir des fusils et des épées, des objets en cuivre, des perles et des meules. Les Indiens livrent du maïs. Il n'empêche que les relations entre les deux partenaires vont de mal en pis.

Pocahontas continue de servir de lien. En 1613, elle a maintenant 16 ou 17 ans. Elle porte les habits d'une femme de haute lignée. Elle a épousé l'un des membres de sa tribu. Mais elle est capturée par les colons, sans doute pour servir d'otage ou d'intermédiaire. John Rolfe, qui cultive le tabac, est veuf. Il voudrait épouser Pocahontas, à condition qu'elle devienne chrétienne. Il ressent, dit-il, une affection profonde pour la jeune femme. On peut supposer qu'il ne peut pas faire marcher tout seul son exploitation. Pocahontas accepte le baptême et abandonne son premier époux. Elle prend le nom de Rebecca. Le mariage avec Rolfe a lieu en avril 1614. Un garçon naît l'année suivante et meurt quelques mois plus tard. Les relations avec les Indiens sont apaisées.

Lady Rebecca

Lady Rebecca devient le symbole d'une implantation réussie des colons en Virginie. Son séjour en Angleterre serait une excellente opération commerciale. La jeune femme provoquerait la curiosité et l'admiration. Les actionnaires qui ont placé leurs capitaux dans la Compagnie de Virginie seraient ravis. Ils pourraient acquérir, de leurs propres yeux, la certitude que leurs placements ont été judicieux et rapportent de fructueux bénéfices. D'autres investisseurs ne manqueraient pas de les rejoindre. Bref, le voyage en Angleterre ressemble à une opération publicitaire. Il est d'ailleurs financé par la Compagnie de Virginie.

Lady Rebecca fait merveille. Son titre de princesse impressionne. À tel point que le roi d'Angleterre juge inconvenant qu'un homme du peuple, comme Rolfe, ait pu épouser la fille d'un roi. Pocahontas est accompagnée par une douzaine d'Indiens et d'Indiennes. Les visiteurs donnent un spectacle à la cour. La jeune femme est assise aux côtés de Jacques Ier et de son épouse, la reine Anne. Auprès du plus grand nombre, elle ne suscite aucune sympathie. Elle est et elle reste « une Virginienne », une femme étrange, un spécimen venu d'ailleurs qu'on regarde avec curiosité sans plus. Puis, le groupe parcourt le royaume. La jeune femme retrouve John Smith. L'émotion saisit l'un et l'autre, si l'on en croit le récit de Smith. Pocahontas reproche à ce dernier d'avoir maltraité Powhatan. Elle avait entendu dire, précise-t-elle, que Smith était mort, mais ni elle ni son père n'ont cru cette rumeur, car les colons « mentent beaucoup ».

Tout irait-il pour le mieux dans le Nouveau Monde ? Les Anglais de Virginie ne sont que 400 en avril 1618. Dans les six années suivantes, 4 000 nouveaux arrivants renforcent la colonie. Les Indiens redoutent que les colons ne s'emparent de leurs terres. Pocahontas n'est plus là pour apaiser les tensions. Les dissensions de plus en plus profondes entre les Indiens et les colons dégénèrent en escarmouches, puis en une guerre qui éclate après la mort de Powhatan. Son frère prend en 1622 la tête d'une révolte qui fait 350 morts du côté des Anglais ; vingt ans plus tard, une nouvelle guerre entraîne le massacre de 500 Anglais et la mort du chef des Indiens. Le temps de Pocahontas est passé. Le roi d'Angleterre dissout la Compagnie de Virginie en 1624. Il gouverne désormais la colonie. La fraternité, au moins une certaine connivence, les relations cordiales ont disparu. L'histoire cède la place au mythe.

Au-delà du mythe

En réalité, Pocahontas est un surnom signifiant « l'Enjouée ». Son vrai nom, c'est Amonute, à moins que ce soit Matoaka. Elle n'est pas une princesse. Elle est la fille favorite de Powhatan, qui lui-même n'est pas un roi, mais le chef d'une confédération de tribus qui rassemble sans doute 25 000 personnes. Comme toutes les femmes de ces tribus, la jeune femme a appris à connaître les plantes comestibles. A-t-elle vraiment sauvé John Smith de la mort ? Ce n'est pas sûr. Il a raconté ses aventures virginiennes pour la première fois en 1608, sans jamais mentionner l'acte héroïque de Pocahontas. Craignait-il d'effrayer les actionnaires de la Compagnie de Virginie ? Voulait-il les rassurer en présentant sous un jour favorable les relations avec les Indiens ? En 1616, il écrit une lettre à la reine. Il sait que Pocahontas doit venir en Angleterre.

Il raconte comment il a été sauvé de la mort par la jeune fille. C'est dans son nouveau récit, qu'il publie en 1624, bien après la mort de Pocahontas, qu'il relate l'héroïsme de la jeune fille. Il se pourrait que Smith ait été initié aux rites indiens, et qu'il n'ait pas été menacé de mort. En ce cas, il aurait déformé la réalité pour défendre les intérêts de la compagnie. Et plus tard, pour vendre son *Histoire générale* et profiter de la gloire posthume de l'Indienne. Rien n'est certain dans ce récit d'une lointaine époque, sinon que la Compagnie de Virginie a besoin d'argent et cherche à séduire de nouveaux actionnaires.

Quel était le rôle exact de la jeune fille ? Sans doute a-t-elle servi d'intermédiaire. Peut-être a-t-elle été prise en otage par les successeurs de Smith. Ou bien, du fait de ses liens de filiation avec Powhatan, garantissait-elle que de bonnes relations seraient maintenues entre les Indiens et les colons. Quoi qu'il en soit, il est certain que son rôle ne s'est pas arrêté en 1608. Elle serait tombée amoureuse de John Rolfe, alors qu'elle était déjà mariée. Il est vrai que les liens du mariage ne reposaient pas à cette époque sur l'amour, mais sur l'intérêt des deux parties. Dans la mesure où il fallait que Pocahontas épousât Rolfe, il devenait inévitable qu'elle divorce - une procédure qui existait chez les Indiens. Enfin, comment expliquer sa conversion au christianisme ? Elle était prisonnière des colons. Elle a appris leur langue, leurs manières de vivre. Le révérend Alexander Whitaker a été persuasif. On n'en sait pas davantage. Là encore, les intérêts de la Compagnie de Virginie ont été plus forts que les croyances réelles de la jeune femme. Il fallait qu'elle fût chrétienne pour épouser Rolfe et pour montrer aux actionnaires que la recherche des profits n'excluait pas des motivations religieuses.

Le mythe de Pocahontas

Si l'on ajoute que des aventures semblables ont été racontées par des chroniqueurs espagnols, on pourra conclure que la belle histoire de Pocahontas reste mystérieuse, qu'elle ressemble à un mythe fondateur.

Elle justifie, aujourd'hui comme hier et avant-hier, la colonisation de la Virginie. Elle symbolise la formation d'une société multiculturelle. Dans cette perspective, la nation américaine serait née de la fusion entre les immigrants européens et les Indiens. Les guerres indiennes qui ont tragiquement illustré le XVIIe siècle, et surtout les deux siècles suivants, n'avaient rien d'inévitable. Les colons ne seraient pas coupables de la maltraitance des Indiens. Quoi qu'il en soit, au XXe siècle, les Indiens, « les bons Indiens », ceux qui sont convertis au christianisme, qui ont déposé les armes et n'ont qu'une ambition, la paix, qui aspirent à entrer de plain-pied dans la société américaine, qui admirent « les Blancs », seraient les descendants spirituels de Pocahontas. « La princesse indienne » incarnerait une forme de *melting pot*. Cette intégration aurait pour auteur une femme, ce qui réjouit le mouvement féministe qui naît à la fin du XIXe siècle. Mais il faut préciser que le mythe de Pocahontas reste étranger aux Indiens eux-mêmes, qui en soulignent les effets négatifs et non les prétendus bénéfices.

Rien de comparable avec l'histoire des Pèlerins qui, en 1620, prennent pied dans les environs du cap Cod et contribuent au développement de l'autre compagnie de Virginie, celle de Plymouth. Les Pèlerins sont des puritains séparatistes. Ils seront renforcés ou remplacés par d'autres puritains qui donnent une couleur particulière à la colonisation de la Nouvelle-Angleterre. Très vite, ils combattent les Indiens. Ils ne cherchent pas ou ne parviennent pas à les convertir. La Virginie exalte, elle, Pocahontas et son héritage, comme si c'était son originalité, sa personnalité, sa participation exceptionnelle à l'histoire des États-Unis. Aujourd'hui, la Virginie serait le berceau de la prospérité américaine et d'une forme de multiculturalisme. L'arrivée en 1619 d'une vingtaine d'esclaves africains compterait moins, infiniment moins, que les relations amicales entre John Smith et Pocahontas, entre les premiers colons et Powhatan.

Pocahontas, c'est un mythe nécessaire. La vie, réelle ou inventée, de Pocahontas n'a pas cessé de stimuler l'imagination des écrivains, puis des cinéastes. J.N. Barker, au début du XIXe siècle, a raconté l'histoire de « la princesse indienne ou la belle sauvage », en insistant sur le mariage avec John Rolfe et en y ajoutant le ballet des dames d'honneur (plutôt dévêtues). En revanche, George Washington Parke Custis, le petit-fils de l'épouse de George Washington et beau-père du général Robert Lee (commandant des armées du Sud pendant la guerre de Sécession), a exalté le rôle des Indiens, de la belle princesse dans l'histoire de la Virginie. Pourtant, c'est le music-hall et surtout le cinéma qui ont fait de Pocahontas l'héroïne fondatrice des États-Unis, et ce, dès les premières années du XXe siècle. Les films sur Pocahontas se sont succédé. Est-elle une princesse ou simplement une « squaw » ? Les cinéastes hésitent. Quand Pocahontas n'est pas l'héroïne du scénario, c'est souvent une Indienne qui vient en aide aux Blancs, qu'ils soient cowboys ou fermiers. Le rôle est tenu par des actrices de grand talent et d'une grande beauté comme Yvonne de Carlo, Elsa Martinelli, Linda Darnell, Marisa Pavan ou Donna Reed. Le personnage ressemble toujours à Pocahontas. Les Japonais et les Canadiens n'ont pas hésité, eux aussi, à raconter l'histoire de « la belle sauvage ». Il n'empêche que c'est Walt Disney qui, depuis 1995, assure par son dessin animé l'immortalité à Pocahontas.

Très curieusement, il est fréquent que dans les scénarios, Pocahontas tombe amoureuse de John Smith. C'est plus romantique. L'infortuné John Rolfe disparaît alors dans les oubliettes de l'histoire. Les peintres et les sculpteurs n'ont pas manqué, eux aussi, d'évoquer dans leurs œuvres la fille préférée de Powhatan. En 1907, la ville de Norfolk a célébré le 300e anniversaire de la fondation de Jamestown. À cette occasion, un timbre de 5 cents a été émis à l'effigie de Pocahontas. Il a été imprimé à 8 millions d'exemplaires. Enfin, plusieurs personnalités publiques font état de leurs liens de parenté avec Pocahontas, comme si elle rappelait ainsi leur profonde implantation dans l'histoire des États-Unis. C'était le cas d'Edith Wilson, la seconde épouse du président Woodrow Wilson. Plus récemment, Donald Trump s'est moqué d'Elizabeth Warren, sénatrice du Massachusetts, qui se vante d'avoir des origines indiennes. Il l'a baptisée Pocahontas.

L'image de la jeune Indienne reste gravée dans l'imaginaire des Américains. Mieux encore, elle sert de référence historique. Elle embellit l'implantation des colons anglais en Virginie. Elle atténue le fait qu'ils avaient l'appât du gain. Elle unit le bon colon et la charmante indigène. Quatre siècles après sa mort, Pocahontas ou lady Rebecca vit encore... dans la mémoire des Américains.

2

Qu'est-ce qu'un Américain ?

Depuis qu'ils ont conquis leur indépendance, les Américains ne cessent de se demander ce qu'ils sont. Et nous aussi, nous nous posons la même question. À la fin du XVIIIe siècle, Michel de Crèvecœur, qui fut consul de France à New York, croyait donner la bonne réponse : le peuple américain, écrivait-il, c'est « un mélange d'Anglais, d'Écossais, d'Irlandais, de Français, de Hollandais, d'Allemands et de Suédois ». Au passage, il oubliait les esclaves noirs qui assuraient la prospérité des plantations du Sud. Depuis longtemps, la définition de Crèvecœur paraît beaucoup trop étroite. Au début du XXe siècle, Israel Zangwill intitulait sa pièce de théâtre *Le Melting Pot*. Il décrit ainsi une nation d'immigrants venus des quatre coins du monde, destinés bon gré mal gré à vivre ensemble. Les États-Unis ? Une tour de Babel, une Terre promise où coulent le lait et le miel. Et pour symboliser cette ouverture sur le monde, voici, à l'entrée du port de New York, la statue de la Liberté, que la France a offerte aux États-Unis à la fin du XIXe siècle. Elle est dédiée « aux foules harassées, accablées par la pauvreté, grouillantes, qui cherchent à respirer librement [...], les sans-abri ballottés par la tempête ».

Impossible de comprendre l'histoire des Américains, la découverte, l'exploration, la mise en valeur d'un territoire grand comme dix-huit fois la France, les comportements et la culture des États-Unis sans commencer par décrire la formation du peuplement. Ici, les hommes et les femmes, plus encore que les ressources matérielles, donnent la clef de toute interprétation.

Le rêve américain

Jusque vers 1890, la Frontière existe. C'est une zone de peuplement épars que les démographes définissent tant bien que mal : au moins 2 habitants, au plus 6 habitants par mille carré (un mille carré équivaut à 2,59 km²). Au-delà, c'est la *wilderness,* « la sauvagerie », d'immenses étendues à peine découvertes, parcourues par les tribus indiennes. La Frontière se déplace. Au temps de la fondation des colonies, au XVIIe siècle, elle longe la côte atlantique. Au lendemain de l'Indépendance, elle franchit la crête des Appalaches. Puis, l'achat de la Louisiane à la France en 1803, l'entrée du Texas dans l'Union en 1845, l'annexion en 1848 de la Californie, de l'Arizona, de l'Utah, du Nouveau-Mexique, la cession par la Grande-Bretagne du territoire de l'Oregon (qui correspond aux actuels États de l'Oregon et du Washington), l'achat de l'Alaska aux Russes en 1867, l'annexion d'Hawaii en 1898, voilà autant d'étapes vers les États-Unis d'aujourd'hui, autant de bonds successifs qui finissent par repousser la Frontière et par gommer la *wilderness.*

Il y a de quoi attirer les Européens, des espaces infinis, plus ou moins correctement cartographiés, des richesses agricoles et minières qu'on découvre et qu'on croit illimitées, un extraordinaire potentiel économique qui fait rêver. Ce qui fascine les candidats à l'émigration, ce ne sont pas tant les réalités qu'ils ignorent ou qu'ils imaginent, c'est le tableau fantaisiste qu'ils peignent dans leurs rêves. L'Amérique, c'est la fortune à portée de mains, du travail pour tous, la fin de la famine pour les Irlandais. « Mon oncle d'Amérique » est millionnaire ; pourquoi pas moi ? L'Amérique, c'est la liberté pour les exilés politiques, pour les socialistes de toutes obédiences, pour les utopistes qui ambitionnent de bâtir de nouvelles communautés, pour les minorités religieuses et ethniques victimes de persécutions et de discriminations en Europe.

Ah ! les nouvelles d'Amérique ! Elles arrivent au compte-gouttes. On les dévore, on les diffuse, on les embellit. Elles passent d'un village à l'autre. Les gazettes s'en emparent. « Une lettre de Nouvelle-Angleterre, raconte un puritain du XVIIe siècle, était vénérée comme de saintes Écritures, comme les écrits d'un prophète. On la faisait circuler [...] et une foule d'âmes pieuses était encouragée à se joindre à l'Œuvre. » Un Norvégien du Middle West pense à ses compatriotes qui ne connaissent pas le bonheur de vivre en Amérique, « aux pauvres des villes et des campagnes contraints de mendier. Comme ils seraient heureux, les pauvres et les sans-terres, s'ils étaient ici, en particulier ceux qui sont honnêtes et pleins d'allant. »

Ce sont d'abord les Anglais qui embarquent vers les colonies américaines du royaume. Dans les premières années du XVIIe siècle, on estime à 40 000, soit 1 % de la population des îles Britanniques, les émigrants qui partent pour le Nouveau Monde. Les uns sont poussés par des motivations religieuses. Les Pèlerins et les puritains redoutent de subir la loi de l'Église anglicane. Ils s'établissent en Nouvelle-Angleterre. Les presbytériens, plutôt d'origine écossaise, agriculteurs ou commerçants, rejettent le système foncier du royaume. Ils peuplent la Pennsylvanie et s'enfoncent à l'intérieur du continent, le long des Appalaches. Les Allemands, piétistes et luthériens, choisissent, eux aussi, la Pennsylvanie, sans doute plus accueillante que les autres colonies. Les Hollandais ont fondé La Nouvelle-Amsterdam qui deviendra New York. Les Juifs sépharades ont fui l'Espagne et le Portugal. Ils se fixent dès 1654 auprès des Hollandais ; puis, ils cherchent un refuge plus sûr dans le Nouveau Monde. En 1619, débarque en Virginie une première cargaison d'esclaves africains, arrachés de l'Angola par les marchands portugais - l'aurore d'une triste et longue odyssée. C'est aussi le début d'une agriculture prospère, fondée sur le tabac, plus tard sur le coton.

Bref, voilà une Amérique diverse, pluriethnique, une mosaïque des peuples. En apparence seulement. En 1790, les États-Unis mettent sur pied le premier de leur recensement. La population d'origine anglaise compte pour 60,9 % des Blancs ; les Écossais, pour 8,3 % ; les Irlandais, pour 9,7 % ; les Allemands, pour 8,7 %. C'est une Amérique anglophone, celle que Crèvecoeur a décrite. L'organisation sociale, les institutions politiques, la vie culturelle plongent leurs racines dans le terreau anglais. Avec une différence : l'Amérique veut être une Angleterre plus vertueuse, plus libre, qui répondra aux exigences spirituelles et morales, qui se soumettra sans restriction aux lois divines. Les États-Unis veulent surtout rester indépendants de l'Europe. L'Américain aspire à construire une société nouvelle, de l'autre côté de l'Atlantique.

Avec, toutefois, deux différences qui marquent la spécificité de la société américaine. À la fin du XVIIIe siècle, les États-Unis comptent 750 000 Noirs, soit près de 20 % de la population. Ils sont esclaves et travaillent dans les plantations du Sud pour la très grande majorité ; ou bien dans les activités artisanales et industrielles du Nord. Ils n'ont aucun droit politique, mais ils comptent pour les trois cinquièmes des Blancs dans la répartition des sièges entre les États à la Chambre des représentants. Enfin, des tribus indiennes survivent à proximité des villes et des villages. Elles vivotent grâce à des échanges avec les Blancs. Il leur arrive de combattre les unes contre les autres. Les relations avec les Européens sont tantôt pacifiques, tantôt violentes. Somme toute, les États-Unis qui viennent d'acquérir leur indépendance ne sont plus une simple dépendance de l'Europe. Ils forment une société différente. L'Américain n'est pas un Européen d'outre-Atlantique.

Au temps du *melting pot*

Au XIXe siècle, l'immigration continue d'alimenter la croissance démographique. Mais les origines des immigrants ne sont plus tout à fait les mêmes qu'auparavant. Il y a encore des Britanniques, des Irlandais, des Allemands. Les Scandinaves sont plus nombreux. Les Canadiens et les Mexicains arrivent à leur tour. L'arithmétique surtout a changé. Dans la dernière décennie du XVIIIe siècle, 50 000 Européens immigrent aux États-Unis ; dans la décennie suivante, 70 000. À partir de 1832, le rythme annuel avoisine 60 000. Il atteint 400 000 au début des années 1850. Au total, 5 millions d'entrées entre 1815 et 1860, dont plus de la moitié viennent des îles Britanniques, et 1,5 million d'Allemagne, de Scandinavie et des Pays-Bas. C'est déjà un mouvement de masse qui annonce les déferlements de la fin du XIXe siècle. Un Américain sur huit est alors né à l'étranger.

Longtemps, les immigrants se livrent dans leur quasi-totalité aux travaux des champs et à l'élevage du bétail.

Leur bonheur, c'est celui du fermier. Comme Thomas Jefferson, ils diraient volontiers que « ceux qui travaillent la terre sont les élus de Dieu. Il a déposé en leur sein la vertu authentique et sincère ». Puis, à mesure que le temps passe, la majorité des immigrants préfèrent les villes. L'Amérique qui les attire, c'est l'Amérique industrielle, celle des capitaines d'industrie, des innovations techniques, de la modernité. Ils se concentrent dans des activités spécifiques. L'immigration contribue à la croissance démographique, fournit la main-d'œuvre que réclame l'industrie, gonfle la demande du marché intérieur. Sans elle, les États-Unis ne seraient pas devenus l'une des grandes puissances industrielles du monde contemporain.

En 1890, le Bureau du recensement annonce la disparition de la Frontière. Plus d'espaces illimités. Les Indiens, quelle que soit leur tribu, ont été repoussés, souvent massacrés, refoulés dans des lieux qu'on pense infertiles. Le territoire national est désormais arpenté. Et le flot des immigrants continue d'envahir les ports de l'Atlantique. Il prend des dimensions inouïes. De 1891 à 1900, près de 3,7 millions d'immigrants débarquent dans les ports américains, en particulier New York. Au cours des quinze années suivantes, le total atteint 13 millions, soit trois fois plus que la population des treize États fondateurs. Tous les records sont battus.

Les immigrants européens continuent de tenir une place prépondérante. Ils comptent pour 91 %. Mais ce qui est plus étonnant, ce sont leurs origines nationales. Les Polonais (comptabilisés avec les Russes, les Allemands et les Austro-Hongrois), les Russes, les Italiens, les Grecs, les Turcs composent les trois quarts des effectifs. C'est que l'Europe orientale et méridionale souffre de sa surpopulation, de la misère et des troubles politiques. L'Amérique est, encore et toujours, une terre d'asile qu'on atteint d'autant plus facilement que les compagnies de transport maritime recourent à des bateaux plus rapides et plus vastes. Le passage de l'Atlantique coûte moins cher. Une clientèle nouvelle, illimitée, est prête à tout endurer pour atteindre la Terre promise.

Les Juifs n'apparaissent pas dans ces statistiques nationales. Et pourtant, l'essor de la communauté juive est spectaculaire. En 1850, elle regroupait une cinquantaine de milliers de « portugais », c'est-à-dire sépharades. Leurs coreligionnaires allemands arrivent à la fin du XIXe siècle. Puis, vient le flot des Juifs de Russie, tous victimes de pogroms à répétition, de Roumanie et d'Autriche-Hongrie, les uns et les autres ne supportant plus de vivre dans l'insécurité, la misère, la discrimination permanente. En 1917, il y a aux États-Unis 3,4 millions de Juifs. New York est devenue la plus grande ville juive du monde.

La nouvelle vague découvre une autre planète. Ils sont impressionnants, ces employés du service de l'immigration, coiffés de leurs casquettes, revêtus de leurs uniformes, portant des cols amidonnés, qui font régner l'ordre dans les bâtiments d'Ellis Island. Ils y accueillent avec suspicion les paysans de Sicile, les hassidim des shtetls, des familles entières avec leurs enfants et leurs misérables baluchons. Que racontent-ils dans leur incompréhensible langage ? Le compatriote ou le coreligionnaire qui vient au secours des nouveaux venus a-t-il de bonnes ou de mauvaises intentions ? Sera-t-il un sauveur ou un voleur ? Comment trouver du travail, un logement, une fraternité nouvelle ?

Par prudence et par nécessité, les immigrants préfèrent se regrouper, vivre dans des quartiers à eux, continuer à parler leur langue et à vivre comme dans « le vieux pays ». Ils forment ici ou là « une petite Italie », « une petite

Allemagne », une autre Varsovie ou une autre Lodz. Ils choisissent de rester dans les grandes villes, comme New York, Boston, Détroit, Pittsburgh, Milwaukee, San Francisco, Cincinnati, Philadelphie. Ils se logent comme ils peuvent, trouvent des emplois de préférence chez des compatriotes qui les exploitent à qui mieux mieux. Ils fréquentent leurs églises et leurs synagogues. Ils lisent leurs journaux. Ils continuent de parler leur langue maternelle et se mettent lentement à la pratique de l'anglais. Une vie dure, avec le seul espoir que leurs enfants peut-être, leurs petits-enfants qui ont fréquenté l'école publique et, de plus en plus, les universités, vivront certainement dans l'aisance.

Le témoignage d'un Italien de Chicago mérite d'être cité : « Mes enfants et moi, nous gelions à mort en marchant. Mais jamais nous n'avons pensé à prendre l'omnibus tiré par un cheval. En dix ans d'Amérique, jamais je n'ai pris l'omnibus. Nous avions besoin de ces 5 cents pour manger. À cette époque, 5 cents suffisaient pour faire dîner toute la famille. »

La fin du rêve américain

La nouvelle immigration fait peur. Sans doute n'est-ce pas la première fois que surgit une agitation xénophobe - aussi appelée « nativiste ». Juste avant la guerre de Sécession, l'arrivée massive des Irlandais avait provoqué une réaction d'hostilité envers les catholiques. Un parti anti-immigrants, qui cachait son programme (d'où son surnom : les Know Nothing), faisait alors campagne contre « les papistes ». Ses candidats ont même recueilli 21,4 % des voix aux élections présidentielles de 1856. Puis, au lendemain de la guerre, l'immigration chinoise, si utile pour la construction des chemins de fer transcontinentaux, est stoppée en 1882.

Entre 1890 et 1914, la campagne nativiste renaît de ses cendres. Cette fois-ci, elle prend pour cible les Japonais. C'est que, dans la dernière décennie du XIXe siècle, 26 000 d'entre eux se sont établis aux États-Unis. Dans la seule décennie suivante, les entrées atteignent 130 000. La Californie prend peur. Elle vit à l'heure du « péril jaune ». Des émeutes xénophobes éclatent en 1906. Les gouvernements des deux pays signent un *gentlemen's agreement* qui devrait limiter l'immigration japonaise aux États-Unis.

Pour l'essentiel, le nativisme s'en prend aux immigrants d'Europe orientale et méridionale. Ces derniers ne sont pas protestants, du moins pour la majorité d'entre eux. Ils ne parlent pas l'anglais. Ils ne comprennent rien aux institutions politiques et, pourtant, ils obtiennent la citoyenneté après cinq ans de séjour. Ce sont des *hyphenated Americans*, des « Américains à trait d'union », des Italo-Américains, des Judéo-Américains, des Polono-Américains. Ils défendent, dit-on, les intérêts de leur pays d'hier au détriment de leur nouveau pays. Si l'Amérique s'en va à vau-l'eau, c'est bien la faute de ces millions de misérables, d'illettrés, de catholiques et de Juifs qui ne cessent d'envahir les États-Unis, qui prennent les emplois des bons Américains et restent, leur vie durant, les serviteurs complaisants du *business*.

L'arsenal législatif qui réglemente l'immigration n'a rien d'un carcan. Depuis 1891 sont exclus les indigents, les polygames, les personnes atteintes de maladies contagieuses. On y a ajouté les épileptiques, les prostituées, les mendiants professionnels, les imbéciles, les tuberculeux et les anarchistes. Sans oublier l'interdiction faite aux Chinois d'immigrer, qui restera en vigueur jusqu'en 1943. Ce que réclament les nativistes, c'est une loi qui instaurerait un examen des connaissances, et qui exclurait les analphabètes. Le déclenchement de la Grande Guerre renforce le mouvement. Les immigrés allemands sont dangereux. Le pays, dit-on, court un danger mortel. De toute évidence, les mentalités changent. Les Américains croient jusqu'alors dur comme fer que le milieu fait l'homme, que l'Amérique crée un homme nouveau, que le *melting pot* doit être et rester l'un des piliers de la civilisation américaine. Voilà que de plus en plus, ils parlent de races. Ils évoquent, comme une évidence, le poids de l'hérédité.

L'Américain n'est plus un Britannique ou un Irlandais qui aurait quitté son pays natal pour découvrir le paradis d'outre-Atlantique. C'est désormais, pour la plus grande majorité, un Européen, au sens large du terme, qui doit apprendre l'anglais pour intégrer la société et trouver du travail. C'est aussi, en nombres restreints, un Asiatique, mal accueilli, voire rejeté. C'est encore un Noir, libéré de l'esclavage, mais soumis le plus souvent à la ségrégation dans la vie quotidienne. Ce n'est plus un Indien, car les tribus ont été décimées ou enfermées dans des réserves. Le racisme bat son plein. La xénophobie pollue la société. L'Américain vit au paradis, mais l'enfer est tout proche.

À peine le conflit mondial est-il terminé que l'immigration reprend de plus belle. Les chiffres sont révélateurs : 141 132 entrées en 1919, 430 000 en 1920, 805 000 en 1921. Comme avant la guerre, l'Europe centrale, orientale et méridionale l'emporte largement. Au moment où beaucoup d'Américains redoutent la contagion révolutionnaire dont les immigrants sont censés porter l'entière responsabilité. En 1921, une loi d'urgence est adoptée. Le dernier recensement décennal, celui de 1910, servira de référence.

Chaque nationalité sera affectée d'un quota annuel de 3 %. S'il y avait, en 1910, 100 000 Américains d'origine irlandaise, 3 000 immigrants seront admis chaque année. Une manière de limiter l'immigration, sans pourtant mettre en œuvre une politique discriminatoire à l'égard de telle ou telle nationalité. La loi, bien évidemment, fait chuter le total des entrées.

Nouvelle loi en 1924. Cette fois-ci, il s'agit bien d'écarter la vague des indésirables. Les Latino-Américains et les Canadiens n'en font pas partie. Mais les Japonais sont rejetés, comme l'ont été les Chinois. Quant aux autres nationalités, la référence pour eux n'est plus 1910, mais 1890. Le quota n'est plus de 3 %, mais de 2 %. Enfin, il est prévu qu'à partir de 1927, le nombre total des admissions sera limité à 150 000 par an.

Les lois des quotas ne résultent pas de la crise économique, puisque les années 1920 sont plutôt des années de prospérité. Elles ont pour but de faire le tri entre les candidats à l'immigration. Elles reflètent un nationalisme exacerbé, coloré de racisme. Le président Calvin Coolidge, qui n'aimait pas les longs discours, a résumé l'esprit du temps en disant : « Il faut que l'Amérique devienne américaine. »

La législation atteint son objectif. L'immigration cesse d'occuper la place qu'elle tenait depuis trois siècles. La discrimination exerce ses effets. Des pays comme la Grande-Bretagne, l'Irlande, l'Allemagne, qui disposent d'un quota important, ne le remplissent pas. Mais en Grèce, en Italie, en Europe orientale, les files s'allongent devant les consulats américains pour obtenir le précieux visa. Lorsque la persécution nazie s'abat sur les Juifs, le département d'État se déclare lié par la législation et ne laisse entrer qu'au compte-gouttes ceux que menace la pire des exterminations. Quant au Japon, ses relations avec les États-Unis sont de plus en plus tendues. Elles se détériorent avant même que les affaires d'Extrême-Orient ne prennent un tour dramatique.

L'une des conséquences de la législation surprend les champions de la race nordique. C'est que les Latino-Américains ne sont pas soumis à la loi des quotas. Au nom de la solidarité entre les États du continent américain. Ils affluent désormais aux États-Unis. Les Mexicains et les Antillais s'installent dans les États du Sud-Ouest et de l'Ouest ; les Portoricains cherchent et trouvent des emplois à New York. Les Philippins, « protégés » des États-Unis jusqu'en 1934, se fixent sur la côte pacifique.

La reprise de l'immigration

À la fin de la Seconde Guerre mondiale, beaucoup d'Américains, à commencer par le président Harry Truman, estime qu'il faut abroger, au minimum corriger, la loi de 1924. Les États-Unis ne renoncent plus à redevenir un grand pays d'accueil. Comment défendre le monde libre et interdire aux victimes de la guerre, du nazisme ou du communisme d'immigrer ? Des mesures provisoires sont alors adoptées. Près de 400 000 « personnes déplacées » sont accueillies, puis 210 000 réfugiés politiques. La chasse aux cerveaux est ouverte. Des savants, qui parfois ont servi le régime nazi, sont invités à poursuivre leurs activités de recherche dans les universités. Sans doute la crainte demeure-t-elle que, parmi les immigrants, se glissent des agents du « communisme international ».

Le 3 octobre 1965, le président Lyndon Johnson convoque les journalistes au pied de la statue de la

Liberté. Devant les caméras de la télévision, il signe une nouvelle loi sur l'immigration. Plus de quotas nationaux. Les États-Unis accueilleront 290 000 immigrants par an (120 000 venus des États indépendants du continent américain, 170 000 des autres États du monde). L'opinion aspirait à un changement. Le climat politique poussait aux réformes. Les États-Unis acceptent de nouveau, avec prudence, que l'immigration repose sur la diversité pluriethnique.

Amendée, complétée, la loi fait des États-Unis le grand pays de l'immigration, qui redonne vigueur à ses traditions. En 2020, lors du dernier recensement décennal, la population totale des États-Unis avoisine les 330 millions. À part la Chine et l'Inde, aucun autre État dans le monde ne compte une population aussi nombreuse. Les Américains sont classés par « race » et par ethnie. Ils doivent mentionner leurs origines. Ce classement n'est nullement discriminatoire. Au contraire. Il a pour but de repérer et de combattre les discriminations, d'accorder à chacune des composantes des privilèges linguistiques et sociaux. Il est possible, en outre, de cocher plusieurs cases pour préciser ses origines. On peut se déclarer bi-racial ou multi-racial, par exemple, juif et mexicain, noir et amérindien, allemand et suédois, etc.

Ce ne sont plus les Européens qui affluent dans les villes américaines. Ce sont les Latinos qui arrivent en masse. Les uns sont entrés légalement sur le territoire des États-Unis. D'autres, beaucoup d'autres, ont franchi les frontières dans la clandestinité, au point que le pays compterait aujourd'hui plus de 11 millions d'illégaux. Donald Trump a tenté de faire construire un mur avec le Mexique pour arrêter le flux d'illégaux. Joe Biden, son successeur, n'a pas trouvé la solution miraculeuse. Les illégaux continuent de passer la frontière. Ils recourent à tous les moyens, à toutes les combines, fussent-elles criminelles.

Une fois aux États-Unis, peu importe leur statut. Ils trouvent aisément du travail dans l'agriculture, les services et l'industrie. Déjà la langue espagnole n'est plus considérée comme une langue étrangère. Les Latinos, qu'on appelle aussi les Hispaniques, comptent pour 18,5 % de la population. Ils sont d'origine mexicaine, portoricaine, salvadorienne, etc. Les démographes envisagent qu'au milieu du XXIe siècle, ils formeront la moitié des habitants du pays. La Floride, le Texas, la Californie, d'anciennes possessions espagnoles, retrouvent leur passé colonial que la modernité a, malgré tout, transformé. Leurs enfants réussissent leur intégration. Ils vivent dans les banlieues des classes moyennes. Ils étudient dans les meilleures universités. Ils deviennent médecins, avocats, universitaires, hommes d'affaires. Ils sont élus dans les fonctions locales comme dans les fonctions nationales. Le monde de la musique et des médias leur est largement ouvert. Mais ils comptent dans leurs rangs, tout comme les autres composantes de la population, des gangsters, des délinquants de tous les niveaux, et des pauvres qui ne parviennent pas à sortir de leurs ghettos. Ils sont aujourd'hui 61 millions, dont la moitié vit à Los Angeles et aux alentours. C'est la plus importante des minorités.

Les Asiatiques, qu'ils soient chinois, japonais, philippins, indiens, vietnamiens, les Africains, les Arabes du Moyen-Orient peuvent désormais entrer sur le territoire américain, s'ils se plient aux exigences de l'administration. Ils contribuent à accentuer la diversité ethnique.

Quant aux 41 millions de Noirs, soit à peu près 12 % de la population, ils ne sont plus soumis à la ségrégation. Il existe aujourd'hui une bourgeoisie noire, composée de médecins, d'avocats, d'universitaires, de pasteurs, de banquiers et d'industriels, de sportifs, d'acteurs et de chanteurs, de hauts fonctionnaires. De grandes villes, comme Atlanta ou Washington, ont élu des maires noirs. Le temps de Barack Obama n'est plus celui de Martin Luther King. Il ne faut pas confondre la troisième décennie du XXIe siècle avec les années soixante du siècle passé. Reste que la plupart des Noirs ne fréquentent pas les meilleures écoles et qu'ils ne sont pas suffisamment représentés dans les universités. Qu'ils sont en moins bonne santé que les Blancs, qu'ils sont plus mal soignés parce que le système de santé défavorise les pauvres. Les Noirs vivent souvent dans des quartiers sous-équipés, mal desservis par les services publics, envahis par les trafiquants de drogues, soumis à la loi des gangs. Ce qui explique qu'un Noir court cinq fois plus de risques d'être assassiné, vraisemblablement par un autre Noir, et qu'il a six fois plus de malchance d'aller en prison. Un chiffre révélateur : 40 % des détenus sont noirs. Quant à la minorité asiatique, composée de Japonais, de Chinois, d'Indiens (d'Inde), d'immigrants venus des îles et des archipels de l'Asie, elle a remarquablement bien réussi son intégration.

Crèvecœur reconnaîtrait-il son Amérique ? Un Américain sur quatre est catholique ; 6 millions sont juifs ; au moins 5 millions sont musulmans. On pourrait ajouter toutes les autres communautés religieuses. Une longue liste qui témoigne de la diversité des croyances : quelle religion, quelle secte religieuse n'est pas représentée aux États-Unis ? La conclusion, c'est que le protestantisme a perdu sa suprématie. Les temples, les églises, les synagogues font partie du paysage urbain. La vie publique et la vie privée sont profondément imprégnées par les croyances religieuses. Plus que jamais, les États-Unis forment une société bigarrée, marquée par une hétérogénéité ethnique qu'accroissent encore les mariages et les unions de toutes sortes, la variété des cultures qui communiquent entre elles ou bataillent les unes contre les autres. L'anglais est la langue commune. Officiellement, il n'y a pas de langue nationale. Bien des Américains parlent espagnol, chinois, français, tagalog, vietnamien et beaucoup d'autres langues. L'aventure américaine emprunte des chemins que n'imaginaient pas les créateurs de l'Union. Au XVIIIe siècle, il n'était pas facile de définir en une seule phrase ce qu'était l'Américain. De nos jours, ce n'est plus une difficulté, c'est une impossibilité. Cette société exporte ses mœurs, ses habitudes, ses valeurs, ses imperfections, sa langue, sa culture. Pour le meilleur et pour le pire des autres sociétés dans le monde. Elle absorbe aussi des influences extérieures et les transforme à son gré. L'Américain d'aujourd'hui ressemble peu à ses lointains ancêtres. Il est le citoyen d'un pays-monde.

L'avenir ?

Que se passera-t-il dans vingt ou dans cinquante ans ? Les prévisions démographiques sont toujours hasardeuses. Ce qui est certain, c'est que la Chine et l'Inde auront accentué leurs différences avec les États-Unis. Mais les États-Unis resteront le troisième pays le plus peuplé du monde. La population aura vieilli. Il y aura autant de vieux que de jeunes : 75 millions, et bien plus de centenaires. Les Blancs composeront un peu plus de 50 % de la population. Ils cesseront peu après de former la majorité. Les épidémies, les opioïdes, les maladies de toutes sortes, les suicides ralentiront sans doute la croissance démographique.

Les Américains seront pour la plupart métissés. Les unions mixtes, entre Américains de différentes origines, représentent déjà 17 % des unions ; elles seront beaucoup plus nombreuses. Les bi-raciaux et les multi-raciaux occuperont une place centrale.

Les Américains ne sont plus, depuis longtemps, ceux de Crèvecoeur. Les États-Uniens de demain, nous rencontrerons peut-être des difficultés à les reconnaître, à les caractériser et à les comprendre. L'avenir n'appartient pas à Barack Obama, un métis qui a épousé une Noire. Moins encore à Joe Biden. C'est Kamala Harris, la vice-présidente, qui incarne l'avenir démographique. Son père est jamaïcain, sa mère indienne (d'Inde). Elle a épousé un Juif. Si elle avait eu des enfants de son deuxième mariage, comment auraient-ils rempli leur dossier de recensement ?

3

Benjamin Franklin, le diplomate

Le 3 décembre 1776, au terme de six semaines de navigation, Benjamin Franklin achève sa traversée de l'Atlantique à bord du *Reprisal*. Il pose le pied sur le sol de France, à Auray, au fond du golfe du Morbihan. La nouvelle de son arrivée ne tarde pas à se répandre. Les manifestations de sympathie et de respect succèdent aux démonstrations d'amitié. Aux yeux des Français, l'homme symbolise la liberté. Et les progrès spectaculaires de la science. Imprimeur, journaliste, philosophe, franc-maçon, il incarne cette société américaine dont on ne sait pas grand-chose, mais qu'on admire pour toutes les qualités qu'on lui prête.

Acclamé, fêté, le voici à Paris le 20 décembre. Il restera près de neuf ans en France, jusqu'au 14 septembre 1785. Mission accomplie. « Le héros américain » a obtenu ce que ses compatriotes attendaient de lui. L'alliance entre la France et les États-Unis a été conclue, l'indépendance des colonies américaines reconnue, un nouvel équilibre du monde atlantique établi.

Depuis 1763, les colons américains expriment un mécontentement croissant à l'égard de la métropole. L'Angleterre a vaincu la France au terme de la guerre de Sept Ans (le conflit a duré neuf ans en Amérique du Nord), mais elle ne tient pas à partager les fruits de la victoire. Les vastes étendues de terres, conquises de l'autre côté des Appalaches, ne sont pas ouvertes à la colonisation. En revanche, Londres entend faire payer à ses colonies d'Amérique le coût de la guerre contre les Français. La Chambre des communes vote des impôts et des taxes qui suscitent la protestation de Boston à New York, de Savannah à Philadelphie. Les Américains demandent à être consultés. Faute d'obtenir satisfaction, ils parviennent à la conclusion que l'indépendance sera la seule solution à leurs difficultés. Ils la proclament le 4 juillet 1776. Encore faut-il résister par les armes à cette armée anglaise, expérimentée, professionnelle, qui pourrait rétablir l'ordre ancien. Un solide allié est indispensable. Pourquoi pas la France ? Voilà la mission de Franklin.

La France face à la révolution américaine

Le roi Louis XVI et ses ministres suivent de près l'évolution du conflit anglo-américain. À leurs yeux, la Grande-Bretagne « est l'ennemi naturel de la France, [...] un ennemi avide, ambitieux, injuste et de mauvaise foi ». Soutenir les colonies révoltées, c'est diminuer la puissance de l'Angleterre et accroître celle de la France, stimuler le commerce français, peut-être recouvrer les possessions d'Amérique que la dernière guerre a fait perdre. Soit. Mais une alliance déclarée, n'est-ce pas déclarer la guerre aux Anglais, dont la Navy est bien supérieure à la marine française ? Un royaume catholique, qui exalte la monarchie de droit divin, peut-il, sans ruiner ses principes, approuver une révolte coloniale et protestante ? Cette déclaration d'indépendance qui met en avant l'égalité entre les hommes, la vie, la liberté, la recherche du bonheur est-elle acceptable à Versailles ? Si le roi vient en aide aux

Insurgents, ne va-t-il pas dépenser des sommes considérables, au moment où les caisses de l'État sont vides ? Enfin, ces révoltés d'outre-Atlantique, ces Anglais d'Amérique, ne se réconcilieront-ils pas un jour prochain avec leurs frères d'outre-Manche, aux dépens des Français ?

Bref, rien ne presse. C'est l'opinion qui prévaut au sein du gouvernement royal. Il vaut mieux prendre son temps, suivre de près les événements d'Amérique, intervenir en sous-main, rester officiellement à l'écart du conflit. Les Américains, eux, ne partagent pas cette retenue. Ils sont impatients. Leurs troupes, mal équipées, insuffisamment instruites, trop peu nombreuses, subissent défaite après défaite. « L'Amérique a été forcée et précipitée dans les bras de la France, constate-t-on à Philadelphie, la capitale des Insurgents. Elle était une fille respectueuse de ses devoirs et vertueuse. Une cruelle marâtre l'a jetée dehors, diffamée et menace sa vie. Tout le monde connaît son innocence et prend son parti ; et ses amis espèrent la voir bientôt honorablement mariée. Ils ne pourront jamais la convaincre de revenir et de se soumettre à un ennemi si barbare. » Rupture du lien familial ? Impossibilité de la réconciliation ? C'est un appel au secours que lancent les Américains. Il est urgent pour eux d'obtenir la conclusion d'un traité d'amitié et de commerce. S'ils veulent survivre, ils n'ont pas le choix.

La mission de Benjamin Franklin

Pour convaincre la France, le Congrès désigne Benjamin Franklin. Il y a là de quoi surprendre. Comment un vieil homme de 70 ans peut-il incarner une nation nouvelle ? C'est que Franklin jouit d'une réputation internationale.

Comme le dira Jacques Turgot : *Eripuit coelo fulmen sceptrumque tyrannis* (« Il arracha la foudre au ciel et le sceptre aux tyrans »). Ses travaux scientifiques sont connus de tous les savants d'Europe. Les physiocrates célèbrent ses mérites. Les encyclopédistes l'encensent. Tous les esprits éclairés ont entendu parler de l'*Almanach du Bonhomme Richard*, que Franklin fait paraître dans sa ville de Philadelphie. Les séjours qu'il a faits en Europe de 1757 à 1762, puis de 1764 à 1774, pour représenter à Londres plusieurs colonies, ont fait de lui le porte-parole naturel des Américains. N'a-t-il pas proposé une union des colonies à l'époque où les Français faisaient peser une lourde menace sur l'Empire anglais ? N'a-t-il pas convaincu les Anglais qu'il fallait abolir le *Stamp Act* de 1765 ? Franklin ne nourrit, toutefois, aucune illusion sur les ambitions de la France. En 1767, il écrit : « J'imagine que cette nation intrigante ne serait pas fâchée de se mêler de nos affaires et de souffler le feu entre la Grande-Bretagne et ses colonies, mais j'espère que nous ne lui en donnerons pas l'occasion. » Quelques années plus tard, l'Amérique a besoin de la France. Les réticences sont désormais inutiles. Il n'est plus temps d'hésiter, de soupeser le pour et le contre, de disserter sur les arrière-pensées.

Les Américains, pourtant, n'accordent pas à Franklin une confiance totale. Certes, il représente au Congrès la Pennsylvanie, l'un des grands États de la nouvelle union. Il vient de participer, discrètement, à la rédaction de la Déclaration d'indépendance. Il est aussi l'un des auteurs de la première Constitution que les États sont invités à adopter. Incontestablement, Franklin est pour ses compatriotes une personnalité de premier plan. Malgré tout, beaucoup voient en lui un athée qui ne défend pas les valeurs puritaines, ou un dangereux déiste qui incline vers la franc-maçonnerie plus que vers la version rigoriste du protestantisme, un bon vivant qui aime les plaisirs terrestres et néglige ses devoirs spirituels. Il ne sera donc jamais le seul plénipotentiaire. Deux autres envoyés défendent les intérêts américains. Silas Deane et Arthur Lee sont moins connus, souvent moins efficaces. Peu importe. Les Français ne connaissent que Franklin. Diplomate expérimenté, il séduit par son charme naturel, ses mots d'esprit, sa bonhomie. Sans tambour ni trompette, il invente la diplomatie publique, celle qui modèle l'opinion des salons, qui influence subtilement les responsables politiques, qui fait passer au second plan les réalités de la vie internationale.

Ce qui par-dessus tout plaît chez lui, c'est sa simplicité. Dans son apparence personnelle : pas de perruque, contrairement aux coutumes de l'époque ; sur ses cheveux blancs, « un grand bonnet de peaux et un peu de la tournure du Kuaquer » ; des lunettes bifocales, qu'il a inventées et lui donne l'allure d'un vieux philosophe ; des vêtements simples, parfois râpés, comme pour montrer qu'il est un homme de la nature, sans vanité, « un bon sauvage » qui a tout compris de la vraie vie, comme l'imaginent les lecteurs de Jean-Jacques Rousseau. On croit dur comme fer dans les salons de Paris que Franklin est un quaker - tel que Voltaire a décrit les disciples de George Fox dans les *Lettres anglaises*. Précisons que Franklin n'est en aucune manière un quaker, même s'il habite Philadelphie, qu'il est né à Boston. Au contraire, il a eu de nombreux différends avec la communauté quaker de sa ville adoptive.

Franklin jouit d'une forte popularité. Il s'en sert, cela va de soi. Elle le sert, bien évidemment. Il fréquente les salons, notamment celui de Madame d'Helvétius. On recherche avidement sa conversation. Ses bons mots font merveille.

On les rapporte avec ravissement. Gibbon, l'historien anglais qui a écrit plusieurs volumes sur *Le Déclin et la chute de l'Empire romain*, passe par Paris. Franklin l'invite à dîner. Gibbon refuse, sous prétexte qu'il ne souhaite pas rencontrer « un rebelle ». Réponse de Franklin : « C'est bien malheureux, car j'aurais pu vous donner des renseignements qui vous eussent fort intéressé sur le déclin et la chute de l'Empire anglais dont vous aurez sans doute à parler prochainement comme historien. » Belle et fière réponse, qui transporte d'enthousiasme les aristocrates parisiens. Les dames ne résistent pas à ce charmant vieillard. Elles deviennent naturellement ses amies et ses complices. Les artistes peignent son portrait sur les tabatières, les montres et les pendentifs. Le Paris de la haute société ne l'a pas seulement adopté, elle l'a porté en triomphe.

Franklin fréquente la loge maçonnique des Neuf Sœurs. Il en devient même le vénérable. Et puis, il y a cette rencontre à l'Académie des sciences avec Voltaire. C'est l'événement du siècle :

> Aucun des deux philosophes ne semblait deviner ce que l'on souhaitait ou attendait d'eux ; ils se donnèrent la main. Ce n'était pas assez. La clameur se poursuivit jusqu'à ce que l'explication fût donnée : *Il faut s'embrasser à la française.* Ces deux acteurs âgés du grand théâtre de la philosophie et de la frivolité s'embrassèrent en se jetant dans les bras l'un de l'autre, se donnant un baiser sur la joue. Le tumulte s'apaisa. Et le cri se répandit immédiatement à travers le royaume tout entier et, je suppose, à travers l'Europe. *Qu'il était charmant de voir embrasser Solon et Sophocle.*

Avec Condorcet, le secrétaire perpétuel, avec le duc de la Rochefoucauld, d'Alembert, Lavoisier, Cassini, Franklin dialogue d'égal à égal. Il ne tarde pas à présenter des communications scientifiques. Il est aussi reçu à l'Académie de médecine, à l'Académie des belles-lettres et des arts, à l'Académie de Lyon, à celle d'Orléans.

Somme toute, Franklin est tout à la fois l'ami des encyclopédistes, l'exemple typique du quaker, le bon sauvage en visite au pays de Voltaire et de Rousseau. Il est surtout un remarquable communicant qui écrit beaucoup, publie autant qu'il le peut, conforte de toutes les manières la bonne opinion que les Français peuvent avoir sur l'Amérique. Il tire parti du bouillonnement des idées qui agite le royaume, de cette aspiration, vague et incertaine, aux réformes. Il incarne un exotisme qui enchante. Il crée, ou du moins stimule, une atmosphère de revanche contre l'Angleterre qui parcourt la société française. En un mot, les circonstances lui sont extraordinairement favorables.

Le bilan de la mission

Dans un premier temps, Franklin obtient des résultats modestes, quoiqu'ils ne soient pas négligeables. À peine est-il arrivé à Paris, voici qu'il est reçu par Vergennes, le ministre des Affaires étrangères. L'entretien est secret. Sans doute le Français souhaite-t-il écouter l'Américain. Peut-être lui a-t-il répondu par des propos encourageants. Sans plus. Mais, deux jours plus tard, la France accorde deux millions de livres aux Insurgents. Ce n'est pas une manne financière. Le secours est toutefois particulièrement bienvenu, car les États-Unis manquent d'argent. Le Congrès a décidé en juin 1775, un an avant l'adoption de la Déclaration d'indépendance, d'émettre sa propre monnaie. Les *bills of credit* qu'il fait circuler sont vite dépréciés.

Le *continental*, comme on appelle cette monnaie, ne cesse de perdre de sa valeur, au point que les Américains eux-mêmes n'en veulent pas et que les prix des marchandises s'envolent. L'aide française est plus qu'utile. Elle est également nécessaire pour acheter les armes que réclame la misérable armée du général Washington.

Ce n'est pas suffisant. Reçu en audience officielle par Vergennes le 5 janvier 1777, Franklin expose ses demandes : huit vaisseaux de ligne pour protéger les côtes américaines, encore plus de fusils et de baïonnettes, enfin un traité en bonne et due forme qui scellerait l'alliance des deux pays. Vergennes transmet au roi. Aucune décision n'est prise. Il est trop tôt. Tout au plus Beaumarchais continue-t-il à acheminer des armes vers l'Amérique, clandestinement il est vrai pour que les Anglais ne protestent pas, mais les autorités françaises ferment les yeux. De jeunes gentilshommes se portent volontaires pour offrir leurs services aux Américains. Parmi eux, le marquis de La Fayette qui, en avril 1777, désobéit au roi, embarque sur *La Victoire*, débarque six semaines plus tard en Amérique pour combattre aux côtés de George Washington.

Pendant ce temps, l'armée anglaise remporte victoire après victoire. Elle s'empare de New York. Le 25 septembre, en dépit d'une belle résistance des soldats de Washington auxquels La Fayette s'est associé, elle entre dans Philadelphie, la capitale politique, le berceau de l'indépendance. Les Américains sont désarçonnés. Ils n'ont plus la force de riposter. Ils sont contraints d'établir leurs quartiers d'hiver à Valley Forge, dans des conditions épouvantables. La cause américaine paraît bien faible. N'est-il pas temps pour les rebelles de reconnaître leur défaite et de rétablir les relations avec l'ancienne mère-patrie ? Si ces contacts débouchent sur des pourparlers de paix, les Français auraient bien tort d'intervenir dans une querelle qui, de nouveau, oppose des Anglais d'Angleterre et des Anglais d'Amérique. Plus que jamais, le gouvernement français reste prudent, voire méfiant. À Paris, l'inquiétude croît. « Est-ce vrai que Howe (le général anglais) a pris Philadelphie ? » Franklin répond par un bon mot : « Mais non, c'est Philadelphie qui a pris Howe. » Pas de quoi rassurer. Décidément, la tâche du représentant des États-Unis devient de plus en plus difficile.

C'est alors que se produit un coup de théâtre. Le 4 décembre 1777, une nouvelle surprenante parvient à Paris. Trente-quatre jours auparavant, le 14 octobre, le général Burgoyne a perdu 9 200 hommes, tués ou prisonniers. Il a été contraint de capituler, le 17 octobre, entre les mains du général Gates. Il s'est lui-même rendu. Les Américains viennent de remporter la bataille de Saratoga. Ils ne vont donc pas négocier avec les Anglais. Décidément, leur cause est solide. L'indépendance des colonies ne sera pas remise en question. Les États-Unis ont un aveir. Franklin donne à l'événement toute l'importance qui lui paraît nécessaire. Il rédige un communiqué que ses petits-enfants et ses domestiques distribuent dans Paris. Mieux encore, il adresse un message au roi pour l'inciter à reconnaître enfin l'indépendance des États-Unis.

Cette fois-ci, il est entendu. L'intérêt de la France, c'est d'engager immédiatement les négociations. Si elle attend, elle court le risque de pousser les Anglais à reconnaître l'impossibilité de rétablir leur autorité sur leurs anciennes colonies. Une fois de plus, il faut éviter la réconciliation des deux adversaires. Dès le 6 décembre, les rencontres se succèdent entre Français et Américains. Dans les premiers jours de janvier, une frégate part pour les États-Unis avec la mission d'informer le Congrès que les négociations ont commencé et aboutiront prochainement. Les articles du traité sont discutés. Les négociateurs tombent d'accord. Le roi a tranché. Le traité d'amitié et de commerce puis le traité d'alliance sont signés le 6 février 1778 dans l'hôtel de Coislin, place de la Concorde, du côté américain par Franklin, Deane et Lee, du côté français par Conrad-Alexandre Gérard, futur premier ambassadeur de France aux États-Unis.

Le 20 mars, les trois Américains sont reçus officiellement par le roi à Versailles. Incapable de trouver une perruque à sa taille (c'est la preuve, disait-on, de son intelligence supérieure), Franklin porte un habit de velours brun sombre et un chapeau gris sous le bras. Le maréchal-duc de Croÿ s'extasie :

> « Une foule immense était assemblée dans les allées, dans la cour, sur les degrés et jusque dans les antichambres. En voyant Franklin, tous frémirent et se poussèrent, et murmurèrent intimidés : *Il est habillé en quaker.* [...] Franklin, défaillant d'émotion, pleurait : soutenu par Vergennes et Deane, il avançait pourtant ; ils fendaient la masse des évêques, des nobles, des diplomates, des académiciens et des maréchaux ; sur leur passage, les dames se levaient. »

Louis XVI prononça quelques mots pour assurer le Congrès de son amitié. « Dominant son émotion, Franklin remercia au nom de l'Amérique : *Votre Majesté peut compter sur la reconnaissance du Congrès et sur la fidélité des engagements qu'elle prend.* » Et le duc de Croÿ de glisser dans l'oreille de Franklin : « Il n'appartenait qu'à celui qui a trouvé l'électricité d'électriser les deux bouts du monde. » Un bon mot pour clore une cérémonie exceptionnelle.

La mission prend fin

Les États-Unis viennent d'entrer dans le concert des nations. Franklin a su exploiter les circonstances. Son rôle a été déterminant. La suite ne relève pas de ses compétences. Le jeu complexe des alliances européennes, en particulier entre la France et l'Espagne, les opérations militaires qui opposent les marines anglaise et française, l'envoi d'un corps expéditionnaire sous le commandement du comte de Rochambeau, la victoire franco-américaine de Yorktown en octobre 1781, autant d'épisodes que Franklin suit avec une attention constante, sur lesquels pourtant son influence est limitée.

Lorsque le rétablissement de la paix passe au premier plan de l'ordre du jour, Benjamin Franklin reprend sa place sur le devant de la scène. La guerre a pris fin. Il est temps de laisser de nouveau la place aux diplomates. C'est là que le choc des ambitions, le poids des arrière-pensées, les démarches des négociateurs surgissent au premier plan. Les Anglais souhaitent une réconciliation, immédiate ou prochaine, avec leurs colonies dont ils reconnaissent, bon gré mal gré, l'indépendance. Ils ne seraient pas fâchés si les relations franco-américaines se distendaient. Les Français espèrent tirer des profits de l'aide financière, militaire et politique qu'ils ont accordée aux Insurgents, mais ils n'éprouvent aucune envie de faire des États-Unis une grande puissance sur le continent américain. Ils sont tenus aussi de respecter les aspirations de leur allié espagnol. Les Américains, satisfaits que leur indépendance soit acceptée, n'hésitent pas à jouer l'Angleterre contre la France ou la France contre l'Angleterre. De plus, ils aimeraient bien mettre la main sur le Canada. Bref, rien n'est simple. Personne n'est innocent. Dans ce Paris infesté d'espions et d'intrigants, les secrets les mieux gardés sont très vite révélés sur la place publique.

Benjamin Franklin reçoit l'appui de deux nouveaux négociateurs. John Jay vient d'Espagne ; John Adams, des Provinces-Unies. L'un et l'autre ont représenté les États-Unis. Le trio dispose d'une grande liberté de manœuvre, compte tenu des lenteurs de la communication transatlantique. Mais ils doivent respecter les termes du traité d'alliance de 1778 et les recommandations du Congrès qui leur font obligation de ne pas signer de paix séparée avec l'Angleterre et de suivre les conseils des Français. Qu'à cela ne tienne ! Jay et Adams entendent défendre, bec et ongles, les intérêts américains. Franklin, souffrant, un peu dilettante, laisse faire. Le résultat, c'est que les pourparlers durent plus d'un an et que les Anglais discutent séparément avec les Américains et les Français. Le 30 novembre 1782, Américains et Anglais signent les articles préliminaires de la paix.

Vergennes proteste. « Vous avez arrêté vos articles préliminaires, écrit-il à Franklin, sans nous en faire part, quoique les instructions du Congrès vous prescrivissent de ne rien faire sans la participation du Roi. » Franklin, embarrassé, répond avec finesse et mauvaise foi : « Votre observation est cependant juste en apparence. Nous avons commis un risque à la bienséance en ne vous consultant pas avant leur signature ; mais comme ce n'est pas par manque de respect pour le roi, que nous aimons et que nous honorons tous, nous espérons qu'on nous excusera. » Franklin ajoute à cette pauvre explication une demande de crédits, à la hauteur de 20 millions de livres.

Le 4 février 1783, l'armistice général est proclamé qui met un point final à la guerre d'Amérique. Il faut attendre le 3 septembre pour que les Anglais et les Américains signent, dans l'hôtel d'York, aujourd'hui au 56 de la rue Jacob, le traité de Paris. Le même jour, à Versailles, Anglais et Français rétablissent des relations pacifiques entre les deux royaumes. Franklin n'a plus aucune raison de prolonger son séjour en France. Il a accompli sa mission. L'indépendance des États-Unis est reconnue sur le plan international. Le 12 juillet 1785, il quitte Passy et débarque à Philadelphie le 14 septembre.

Un grand ami de la France

Les Français auraient pu nourrir des rancœurs à l'égard d'un ami de la France, du « bon sauvage » dont la conduite fut parfois douteuse. Il n'en est rien. Benjamin Franklin est resté le symbole de l'amitié entre deux nations qui ont combattu côte à côte, entre deux sociétés que les idées nouvelles ont rapprochées. Quelques jours après la mort de Franklin (17 avril 1790), Mirabeau prononce son éloge à l'Assemblée nationale : « L'Antiquité eût élevé des autels à ce puissant génie qui, au profit des mortels, embrassant dans sa pensée le ciel et la terre, sut dompter la foudre et les tyrans. L'Europe éclairée et libre doit au moins un témoignage de souvenir et de regret à l'un des plus grands hommes qui aient jamais servi la philosophie et la liberté. » Tout compte fait, en dépit des équivoques et des faux-semblants, Benjamin Franklin a cimenté l'amitié entre les États-Unis et la France. Il a mérité et mérite encore la reconnaissance des deux pays.

4

La Fayette, le héros du Nouveau Monde

Metz, le 8 août 1775. Dans cette petite ville de Lorraine, les officiers de la garnison s'ennuient. Les exercices militaires sont fastidieux. Pas de guerre à l'horizon. Comment manifester son énergie ? Peut-on encore rêver d'une gloire acquise sur les champs de bataille ? Séduire des cœurs, boire et manger, attendre, toujours attendre un imprévu qui ne surgit pas, le temps passe lentement.

Or, un visiteur est annoncé. C'est le duc de Gloucester, frère cadet du roi d'Angleterre George III. Il a quitté Londres pour une sorte d'exil. Ses opinions ne sont pas celles de la cour, et moins encore celles de son frère. Il fait étape à Metz où le maréchal de Broglie, commandant de la garnison, l'invite à souper. Des officiers de haut rang ont le privilège de prendre place autour de la table. Et Gloucester commente les événements d'Amérique. Les colons anglais sont mécontents, dit-il. Ils ne veulent pas payer des impôts que Londres a décidés et qu'ils n'ont pas votés. Un principe les anime : pas d'imposition sans consentement. Depuis 1763, ils manifestent leur opposition. Tantôt le gouvernement anglais cède ; tantôt, il reste sourd aux revendications d'outre-Atlantique. La crise se prolonge. Elle prend un tour de plus en plus violent. Il arrivera un jour, conclut Gloucester, où les colons feront la guerre à la métropole. Ils pourraient même la gagner.

Parmi les officiers français, un jeune capitaine de 18 ans, Gilbert Motier de La Fayette, écoute avec attention. Contrairement aux bienséances, il pose des questions pour mieux comprendre. L'Amérique, il ne la connaît pas. Il ne parle pas anglais. Sait-il seulement, lui qui fut élevé dans la religion catholique, que les colons sont, dans leur très grande majorité, des protestants ? A-t-il appris que la guerre de Sept Ans, qu'on appelle de l'autre côté de l'Atlantique la guerre française et indienne, a uni Américains et Anglais, qu'elle a contraint la France à céder le Canada ? Sujet de Louis XVI, s'interroge-t-il sur la légitimité d'une révolte des colonies contre la métropole anglaise ? Peu importe. La Fayette est transporté d'enthousiasme : « Jamais si belle cause, écrit-il dans ses *Mémoires*, n'avait attiré l'attention des hommes, c'était le dernier combat de la liberté. [...] À la première connaissance de cette querelle, mon cœur fut enrôlé, et je ne songeai qu'à joindre mes drapeaux. »

Personne ne doute des convictions profondes du jeune homme. Mais il faut y ajouter deux motivations. Combattre les Anglais qui ont tué son père, au cours de la bataille de Minden en 1759, voilà une mission exaltante, une revanche à ne pas manquer. Prendre les armes, chercher la gloire contre un ennemi, c'est rompre avec la monotonie d'une garnison provinciale.

La découverte de l'Amérique

Le départ pour l'Amérique aura lieu vingt mois plus tard. Entre-temps, que d'événements décisifs ! Les colonies proclament leur indépendance le 4 juillet 1776. Elles envoient des représentants en France, notamment

Benjamin Franklin, pour demander de l'argent, des matériels, voire une alliance politique et militaire. De son côté, La Fayette n'a pas renoncé à ses projets. Il a démissionné de l'armée pour ne pas courir le risque d'être accusé de désertion. Il est entré dans la franc-maçonnerie - preuve que les idées nouvelles comme la liberté, la souveraineté du peuple, la tolérance le fascinent. Il a pris contact avec le baron de Kalb, un Bavarois au service de la France qui a fait une mission en Amérique. Par l'intermédiaire de Kalb, il a rencontré Silas Deane, l'un des envoyés du Congrès. L'Américain lui a promis qu'il obtiendrait le grade d'officier général dans l'armée des Insurgents. En février 1777, il signe son contrat (antidaté du 7 décembre 1776), par lequel il s'engage et promet « de partir quand et comment M. Deane jugera convenable pour servir les États-Unis avec tout le zèle possible, sans aucune pension ou indemnité particulière, se réservant la liberté de revenir en Europe quand sa famille ou son roi le rappelleront ».

Si exceptionnelle qu'elle paraisse, la démarche de La Fayette n'est pas unique. D'autres officiers sont déjà partis de France ou des Antilles. Ils quémandent des grades, des soldes, des avantages matériels et proposent leurs services aux Américains. Il n'empêche que La Fayette n'est pas un personnage obscur. Il appartient à l'aristocratie. Il fréquente Versailles. Par sa belle-famille, par ses amis, il est lié aux membres les plus éminents de la cour de Louis XVI. S'il choisit de défendre la cause des Américains, l'Angleterre en conclura que la France a pris le parti des rebelles. Les deux royaumes entreront en guerre l'un contre l'autre. C'est pourquoi la diplomatie française, que conduit le comte de Vergennes, joue un jeu serré.

D'un côté, Vergennes soutient en sous-main les Insurgents. Il ferme les yeux sur les ventes d'armes, sur les activités plus ou moins clandestines de Beaumarchais, auteur dramatique et trafiquant prospère. Il accueille Franklin, « le quaker » d'outre-Atlantique. Il lui accorde 2 millions de livres. De l'autre côté, il rassure l'ambassadeur d'Angleterre, en lui faisant croire que la France reste en dehors du conflit anglo-américain.

La Fayette ne comprend pas, ou fait semblant de ne pas comprendre ces subtilités. Il achète un bateau, *La Victoire*, rassemble quelques officiers qui nourrissent les mêmes intentions que lui, fait embarquer des marchandises pour les vendre aux Antilles. Et secrètement, il monte à bord dans la nuit du 25 au 26 mars 1777. Le bateau quitte les quais de Pauillac et mouille dans le port espagnol de Los Pasajes, près de Saint-Sébastien. Un moment d'hésitation ? La Fayette attend de savoir comment son départ sera interprété par le roi, surtout par son beau-père, le duc d'Ayen. Il ne tarde pas à apprendre qu'on désapprouve son initiative, que le roi aurait signé une lettre de cachet pour punir sa désobéissance, que son beau-père entend l'envoyer en Italie pour y goûter les charmes de la péninsule. La Fayette est sur le point de renoncer. Après une courte réflexion, il maintient sa décision. Il ordonne au commandant de la *Victoire* de prendre la mer, de ne point faire escale, d'atteindre au plus tôt un port américain. La traversée a commencé le 20 avril. Elle prend fin le 13 juin en Caroline du Sud.

L'accueil des Américains est contrasté. Le major Huger reçoit les voyageurs à bras ouverts. En vidant bouteille après bouteille, on célèbre l'amitié franco-américaine. Puis, les Français se rendent à Philadelphie, la capitale politique d'alors où siège le Congrès, c'est-à-dire les délégués des États qui assument la direction de la guerre et définissent les grandes orientations de la diplomatie. Le président du comité des Affaires étrangères est méfiant. Encore des Français, pense-t-il, qui viennent solliciter de l'argent et des grades qu'ils ne méritent pas. La Fayette ne comprend pas cette froideur. Certes, il ne manque pas de songer à sa carrière. À son beau-père, il a écrit, avant de quitter la France : « J'ai trouvé une occasion unique de me distinguer et d'apprendre mon métier. [...] En travaillant pour ma gloire, je travaille pour leur bonheur. » Bien sûr, son hostilité à l'Angleterre reste vigoureuse : « Persuadé bonnement que nuire à l'Angleterre, assurera-t-il à Vergennes, c'est servir (oserai-je dire c'est venger) ma patrie, je crois cette idée faite pour mettre en activité les ressources quelconques de tout individu qui a l'honneur d'être français. »

Mais, à bord de la *Victoire*, il ne songeait qu'à l'Amérique. Dans une lettre aussi belle que longue à son épouse, il fait une déclaration magnifique dont on ne saurait mettre en doute la sincérité :

> Défenseur de cette liberté que j'idolâtre, libre moi-même plus que personne, en venant comme ami offrir mes services à cette république si intéressante, je n'y porte que ma franchise et ma bonne volonté ; nulle ambition, nul intérêt particulier ; en travaillant pour ma gloire, je travaille pour leur bonheur. J'espère qu'en ma faveur, vous deviendrez bonne américaine, c'est un sentiment fait pour les cœurs vertueux. Le bonheur de l'Amérique est intimement lié au bonheur de toute l'humanité ; elle va devenir le respectable et sûr asile de la vertu, de l'honnêteté, de la tolérance, de l'égalité, d'une tranquille liberté.

La Fayette et George Washington

Un tel idéalisme ne peut pas laisser indifférent. D'autant que La Fayette adresse au Congrès un billet qui ne provoque aucun doute sur ses intentions : « Après les sacrifices que j'ai faits pour la cause de l'Indépendance, je crois avoir le droit de demander deux faveurs : celle de servir sans solde à mes frais ; celle de servir comme volontaire. » Pas d'argent, pas de grade, le Congrès se laisse aisément convaincre, et sa conviction est renforcée par la lettre de recommandation de Deane et de Franklin. Décidément, La Fayette est un personnage important. Son adhésion à la cause américaine renforce considérablement les États-Unis. Il sera major général dans l'armée que commande George Washington.

Il se trouve que le 1er août 1777, le lendemain de la décision qu'a prise le Congrès, La Fayette fait la connaissance de Washington. Pour le jeune homme, la rencontre ressemble à un coup de foudre. Il a immédiatement reconnu le chef de guerre, le père de la nation, l'homme qui lui apprendra son métier d'officier. Washington prend la place du père qu'il n'a pas connu. Il inspire à La Fayette une affection qui ne disparaîtra jamais. Son fils, né en 1779, portera pour prénoms Georges Washington. Bien après la mort du premier président des États-Unis, La Fayette ira se recueillir, les larmes aux yeux, devant la tombe du héros de l'indépendance. Quant à Washington, lui qui a combattu les Français une vingtaine d'années auparavant, il éprouve de la sympathie pour cet aristocrate qui vient défendre la liberté, qui incarne aussi le soutien de ce vieux pays et annonce peut-être la victoire prochaine des Américains.

Pourtant, en cet été de 1777, l'optimisme ne prévaut pas. L'armée de Washington est mal équipée, insuffisamment entraînée. Son moral vacille. Les défaites succèdent aux défaites. Les Anglais ont recours à des mercenaires qui connaissent le métier des armes sur le bout des doigts. Grâce à leur flotte qui fait la loi sur l'océan Atlantique, ils disposent d'un potentiel impressionnant. Ils occupent New York. Ils menacent Philadelphie. Les observateurs ne seraient pas étonnés d'apprendre que les rebelles renoncent à la rébellion et rentrent dans le giron de la métropole. Cette faiblesse, Washington ne la dissimule pas. Un peu embarrassé, il montre à La Fayette une partie des unités qu'il commande. La Fayette lui répond avec une sincérité qui passe pour de la diplomatie : « Je suis ici pour apprendre et non pour enseigner. »

Dans l'immédiat, il y a urgence à défendre Philadelphie. Anglais et Américains s'affrontent le long de la Brandywine le 11 septembre. Le franchissement du cours d'eau entraînerait la chute de la capitale. Le général Howe a contourné les forces de Washington. Les Américains sont contraints de battre en retraite. La Fayette, qui a obtenu du Congrès l'autorisation de tenir les armes aux côtés de Washington, vient de connaître le baptême du feu. Il s'est bien battu. Blessé à la jambe, il est transporté à Bethlehem, jusqu'à l'hôpital des Frères moraves. Quelques jours plus tard, Howe et ses troupes entrent dans Philadelphie. Le Congrès s'est réfugié à Lancaster, puis à York. Le gros des matériels est évacué vers Reading. Avant la bataille, Washington pouvait compter sur une force d'environ 15 000 hommes. Après la bataille, il ne commande plus que 6 000 soldats, dépenaillés, bientôt soumis aux rigueurs du climat, affamés. Une armée en déroute.

La prise de Philadelphie rend le gouvernement français encore plus prudent dans son soutien aux Américains.

Soutenir une cause perdue, n'est-ce pas une faute politique ? À Paris, Benjamin Franklin fait de son mieux pour cacher la gravité de la situation. « Est-ce vrai que Howe a pris Philadelphie ? », lui demande-t-on. « Mais non, répond-il, c'est Philadelphie qui a pris Howe. » Un mot d'esprit, dérisoire, peu rassurant. Quoi qu'il en soit, La Fayette ne désespère pas. Tout en soignant sa blessure, il fait des projets. Les Américains pourraient attaquer les Antilles anglaises. Les Français devraient lancer une offensive du côté de l'océan Indien, par exemple sur l'île Maurice (qu'on désignait à l'époque sous le nom d'île de France). Ce qui ne l'empêche pas d'observer que, dans ces États-Unis qui luttent pour leur liberté, « la fureur des partis divisait les provinces, les villes, les familles ». Tous les Américains ne sont pas patriotes. Certains restent partisans du « despotisme ». Ce sont les *Tories* et « tous ceux que la crainte, l'intérêt ou leur religion éloignaient de la guerre ». Somme toute, il découvre que la guerre d'Indépendance est aussi une guerre civile.

La Fayette, ambassadeur officieux des États-Unis

En novembre, le voilà rétabli. Il a retrouvé le général Washington. Il plonge de nouveau dans la bataille et, le 24, il bouscule un poste que tenait, non loin de Philadelphie, l'armée anglaise. Par conséquent, le Congrès lui confie le commandement d'une division de Virginiens, en conformité avec son grade. C'est un honneur de prendre la tête d'une troupe composée de Virginiens, des compatriotes de Washington. Malheureusement, les soldats sont aussi mal équipés et aussi peu nombreux que les autres unités, et La Fayette n'hésite pas à payer l'achat d'armes et de matériels.

Mais après un début glorieux, le séjour en Amérique n'a rien d'exaltant. Certes, les Américains contraignent à la capitulation l'armée du général anglais Burgoyne. La victoire de Saratoga annonce une nouvelle période de la guerre d'Indépendance. La Fayette n'y a pas contribué. En revanche, l'hivernage à Valley Forge met les soldats de Washington à rude épreuve. Une fois de plus, le moral est au plus bas. La pauvreté du matériel, l'insuffisance du ravitaillement, l'insalubrité des installations incitent au pessimisme. Et pourtant, La Fayette relève quelques signes encourageants. Le Congrès lui confie le commandement d'une expédition contre le Canada, sans les moyens pour la mener à bien. Le jeune général en profite, malgré tout, pour nouer des liens étroits avec les Hurons et les Iroquois. Au cours d'une cérémonie, il fume le calumet de la paix et reçoit le surnom de Kayewla (« Cavalier redoutable »). Toujours attentionné à son égard, Washington le met en contact avec les francs-maçons américains, dans une loge militaire. La Fayette n'a pas de mots assez bons pour décrire son ami américain : « Cet homme respectable, écrit-il, dont j'admirais les talents, les vertus, que je vénère à mesure que je le connais davantage, a bien voulu être mon ami intime. Son tendre intérêt pour moi a bientôt gagné mon cœur. [...] Nous vivons comme deux frères bien unis dans une intimité et une confiance réciproque. »

Le ciel s'éclaircit encore davantage, lorsque, le 1er mai 1778, une nouvelle sensationnelle parvient en Amérique. La France a signé avec les États-Unis un traité d'amitié et de commerce, puis un traité d'alliance. L'indépendance est reconnue par l'une des deux grandes puissances. Peut-être le concours de la France prendra-t-il une nouvelle ampleur. D'ailleurs, voici qu'arrive sur les côtes américaines l'escadre de l'amiral d'Estaing. La flotte française ne livre pas le combat décisif et son demi-échec irrite les Américains. La Fayette demeure, plus que jamais, le symbole de l'amitié entre les deux nations. Ses déclarations confortent le symbole : « Du premier moment que j'ai entendu prononcer le nom de l'Amérique, je l'ai aimée, fait-il savoir au Congrès. Dès l'instant où j'ai su qu'elle combattait pour la liberté, j'ai brûlé du désir de verser mon sang pour elle. Les jours où je pourrai la servir seront comptés par moi, dans tous les temps et dans tous les lieux, parmi les plus heureux de ma vie. »

Dans ces conditions, n'y aurait-il pas une autre manière d'utiliser le nom, la gloire, l'entregent du héros ? Washington espère que les Français lanceront une expédition contre le Canada, ce qui affaiblirait les Anglais et renforcerait les Américains. Peut-être La Fayette parviendra-t-il à convaincre le roi et son entourage. Le Français lui-même s'interroge sur son avenir immédiat. Ne devrait-il pas retourner en France pour prendre sa part dans un éventuel débarquement en Angleterre ? La guerre d'Indépendance sera-t-elle gagnée en Amérique ou bien en Europe, à la suite d'une victoire française sur les Anglais ? En octobre 1778, la décision est prise. La Fayette partira pour la France avec la bénédiction de Washington et du Congrès. S'il n'embarque que le 11 janvier suivant, c'est qu'une terrible inflammation intestinale a retardé son départ.

La traversée de l'Atlantique commence mal. Les matelots se mutinent. Puis, le calme revient à bord. Le 6 février, La Fayette fait une entrée triomphale dans le port de Brest. C'est que son statut a changé. Il n'est plus l'aristocrate rebelle qui échappait de peu à la lettre de cachet, le gendre désobéissant et timoré qui dissimulait ses projets, le capitaine débutant qui ignorait presque tout du métier des armes. Il a acquis la gloire, participé glorieusement à de vraies batailles, noué de solides amitiés de l'autre côté de l'océan au point qu'il peut parler au nom des Américains. Pendant vingt-deux mois, il a vécu dans ces nouveaux États-Unis. Il n'a pas cessé d'écrire à son épouse, à ses amis, pour raconter ses aventures, pour exalter la cause américaine, pour faire comprendre à ses compatriotes les événements d'outre-Atlantique. Ils sont nombreux dans la noblesse, ces jeunes gens qui rêvent de partir eux aussi et de rencontrer le général Washington. La Fayette, c'est le porte-parole, le symbole d'une génération qui voudrait changer le monde.

Il rentre en France au bon moment. D'autant qu'on bâtit des plans pour faire la guerre à « l'ennemi héréditaire », entendez l'Angleterre. Louis XVI reçoit le grand homme, après lui avoir infligé une pénitence de huit jours pour avoir désobéi en 1777. Les ministres écoutent ses recommandations. Le projet de reconquérir le Canada ne séduit pas les responsables politiques. Ils se désintéressent des « quelques arpents de neige ». Un débarquement en Angleterre pourrait être envisagé, mais quelles seraient les chances de succès ? La Fayette milite alors avec détermination pour l'envoi en Amérique d'un corps expéditionnaire, qu'il est prêt éventuellement à commander. À Vergennes, il écrit le 25 janvier 1780 : « Si je commande, vous pouvez agir en toute sûreté, parce que les Américains me connaissent trop pour que je puisse exciter de fausses inquiétudes. Dans le second cas, Monsieur le comte, il faut d'abord prévenir en Amérique le mauvais effet que ferait l'arrivée d'un autre commandant. » La Fayette ne convainc qu'à moitié : d'accord pour un corps expéditionnaire, mais son chef sera le comte de Rochambeau, un maréchal de camp expérimenté promu en l'occurrence lieutenant général.

Le 13 mars, à bord de l'*Hermione*, l'ami de Washington quitte la France et regagne l'Amérique. Il vient annoncer la grande et bonne nouvelle. Il atteint Boston le 27 avril. Trois mois plus tard, Rochambeau et ses 6 000 hommes débarquent à Newport. La guerre d'Indépendance vient d'entrer dans une phase nouvelle et décisive, qui durera moins de dix-huit mois. Le rôle de La Fayette a changé. Il reste l'un des généraux de l'armée américaine et relève du commandant en chef, le général Washington. Dans le même temps, il sert d'agent de liaison avec Rochambeau. Il est le lien indispensable entre Américains et Français qui éprouvent parfois des difficultés à coopérer. Les circonstances le poussent sur le devant de la scène, là où il aime se placer.

Les stratèges français et américains préparent la reconquête de New York. C'est là que stationne le gros des forces anglaises. Or, La Fayette bataille en Pennsylvanie, puis en Virginie. Il aurait préféré se rapprocher de New York pour participer à la campagne qu'il croit décisive. Mais voilà qu'on apprend qu'une escadre a quitté Brest sous le commandement de l'amiral de Grasse. Elle vogue vers les Antilles et doit, ensuite, longer les côtes américaines. Rochambeau et Washington décident de se porter à sa rencontre, aux abords de la Chesapeake pour mettre à mal les troupes du général Cornwallis. La Virginie devient le théâtre principal des opérations.

Le 30 août 1781, la flotte de l'amiral de Grasse met à terre 3 200 hommes qui font leur jonction avec la division de La Fayette. Quinze jours plus tard arrivent les soldats de Rochambeau et de Washington. Cornwallis est enfermé dans Yorktown, que les forces alliées assiègent. Le 17 octobre, les Anglais capitulent. « La pièce est jouée, écrit La Fayette au comte de Maurepas, et le cinquième acte vient de finir. » En effet, l'Angleterre a compris qu'elle ne gagnerait pas la guerre. Les pourparlers de paix ne vont pas tarder à commencer. L'indépendance des États-Unis est assurée.

Le 23 décembre, La Fayette quitte les États-Unis. Lorsqu'il fait son entrée dans Paris, vêtu de son uniforme américain, le voilà devenu une légende. Plus que jamais, il incarne une certaine idée de l'Amérique. Il défend avec force « ce temple immense qu'ils viennent d'élever à la liberté ». C'est, ajoute-t-il, « une leçon aux oppresseurs, un exemple aux opprimés, un asile aux droits du genre humain ». Il va plus loin encore et propose à Washington d'émanciper ses esclaves noirs - ce que l'Américain ne fera pas. Il reviendra plusieurs fois sur cette idée que les États-Unis doivent abolir l'esclavage. Peine perdue...

La Fayette, le héros des deux mondes

La Fayette retournera deux fois aux États-Unis. En 1784, il y fait un séjour de quatre mois. En 1824-1825, il entreprend une tournée plus que triomphale qui le conduit d'État en État, de ville en ville. Il en rêvait depuis longtemps. Le Congrès a mis un vaisseau à sa disposition. Dans cent quatre-vingt-deux villes, le compagnon du premier président des États-Unis est reçu triomphalement. Partout, une foule enthousiaste l'applaudit. Le monde politique lui offre banquet après banquet. Le président James Monroe donne en son honneur un dîner mémorable. Quelques mois plus tard, il est reçu par le nouveau président, John Quincy Adams, le fils de John Adams qui représenta les États-Unis au temps de la guerre d'Indépendance et succéda au président Washington. Il assiste, en invité d'honneur, à toutes les commémorations. Il reçoit un cadeau de 200 000 dollars et 12 000 hectares en Floride. La Fayette ne manque pas de se rendre à Yorktown, de saluer des tribus indiennes, de descendre le Potomac. Hélas ! Washington est mort depuis longtemps. Le Français vient se recueillir à Mount Vernon sur la tombe de son maître à penser, de son ancien chef, du modèle qu'il a tenté d'imiter dans la France révolutionnaire.

Il est incontestable que La Fayette a tenu une place primordiale dans l'histoire des relations franco-américaines. Sa participation à la guerre d'Indépendance a été déterminante, dans la mesure où elle a suscité une très large adhésion dans les milieux dirigeants de la France et conforté les décisions du gouvernement. Quant à l'homme, il fut profondément marqué, tout au long de sa vie, par cette expérience extraordinaire. Il s'est toujours considéré comme l'ami des Américains, le porte-parole des idées américaines, l'héritier européen de George Washington. Qu'il fût vaniteux, rêveur impénitent, mal préparé à tenir un rôle de premier plan, qu'il ait pris, dans différentes circonstances de mauvaises décisions, personne ne le contestera. Que ce soit dans les premières années de la Révolution française, ou dans les années qui ont suivi, La Fayette n'a pas manqué d'ennemis dans notre pays. Chateaubriand, qui ne l'aimait pas, conclut son portrait en ces termes : « Dans le nouveau monde, M. de La Fayette a contribué à la formation d'une société nouvelle ; dans le monde ancien, à la destruction d'une vieille société : la liberté l'invoque à Washington, l'anarchie à Paris. »

Les mérites de La Fayette ne sont pas minces. Il a su, à un moment décisif de l'histoire des États-Unis et de la

France, accomplir les gestes et prononcer les mots qui convenaient. Il a posé les fondements de l'amitié entre les États-Unis et la France, « une amitié vieille de deux siècles », dira le général de Gaulle.

Quant aux Américains, ils ont donné son nom à des villes, à des rues, à des enfants - le troisième nom le plus répandu, après celui de Washington et de Jefferson. Une statue près de la Maison-Blanche maintient son souvenir. À peine arrivé en France, en juin 1917, le général Pershing s'est rendu au cimetière de Picpus. Devant la tombe de La Fayette, son aide de camp, le colonel Stanton, a prononcé trois mots qui ont marqué l'histoire : « La Fayette, nous voici. » Les Américains venaient au secours de la France, comme La Fayette était venu, cent quarante ans plus tôt, combattre aux côtés des Américains.

Décidément, si un homme symbolise les liens qui unissent Américains et Français, c'est bien La Fayette.

5

George Washington, le Père de la Nation

On ne lit plus le pasteur Mason Weems. C'est dommage. Sa *Vie de Washington* a créé une légende qu'ont alimentée des anecdotes, plus édifiantes les unes que les autres. Le jeune George ne pouvait pas supporter de mentir et avoua spontanément à son père qu'il avait cassé la branche du cerisier. L'adolescent était doué d'une telle force qu'il pouvait jeter une pierre d'une rive à l'autre de la Rappahannock. Au combat, George Washington était invulnérable. La preuve, c'est qu'un guerrier indien tira sur lui dix-sept coups de fusil sans parvenir à le blesser. Général en chef, il conserva une piété inébranlable et un sens remarquable de ses devoirs à l'égard de Dieu et des hommes. Au gouvernement, sa sagesse fut infaillible.

Bref, chevalier sans peur et sans reproches, George Washington n'est pas seulement l'un de ces pères fondateurs qui ont fait l'Amérique et que l'Amérique a faits. Plus encore qu'un héros, c'est un mythe. Rien d'étonnant, dans ces conditions, si la capitale fédérale, un État de l'Ouest, sept montagnes, huit cours d'eau, dix lacs, trente-trois comtés, neuf universités, cent vingt et une villes, des milliers de rues et d'avenues portent son nom aux États-Unis, si des milliers d'enfants ont été et sont encore nommés George Washington ou Washington, si des billets de banque, des pièces de monnaie, des timbres-poste sont ornés de son effigie, si sa tête a été taillée, il y a près d'un siècle, dans le granite du mont Rushmore, si son portrait peint par Gilbert Stuart et son buste sculpté par Houdon sont reproduits à l'infini. La conclusion est évidente. George Washington a bien été, pour reprendre le mot célèbre, « le premier dans la guerre, le premier dans la paix et le premier dans le cœur des citoyens ».

George Washington, un patricien de Virginie

George Washington est issu d'une famille de Virginie. Les Washington sont arrivés d'Angleterre au milieu du XVIIe siècle. Pour chercher fortune en Amérique. S'ils ont acquis le rang d'honorables « bourgeois », leur aisance n'a pas dépassé un niveau moyen. Quelques décennies plus tard, l'un de leurs descendants, Augustin Washington, s'établit dans le comté de Westmoreland, acquiert 700 hectares de terres et achète des droits sur 1 000 hectares situés dans la vallée du Potomac. D'un premier mariage, il a deux fils, Lawrence et Augustin. Sa femme meurt en 1729. Il se remarie avec Mary Ball qui lui apporte une petite dot. Le 22 février 1732 (suivant le calendrier grégorien) naît un garçon que ses parents prénomment George, suivi par cinq autres enfants.

La fortune du père connaît des hauts et des bas. Il réussit à payer l'éducation de ses deux premiers fils et ne peut rien pour les autres. C'est aux côtés de sa mère que le jeune George s'instruit. Il ne part pas pour l'Angleterre, comme Lawrence, y étudier le droit. Il ne fréquente même pas l'université virginienne William and Mary. D'ailleurs, son intérêt pour les choses de l'esprit est limité. Un planteur se contente d'acquérir des notions de latin, de mathématiques et de savoir-vivre. L'ambition du jeune homme, c'est de se faire une belle situation dans la société coloniale du Sud, de gérer ses affaires, d'acheter et de vendre des terres, d'augmenter sa fortune honnêtement. Et cela demande beaucoup d'énergie et d'obstination.

Lorsque le père de George meurt en 1743, le gros de l'héritage revient aux deux aînés. Les autres enfants ne devront compter que sur leurs aptitudes et le hasard. Mais George bénéficie d'une aide précieuse, celle de son demi-frère. Lawrence lui apprend beaucoup, l'emmène en voyage, notamment dans les Barbades, l'introduit dans l'entourage des Fairfax, les plus riches propriétaires de Virginie, lui donne le goût des activités militaires, lui lègue enfin une plantation qui domine le Potomac et qu'il a baptisée Mount Vernon. Bien conseillé, Washington se lance dans des spéculations foncières. D'abord arpenteur, il accompagne en 1748 les Fairfax dans la vallée de la Shenandoah. L'année suivante, le voilà chargé de tracer les plans de la future ville d'Alexandria. Autant d'occasions qu'il saisit pour bâtir sa fortune. Il devient en 1751 l'un des associés de la Compagnie de l'Ohio qui a reçu, de l'autre côté des Appalaches, des droits sur 100 000 hectares. Lorsque Lawrence meurt de tuberculose en 1752, George Washington hérite de 1 600 hectares. Il vient d'avoir 20 ans.

La guerre contre les Français

Mais l'extension vers l'Ouest se heurte à des obstacles. Les Indiens sont plus souvent hostiles qu'amicaux. Les Pennsylvaniens nourrissent de solides ambitions, eux aussi. Les Français surtout progressent vers le sud, à partir du Canada, et revendiquent la possession de la vallée de l'Ohio. En 1753, ils établissent, sur les bords du lac Érié, le Fort de la Presqu'Île et menacent Fort Trent que les marchands virginiens ont érigé aux fourches de l'Ohio. La Virginie prépare sa riposte. Elle renforce sa milice, demande à Londres un concours militaire et noue des contacts avec les Indiens. Le gouverneur Dinwiddie décide d'envoyer auprès des chefs français une mission d'information. Washington la dirige. Il publie, à son retour, un rapport dont on débat des deux côtés de l'Atlantique. La tension monte en 1754. Les Français s'emparent de Fort Trent, qu'ils rebaptisent Fort Duquesne. Dinwiddie met alors sur pied une expédition militaire qui comprend sept officiers, six sous-officiers, cent vingt soldats, un médecin et un tambour. Le commandement en est confié à Washington, avec le grade de lieutenant-colonel. Des escarmouches, une embuscade dans laquelle dix Français sont tués (traîtreusement, dira-t-on, au Canada), le siège de Fort Necessity dans lequel Washington et ses hommes se sont retranchés, et le 3 juillet, les Virginiens capitulent.

L'épisode a montré que, sans l'aide de la métropole, les colons ne pourront rien contre les Français. Aussi est-ce avec une profonde satisfaction que la Virginie accueille le général Braddock et ses 1 500 hommes qui arrivent d'Angleterre en 1755. Washington, à la tête de 450 miliciens, se joint à lui. L'expédition remonte la vallée du Potomac, franchit les Appalaches et parvient aux abords de Fort Duquesne. Là, elle est surprise par un adversaire plus mobile et inventif. Le 9 juillet, dans la bataille de la Wilderness, Braddock subit une défaite sans appel et meurt de ses blessures. Washington prend le commandement, rallie les survivants et bat en retraite. À vrai dire, les Français ont remporté une victoire sans lendemains. En 1758, ils sont contraints d'évacuer Fort Duquesne, que les Anglais rebaptisent Fort Pitt, puis Pittsburgh. Mais Washington, malade, déçu de n'avoir bénéficié d'aucune promotion, préfère démissionner. La guerre de Sept Ans continuera sans lui. C'est l'adieu aux armes. Retour à la plantation. Le jeune homme a fait son apprentissage militaire contre les Français. Il devient un *gentleman farmer*, avec trois centres d'intérêt : la gestion de ses domaines, les joies familiales et les activités politiques.

Planteur, il continue de participer à de fructueuses spéculations sur la terre. Il veille au bon rendement de ses exploitations, suit de près l'évolution des prix du tabac, tient ses comptes avec soin, accroît le nombre de ses esclaves, procède à des expériences agronomiques. Bref, c'est un chef d'entreprise avisé, minutieux et prospère. En 1759, il épouse une jeune veuve, Martha Dandridge Custis et adopte les deux enfants qu'elle a eus d'un précédent mariage. Une union heureuse, sans plus. À Mount Vernon, les Washington reçoivent beaucoup d'invités - tradition virginienne oblige. Une vie paisible, ponctuée par le rythme des saisons, un peu terne.

Contre l'Angleterre

Washington serait resté un planteur comme les autres si, au lendemain du rétablissement de la paix, les colonies n'avaient commencé à s'émouvoir des excès de l'administration anglaise. Depuis 1758, il siège à la Chambre des bourgeois, l'assemblée législative de la colonie. À Williamsburg, on y discute des affaires de la Virginie ; on y évoque, de plus en plus, les problèmes « américains ». Washington écoute, parle peu et toujours avec modération. Il réfléchit lentement et calmement. Ce n'est pas un leader qui prêche la révolution. Peu éloquent, il ne prononce pas des discours enflammés qui laisseraient penser qu'un jour, les colonies prendront les armes contre la métropole. Il aime la Virginie, mais la civilisation anglaise suscite son admiration. Il est fier d'habiter l'Empire, de partager avec la métropole l'amour de la liberté. En fait, il souhaite que le roi et son parlement respectent les droits de tous, y compris ceux des coloniaux. C'est un conservateur. Il ne devance pas les évènements. Mais d'année en année, de crise en crise, il prend conscience de l'impossibilité de s'entendre avec le gouvernement de Londres. Tout naturellement, la Virginie l'envoie au Congrès continental qui se réunit à Philadelphie en 1774. Il est encore l'un des délégués de la colonie au deuxième Congrès en 1775. Le 15 juin, il reçoit le commandement en chef des forces continentales, c'est-à-dire américaines. Sans doute parce qu'il a une expérience militaire. Il n'a rien sollicité.

Le chef des Américains

Pourtant, cette nomination ne laisse pas de surprendre. Est-il un stratège génial, un homme providentiel auquel les colons révolutionnaires devraient faire appel ? Certainement non. Washington n'est pas un nouvel Alexandre. Ses campagnes contre les Français lui ont apporté de l'expérience, mais elles se sont soldées par deux défaites. Le Congrès pourrait nommer à la fonction de chef militaire d'autres hommes, au moins aussi compétents que lui. Mais Washington remplit trois conditions déterminantes. Il est connu des membres du Congrès qui ne doutent pas de sa détermination, de son hostilité à la politique du roi George III. Il est riche, ce qui permet de croire que le commandant en chef remplira ses fonctions avec dignité, ne se laissera pas corrompre et ne s'accrochera pas à ses fonctions. Il est Virginien, alors que la révolte armée a commencé dans le Massachusetts, que Boston est assiégée par la flotte royale. À vrai dire, c'est pour porter secours aux Bostoniens que le Congrès a voté la création d'une armée continentale. Si l'on veut que toutes les colonies se sentent concernées par les évènements de Nouvelle-Angleterre, il convient de désigner pour le commandement en chef un homme du Sud, de préférence un Virginien - puisque la Virginie est la plus puissante des colonies.

La tâche de Washington n'est pas facile. Le Congrès a défini sa mission en ces termes : « Vous avez tout pouvoir et toute autorité pour agir dans l'intérêt du service, tel que vous le définirez. » Oui, mais le Congrès ne réussit pas à se faire obéir des colonies jusqu'en juillet 1776 ni même des États après la proclamation de l'indépendance. De plus, les Américains n'aiment pas la guerre. Passe encore de décrocher le fusil pour combattre les Anglais ou faire le coup de feu contre les Indiens. Ils sont toujours prêts à se réunir sur la place du village « à la minute », et c'est pour cela que les miliciens sont désignés par le terme de *minutemen*. Servir l'État pour quelques jours, soit. Servir les États-Unis, un terme encore imprécis, ne provoque pas l'enthousiasme. Les *minutemen* n'ont qu'une hâte : rentrer chez eux pour engranger les foins, s'occuper de leurs affaires et s'asseoir au coin de la cheminée familiale. Inutile d'ajouter que ces amateurs ne connaissent rien, ou presque, aux règles de la guerre traditionnelle, que leurs équipements ne sont pas modernes, qu'ils détestent la discipline.

Il y a plus grave encore. Surgissent des questions politiques et militaires. Les États-Unis s'apprêtent-ils à mener une guerre véritable ou se livrent-ils à une brève passe d'armes ? Pourront-ils compter sur une aide extérieure ? Sauront-ils consentir les efforts nécessaires à la victoire ? Quelle stratégie mettront-ils en œuvre contre les Britanniques ? La solution n'apparaît pas clairement au début du conflit.

Il n'empêche que Washington obtient des résultats décisifs. Il met sur pied une armée, et ce n'est pas le moindre de ses mérites. Pas de levée en masse. Au milieu de l'été 1775, elle dépasse à peine 16 000 hommes. En quelques mois, elle fond comme la neige au soleil. Les volontaires hésitent à s'engager pour plus d'un an. Les désertions sont nombreuses. En 1778, les effectifs remontent à 17 000 soldats, puis ils chutent de nouveau. À Yorktown en 1781, les Américains sont à peine 9 000, alors que le corps expéditionnaire français réunit 7 000 hommes. Et pourtant, l'armée américaine est née. Washington ne s'est pas découragé, en dépit des obstacles.

Ce n'est pas tout. L'instruction, il faut la confier à des officiers étrangers. Le ravitaillement et l'équipement, il faut les arracher à l'égoïsme des États. En 1777, par exemple, le dénuement est dramatique. Les vêtements, les chaussures, la nourriture manquent. L'hiver passé à Valley Forge par les soldats est entré dans la légende ; c'est le nadir de la jeune armée. Le jour de l'An 1781, six régiments de Pennsylvanie se mutinent parce que les hommes ont faim et froid, qu'ils réclament vainement leurs soldes et qu'ils éprouvent le sentiment, ô combien partagé, que le pouvoir civil se désintéresse de leur sort. La victoire sur l'Angleterre tiendrait-elle alors du miracle ?

Washington a su profiter des faiblesses et des erreurs de l'adversaire. Tout comme il a tiré parti des avantages de son camp. De plus, il a découvert, par hasard, une tactique nouvelle et efficace : échapper à l'ennemi, maintenir une résistance armée, lancer des coups de main, ne pas renoncer. La première victoire des Américains, c'est de poursuivre le combat contre les soldats professionnels de Sa Majesté. Ce sont les miliciens de New York et de Nouvelle-Angleterre qui défont les troupes du général Burgoyne en 1777 à Saratoga, mais Washington les a aidés en fixant plus au sud une grande partie des troupes anglaises. C'est encore lui qui a su accueillir les jeunes nobles européens, parmi lesquels le marquis de La Fayette. Encore lui qui s'est entendu à merveille avec le comte de Rochambeau, le commandant du corps expéditionnaire français arrivé aux États-Unis en 1780. À Yorktown l'année suivante, l'aide des Français a été déterminante. Oubliées les batailles d'hier, dans lesquelles l'ennemi était le Français. Louis XV, c'était l'ennemi. Louis XVI est désormais l'indispensable allié.

Tout compte fait, malgré les critiques dont il fut l'objet et les intrigues dont il faillit être la victime, Washington sut entraîner derrière lui une nation naissante. Sans prononcer des discours enflammés, sans appels incessants au patriotisme. Il sut tout simplement être l'homme de la situation et il mérite de figurer au nombre des grands chefs militaires.

Le Père fondateur

Le 4 décembre 1783, George Washington prend congé de ses officiers. Puis, il se rend à Annapolis, dans le Maryland, où siège le Congrès. Il se démet solennellement de sa charge. La guerre est finie. Il se retire de la vie publique. Il est temps de regagner Mount Vernon. Et de mettre un peu d'ordre dans des affaires trop longtemps négligées. S'il le voulait, il pourrait s'emparer du pouvoir. Certains lui ont même suggéré de se proclamer roi des Américains. Washington s'en indigne. Son modèle n'est pas Jules César, mais Cincinnatus.

Un Cincinnatus encore actif. Le général se préoccupe du sort de ses anciens compagnons d'armes. Héros de l'Amérique nouvelle, il entretient une volumineuse correspondance avec ses compatriotes et des personnalités étrangères. Comme avant 1775, les visiteurs sont nombreux à Mount Vernon. C'est désormais le haut lieu de la sagesse politique. À tous, Washington tient le même langage, celui de la fermeté et de l'ordre. Les États sont unis dans une confédération ; soit. La confédération obtient des résultats décevants. Elle n'est pas assez forte pour imposer aux États une politique étrangère ni même une politique financière qui soient communes. Les différends succèdent aux différends. État de New York et le New Jersey se querellent sur les droits de douane. La Virginie et le Maryland sur les droits de pêche dans le Potomac. Marylandais et Virginiens décident de chercher une solution et se réunissent à Mount Vernon. Ils constatent que leurs préoccupations sont aussi celles des autres États. Ils lancent à tous une invitation pour 1786 à Annapolis. Finalement, la convention se tient à Philadelphie l'année suivante.

Cincinnatus a quitté sa charrue - une fois de plus. Rien ne semble plus normal que de porter à la présidence de cette réunion l'ancien général en chef. Il fait l'unanimité. Personne ne conteste son prestige et son autorité. Pendant quatre mois, dans la chaleur humide de l'été pennsylvanien, Washington préside une assemblée qui adopte une nouvelle Constitution, celle qui régit encore aujourd'hui la vie politique aux États-Unis. À vrai dire, il n'a pas exercé une influence déterminante. Il s'est tenu au-dessus de la mêlée. Mais sa position ne laisse planer aucun doute : l'Union ne sera sauvée que si elle est plus étroite, si le gouvernement fédéral dispose d'une plus grande efficacité.

Le travail achevé, Washington rentre chez lui, persuadé, une fois de plus, qu'il en a fini avec les débats politiques. Chaque Américain sait, pourtant, que le premier président des États-Unis, celui qui assumera la lourde tâche de faire fonctionner les nouvelles institutions, ce sera, bien évidemment, George Washington. Personne n'est surpris lorsqu'en 1789, il est élu à la magistrature suprême à l'unanimité du collège électoral. « J'ai dit adieu à Mount Vernon, note-t-il dans son journal, à la vie privée, à la félicité domestique et, l'âme oppressée de sentiments plus douloureux et plus pénibles que je ne saurais dire, j'ai pris le chemin de New York. » Le voyage triomphal jusqu'à la capitale provisoire de l'Union dure onze jours. Partout où il passe, il reçoit l'accueil qu'on réserve aux héros. Des ovations, des discours de bienvenue, des arcs de triomphe, des couronnes de laurier, les défilés des anciens combattants, des dizaines de bateaux qui lui font escorte dans la traversée de l'Hudson... Décidément, les Américains se retrouvent en lui. Une gravure le représente sur son cheval, saluant la foule, entouré de jeunes filles qui déversent de leurs paniers des milliers de pétales de roses. La légende : « Le héros qui défendit les mères protégera leurs filles ». Il incarne à lui seul la nouvelle nation.

Après les vivats viennent les soucis de la vie quotidienne. Washington a le redoutable honneur de définir le style de la présidence et les lignes directrices de la politique des États-Unis. Il aurait pu transformer la république en un régime monarchique. Il s'y refuse avec force. S'il accepte, non sans réticences, de se présenter une deuxième fois aux élections présidentielles, il repousse l'idée d'un troisième mandat. Il aurait pu laisser le Congrès prendre le dessus et affaiblir la fonction présidentielle. Il s'emploie, au contraire, à maintenir un juste équilibre. Et pour les principaux postes de son cabinet, il fait appel à des hommes aussi différents que Thomas Jefferson, nommé secrétaire d'État, et Alexander Hamilton, nommé secrétaire au Trésor.

C'est là que les difficultés surgissent. Jefferson souhaite que les États-Unis demeurent une démocratie de petits propriétaires, que les États conservent tous leurs droits, en un mot que la pensée physiocratique l'emporte. Hamilton aspire à industrialiser le pays, à le doter d'une banque centrale qui gérerait le crédit. À Washington de trancher. Il prend le parti du secrétaire au Trésor. Les partisans de Jefferson se rassemblent alors en un parti, le parti des républicains-démocrates, tandis que les partisans de Hamilton se retrouvent au sein du parti fédéraliste. Le consensus de 1789 fait place à l'esprit de faction. Washington n'échappe plus aux attaques. Le héros, descendu de son piédestal, n'est plus qu'un homme politique comme les autres.

Sa gestion des affaires extérieures divise aussi les Américains. C'est qu'en 1793, l'Europe s'embrase. La France révolutionnaire affronte l'Angleterre et ses alliés. Les États-Unis devront-ils, eux aussi, choisir leur camp, soutenir leurs alliés d'hier ou la monarchie anglaise qu'ils ont combattue ? Les jeffersoniens rappellent que sans le traité franco-américain de 1778, la jeune République n'aurait pas pu assurer son indépendance, qu'entre la révolution américaine et la Révolution française dans sa première phase, les convergences l'emportent sur les divergences. Ils réclament une intervention militaire aux côtés de la France. Les hamiltoniens crient au scandale, à la trahison des *Frenchified.* Ils jugent prudent de ne pas heurter la Grande-Bretagne. C'est, à leurs yeux, une nécessité élémentaire pour les quatre millions d'Américains.

Encore une fois, il faut choisir. Washington donne raison aux hamiltoniens. Jefferson quitte le gouvernement. Le président définit alors l'isolationnisme dans son message d'adieu de septembre 1796. Bien plus : le président a accepté, deux ans auparavant, de signer avec l'Angleterre un traité qui règle le contentieux anglo-américain et semble conférer plus d'avantages à Londres. Tout compte fait, Washington éprouve pour la France une sympathie à éclipses.

Les attaques des républicains-démocrates redoublent de vigueur. Les journalistes ne ménagent pas le président Washington. L'un d'eux écrit : « Si jamais une nation fut débauchée par un homme, ce fut la nation américaine par Washington. » Au terme du second mandat, le même journaliste observe : « S'il y eut une période propice à la satisfaction, c'est bien aujourd'hui. Tous les cœurs, à l'unisson avec la liberté et le bonheur du peuple, doivent exulter, car le nom de Washington cesse à partir d'aujourd'hui d'ouvrir le chemin à l'iniquité politique et de justifier la corruption. » Les couronnes de fleurs de jadis ont fané. Il ne reste plus que les épines. Washington a fait l'amère expérience qu'il est plus facile de sauver son pays que de le gouverner.

Aussi devine-t-on son soulagement, quand l'heure de la retraite sonne. À peine la cérémonie de la passation des pouvoirs a-t-elle pris fin que Washington se précipite en Virginie. Comme pour rattraper le temps perdu et goûter aux charmes de la campagne. Il est vrai que, dans la plantation, le travail ne manque pas : la maison, les champs, les régisseurs, la vente et l'achat des esclaves, des comptes toujours embrouillés. La vie de *gentleman farmer* recommence. Avec un très court entracte en 1798, le temps d'une crise internationale, lorsque le président John Adams demande au vieux général de reprendre le commandement de l'armée américaine.

Le 14 décembre 1799, l'inévitable finit par arriver. Le vieil homme a pris froid. Son état de santé empire rapidement. Il meurt à 11 h 30. Avec beaucoup de dignité, assurent les témoins. L'enterrement est simple. Point de funérailles à grand spectacle. L'inhumation se fait dans le caveau familial de Mount Vernon. C'est là que Martha ira reposer à son tour en 1802. Les deux sépultures sont, depuis lors, restées au même endroit.

La légende

Adulé et détesté de son vivant, Washington entre alors dans la légende. Loin d'être oublié ou de s'effacer dans la mémoire collective, son souvenir n'a cessé d'inspirer ses compatriotes. Parmi ceux qui ont créé les États-Unis, il a, de décennie en décennie, consolidé son aura. Plus que Benjamin Franklin qui fut l'artisan du traité d'amitié avec la France, plus que Thomas Jefferson qui rédigea la Déclaration d'indépendance et présida aux destinées de son pays de 1801 à 1809, plus que Patrick Henry, George Mason, Samuel et John Adams, James Madison, autres héros de l'indépendance et des premiers pas des États-Unis, George Washington continue d'occuper une place à part.

Non pas qu'il ait suscité de la sympathie ou de la familiarité. Il ne fut jamais de ces politiciens qui serrent les mains et embrassent les bébés. Il n'a jamais toléré à son endroit le moindre geste amical. Tout dans son comportement inspire le respect et provoque la distance. Les portraits ne nous livrent pas les sentiments profonds de l'homme. Le masque est impénétrable, l'air sérieux - voire triste -, le maintien aristocratique. Avec sa perruque poudrée, sa culotte et ses bas de soie, il incarne le monde des gentlemen. À coup sûr, les voisins de sa jeunesse, les Fairfax, l'auraient admiré. Plus il vieillit, plus il est des leurs. Étrange paradoxe ! Ce gentilhomme, si parfaitement anglais, adepte de la chasse au renard, grand propriétaire foncier, propriétaire de nombreux esclaves, monarque sans couronne, a fini par symboliser la jeune Amérique, une république indépendante en marche vers la démocratie, une nation à la recherche d'elle-même. À telle enseigne qu'aujourd'hui sa naissance est célébrée dans tous les États de l'Union, comme si le *Washington's Birthday* équivalait à l'*Independence Day*. Les partisans de Black Lives Matter n'ont pas encore renversé ses statues. Ils n'ont pas encore exigé que son nom disparaisse des villes et des États.

Et pourtant, ses qualités intellectuelles laissent à désirer. Dans son discours du 30 avril 1789, il évoque ses « talents médiocres », son inexpérience « des devoirs de l'administration civile » et rappelle « le sentiment aigu de son insuffisance ». Modestie excessive, sans aucun doute, conforme à la culture des gentilshommes de l'époque. Mais il n'en demeure pas moins que sa culture est limitée. Contrairement à Franklin, à Jefferson ou à John Adams, il n'a jamais quitté l'Amérique du Nord. Il ignore tout de Versailles et de Londres. Le « provincial » Washington incarne la Virginie coloniale. Sa pensée politique, il l'a résumée dans son discours d'adieu : « Le maintien de l'Union doit être le principal objet des vœux de tout patriote américain. » Un thème banal, qui ne sera pas dépourvu de résonances dans la première moitié du XIXe siècle. Selon lui, dans le domaine des relations internationales, « l'Europe a des intérêts qui ne concernent aucunement les Américains ou qui ne les touchent que de très loin. Il serait donc contraire à la sagesse de former des nœuds qui les exposeraient aux inconvénients qu'entraînent les évolutions de sa politique ». Une opinion de circonstances, une vision très limitée de la place des États-Unis dans le monde, un jugement de bon sens pour une nation encore bien faible. Cet isolationnisme survivra jusqu'à nos jours. Bien des Américains continuent d'en faire leur religion.

Somme toute, Washington a défendu quelques idées simples. Mais il a laissé son pays plus fort qu'il ne l'avait trouvé. Les finances sont consolidées. L'expansion territoriale se poursuit. L'étranger respecte les États-Unis. C'est une réussite qui n'a rien de méprisable. Washington fut un grand président qui sut, notamment, assurer « la grandeur et les difficultés de ce poste de confiance ». C'est que, dans la dernière décennie du XVIIIe siècle, une nation avait presque toujours pour chef un roi ou une reine, un empereur, un prince ou un évêque - sauf la France révolutionnaire -, qui tenait son autorité de Dieu. Son prestige venait de sa naissance ou de l'Église. Aux États-Unis, changement de décor. Le président est élu, indirectement, par le peuple. Élu, voilà qui est nouveau, sinon révolutionnaire. Le président incarne la souveraineté populaire. On ne sait même pas comment l'appeler. Le Sénat propose : « Son Altesse le Président des États-Unis d'Amérique ». Pompeux et trop royal. Ce n'est pas la manière américaine. La Chambre des représentants fait adopter une formule plus simple, plus conforme à l'esprit qui règne parmi ses compatriotes : « Monsieur le Président ». On s'adressera à lui comme on s'adresse à un citoyen ordinaire, tout en sachant qu'il exerce pour un temps des fonctions publiques, qu'il mérite la considération de tous ses compatriotes, qu'il est un élu du peuple et non de Dieu, qu'il est le garant de la démocratie nouvelle.

Washington a su donner à la présidence sa véritable place. Il se montre à la foule sur un cheval blanc. Il exige de tous les marques du respect, puisqu'il parle au nom du pays. Il reçoit volontiers les visiteurs, mais il fixe son jour et son heure pour les audiences qu'il accorde. Il a compris que la présidence est une idée neuve aux États-Unis et dans le monde, qu'il convient, en conséquence, ni de la sous-estimer ni de la surestimer. En un mot, il a inventé la présidence et créé les précédents que ses successeurs reprendront. Lorsqu'on sait quel prestige les Américains confèrent à la magistrature suprême, surtout au XXe siècle, on conclura sans risques de se tromper que Washington est solidement installé au sommet du Panthéon américain.

En ce sens, il a servi deux fois de Père fondateur. Une première fois de son vivant, quand il a galvanisé l'ardeur de ses compatriotes contre les Anglais et consolidé les institutions fédérales. Une deuxième fois après sa mort, en rassemblant dans la célébration de son souvenir des Américains venus de tous les pays du monde, incertains de leur identité culturelle. Bon gré mal gré, George Washington fut le héros dont le Nouveau Monde avait besoin.

6

Les mormons

Le 21 septembre 1823, Joseph Smith, un jeune homme de 18 ans, vit une expérience extraordinaire. Originaire du Vermont, il habite alors dans l'État de New York.

> Un personnage vêtu d'une robe blanche apparut dans ma chambre. Il m'appela par mon nom et me dit qu'il était un messager envoyé d'auprès de Dieu vers moi et que son nom était Moroni, que Dieu avait une œuvre à me faire accomplir. Il dit qu'un livre était caché, écrit sur des plaques d'or contenant l'histoire des premiers habitants de ce continent et faisant connaître leur origine. [...] Tandis qu'il me parlait des plaques, je vis en esprit l'endroit où les plaques étaient déposées, et cela si clairement et si distinctement que je reconnus le lieu quand je m'y rendis. [...] Tout près du village de Manchester, comté d'Ontario, New York, est située une colline très élevée [...]. À l'ouest de cette colline, non loin du sommet, sous une pierre énorme, se trouvaient les plaques dans une boîte de pierre. [...] Je regardai à l'intérieur et j'y vis, en effet, les plaques. [...] J'essayai de les prendre, mais j'en fus empêché par le messager qui m'informa de nouveau que le moment de les prendre n'était pas encore arrivé et ne le serait pas avant quatre années à partir de ce jour. [...] Le 22 septembre 1827, le même messager céleste me les remit.

L'ange Moroni vient de donner au jeune homme une information capitale : non loin de son village, au sommet de la colline de Cumorah, il y a une grotte. Dans cette grotte, un manuscrit est gravé sur des plaques d'or. Chaque année, en effet, jusqu'en 1827, l'ange reparaît. Il permet, enfin, à Smith de prendre possession des plaques d'or et d'en livrer le contenu. Le jeune homme transcrit le texte des plaques. Un travail difficile et long. Il recourt à l'aide d'un scribe qui prend des notes. Une tâche délicate, car le texte est, semble-t-il, « en égyptien réformé ». Il faut deux ans d'efforts pour transcrire les informations qui formeront un corps de doctrine. C'est ainsi que naît le *Livre de Mormon* qui rassemble les informations que Smith a décryptées.

Le Livre de Mormon

L'ange Moroni raconte une histoire à la fois tragique et exaltante. Aux environs de l'an 600 avant Jésus-Christ, un groupe de Juifs fuit Jérusalem sur le point d'être détruite. Direction : l'Orient. Arrivés sur les rives de la mer Rouge, puis de l'océan, ils construisent un navire et embarquent en direction de l'Amérique. Ils débarquent en « Terre promise ». Là, le groupe se divise. Les Néphites sont fidèles au chef du groupe. Les Lamanites sont leurs adversaires ; ce sont les méchants. Leur peau foncée fait d'eux les ancêtres des Indiens. On reconnaîtra, dans cette odyssée, la légende des tribus perdues d'Israël. La guerre oppose les uns aux autres, jusqu'au moment où le Christ met de l'ordre chez les Néphites et crée une Église. Les disciples de Jésus ne résistent pas longtemps aux forces du Mal. Dieu ne les protège plus. Ils sont battus par leurs ennemis au cours de la bataille de Cumorah en 400 avant Jésus-Christ. Tous sont tués, sauf Moroni, le fils de Mormon, qui passera le reste de sa vie à raconter sur les plaques d'or l'histoire de son peuple. En attendant qu'un prophète, digne d'un passé héroïque, soit désigné pour révéler l'histoire des Néphites. Pour Joseph Smith, aucune hésitation n'est possible. Le prophète, c'est lui. Sa mission, c'est de faire connaître ce que contiennent les plaques d'or et de rassembler autour de lui « les saints du dernier jour »

En mars 1830, le *Livre de Mormon* est publié. L'ouvrage, on peut le trouver aujourd'hui sur la plupart des tables de chevet des motels américains. Difficile à lire, il mêle des discours théologiques avec des rappels historiques. Il correspond, en nombre de pages, au tiers de la Bible. C'est la référence fondamentale de la nouvelle religion. En effet, le 6 avril 1830, est fondée à Fayette, dans l'État de New York, l'Église du Christ, qui deviendra l'Église des saints du dernier jour. Le père, les deux frères de Smith, quelques rares étrangers sont les premiers adhérents.

Les critiques n'ont pas manqué de relever les erreurs, les approximations en tous genres que contient l'ouvrage fondateur. On y trouve une citation de Shakespeare. Le cheval est mentionné, alors qu'il n'était pas connu en Amérique avant le XVIe siècle. Suivent des descriptions géographiques de la mer Rouge, la référence à l'ère chrétienne à une époque où seul le calendrier romain servait à la chronologie. Quant aux tribus perdues d'Israël, elles n'ont existé que dans les imaginations. Il faut, simplement, chercher à comprendre pourquoi Smith est parvenu à faire connaître ses visions, comment il a pu mettre sur pied une communauté religieuse qui, très tôt, a rassemblé des milliers de fidèles.

Un nouveau prophète

La colonisation anglaise en Amérique du Nord repose, partiellement, sur des motivations religieuses. Les Pèlerins, qui sont des puritains dissidents, créent la colonie de Plymouth et contribuent au peuplement de la Nouvelle-Angleterre. D'autres protestants les suivent. Des milliers de puritains fondent et développent le Massachusetts. Les réformés hollandais de New York voisinent avec les luthériens allemands et scandinaves, avec les huguenots français. La Pennsylvanie est fondée en 1681 par des quakers. Ils acceptent la présence de catholiques et de juifs. Les esclaves, que l'on convertit non sans réticences, conservent des pratiques africaines. En Virginie, la colonisation ne repose pas sur des ambitions religieuses. C'est l'anglicanisme qui prévaut, mais qui n'exclut pas d'autres formes de la vie religieuse.

Quoi qu'il en soit, le protestantisme est divers. Il ne cesse pas de se diversifier. En 1635 en Nouvelle-Angleterre, Roger Williams, en rupture avec les puritains, fonde la ville de Providence (dans le Rhode Island) et une nouvelle religion, le baptisme. Le presbytérianisme prend pied en Amérique avec l'arrivée des Écossais. Au long du XVIIIe siècle, le Réveil exerce son influence par l'intermédiaire des prédicateurs, comme George Whitefield, comme ces prêcheurs itinérants qui appellent à la conversion, à la pénitence, aux émotions. Les congrégations se divisent. Un exemple : les presbytériens sont écartelés entre les *New Lights*, favorables au Réveil, et les *Old Lights* qui rejettent le style et les discours des revivalistes.

Cette vie religieuse, intense, fragmentée, renouvelée, on la découvre en filigrane dans les textes de la période révolutionnaire. La Déclaration des droits que la Virginie a adoptée le 12 juin 1776, un mois avant la Déclaration d'indépendance, indique très clairement que « tous les hommes ont le même droit d'exercer librement leur religion, conformément à ce que leur conscience leur dicte. C'est un devoir pour tous de montrer à l'égard du prochain la tolérance, l'amour et la charité du chrétien ». Dans le *Bill of Rights*, la déclaration des droits qui complète la Constitution, l'article 1 est très clair : « Le Congrès ne fera aucune loi qui touche à l'établissement ou interdise le libre exercice d'une religion. » Conformément à ces textes et aux pratiques courantes, Joseph Smith n'a rien à craindre. Il peut fonder un mouvement religieux, créer une religion et rassembler des fidèles. Aucune autorité politique ne saurait limiter sa liberté d'action.

La période et les lieux sont favorables. Joseph Smith est né dans le Vermont. Or, la Nouvelle-Angleterre traverse une période de bouleversements culturels. Il est fréquent que des esprits, fortement marqués par les textes religieux, annoncent qu'ils ont eu des visions. Le grand-père de Smith décrivait les siennes. Le père, Joseph sénior, avait eu sept visions. Quant à John, qui a reçu une éducation très sommaire, c'est à 15 ans qu'il eut sa première vision. Dans son *Autobiographie*, il raconte que Dieu le Père lui a révélé que toutes les sectes font erreur. Inutile de préciser que les visions du jeune homme ne semblent pas à ses parents anormales ou incroyables ; bien au contraire. D'ailleurs, des mouvements religieux jaillissent ou vont jaillir dans cette région des États-Unis. Par exemple, les millénaristes qui attendront la fin du monde en 1843, puis en 1844. Ils finiront par former l'Église des adventistes du septième jour. Les transcendantalistes sont influents dans le Massachusetts, avec pour principal porte-parole

Ralph Waldo Emerson. Il ne faut pas oublier les Shakers d'Ann Lee, l'unitarianisme de William Emery Channing, les témoins de Jéhovah. La période est marquée par le bouillonnement des idées religieuses - d'autres diront : par l'éclatement du protestantisme. On comprend pourquoi, en 1850, les trois quarts des livres publiés sont des ouvrages religieux.

Le temps de l'errance

La démarche de John Smith n'a rien d'extraordinaire. Son ambition, c'est de recréer la Sion biblique. De nouvelles visions l'aident à étendre son influence. Mais l'État de New York ne lui convient pas. Il s'établit avec ses fidèles à Kirtland dans l'Ohio. Avec une extension dans le Missouri. C'est là, pense-t-il, que doit être construite la nouvelle Jérusalem. Smith et ses disciples sont très actifs. Non seulement ils s'efforcent de recruter de nouveaux fidèles, mais ils mettent en valeur les terres qu'ils occupent. Leurs voisins prennent peur. L'autoritarisme du chef inquiète. Ses visions successives surprennent, malgré tout. L'Église et son organisation très hiérarchisée isolent les convertis, en un temps où les Américains sont de plus en plus sensibles aux pratiques démocratiques. Et surtout cette colonie ne cesse de croître. Elle pourrait chasser les premiers occupants. Il y a là une circonstance aggravante.

En 1837, une crise bancaire frappe les États-Unis, alors que les mormons avaient beaucoup spéculé. La communauté traverse une période agitée. Le prophète est sévèrement critiqué. Il vaut mieux partir ailleurs avec les fidèles. Une fois de plus. Les mormons s'établissent dans le Missouri. Deux villes les accueillent avec plus ou moins d'enthousiasme, Far West et DeWitt. Plus encore que dans le passé, Smith impose son autorité contre les infidèles et contre les adversaires de l'extérieur. Pas de quoi rassurer les voisins, qui détestent les nouveaux venus, ces individus venus de la Nouvelle-Angleterre, des partisans de l'abolition de l'esclavage dans une région qui vit en partie de cette pratique, des agriculteurs prospères, les adeptes d'une religion bizarre. Les mormons passent pour des ennemis qu'il faut chasser. Smith demande la protection du gouverneur, qui choisit de défendre le gros de ses électeurs, c'est-à-dire les adversaires des mormons. Il faut, de nouveau, partir. Où aller ? Plus loin vers l'ouest ? Ce n'est pas possible, à cause de la présence des Indiens et des règlements qui protègent la Frontière.

Reste, un peu plus au nord, l'Illinois et la ville de Quincy. L'État est divisé entre démocrates et whigs. Une chance pour les mormons, qui peuvent conforter l'un ou l'autre des deux partis. Smith rédige et fait adopter la charte de la ville de Nauvoo « (La Jolie », d'après, dit-on, une racine hébraïque). Il y est le maître absolu. Il établit des tribunaux. Il dispose même d'une milice armée. C'est un État dans l'État. Plus qu'auparavant, la communauté des mormons prend de l'ampleur. Elle recrute aux États-Unis et en Europe. Elle construit un temple, des maisons en briques dans le style de la Nouvelle-Angleterre. Les fermes sont prospères. Les industriels du bois font venir la matière première du Wisconsin voisin. L'exploitation des carrières, la fabrication de briques contribuent aussi à l'enrichissement de Nauvoo. Des défilés, des événements sportifs, des spectacles de danses et de chansons en portent témoignage.

Les mormons font la loi. La milice reçoit ses ordres du seul Joseph Smith. Il est interdit de prononcer des paroles injurieuses à l'endroit de l'Église. Les décisions de l'État ne sont appliquées dans la ville que si elles sont contresignées par Smith. Jusqu'où n'ira-t-il pas ? Voilà qu'en 1844, il annonce sa candidature à la présidence des États-Unis. Son programme ? L'émancipation des esclaves, la libération des détenus, la réduction du nombre des représentants au Congrès, l'annexion du Mexique et du Canada. Smith perd la tête. Il est emporté par cette folie que les Grecs anciens appelaient l'hubris.

On comprend pourquoi ses alliés politiques le lâchent. Ses ennemis sont de plus en plus nombreux. Pour ajouter encore à la confusion, Smith annonce qu'il vient d'avoir une nouvelle vision en juillet 1843 : il aura le droit de pratiquer la polygamie, et ce droit serait étendu à quelques hauts responsables de l'Église. Au sein de la communauté, ses adversaires rejettent cette décision, qui n'entre pas dans la version primitive du mormonisme. Smith ne cède pas ; au contraire. Les dissidents se réfugient à Carthage, la ville voisine. Ils demandent l'arrestation du chef. Ils sont soutenus à l'extérieur de la communauté. Le gouverneur recommande à Smith et à son frère de rendre les armes. Il leur conseille de se réfugier dans la prison de Carthage. Ce que font les deux leaders. Le 27 juin 1844, la foule envahit la prison. Elle massacre les deux hommes. Décidément, l'Illinois n'accepte plus la présence des mormons.

Le salut est à l'ouest

Que faire après ces événements tragiques ? Vainqueurs et vaincus sont également désarçonnés. Les meurtriers et leurs soutiens redoutent la colère des mormons et, plus encore, leur vengeance. Les mormons voudraient quitter les lieux et partir. Partir où ? Dans quelles conditions ? La première urgence est de désigner le successeur de Smith, un chef qui propose une solution, qui sache conduire les fidèles là où ils pourront prospérer dans la paix et la prospérité. Les mormons sont à la recherche d'un nouveau Moïse. Ce sera Brigham Young, de quatre ans plus âgé que Smith, né lui aussi dans le Vermont, converti depuis 1832.

Young n'a rien d'un modéré. C'est un fanatique réaliste. Son programme ? Pas question de renoncer à la polygamie, mais pas question non plus de rester à Nauvoo. Il promet de conduire la communauté vers l'ouest, vers des lieux dont il a vaguement entendu parler, au sein des Rocheuses redoutables par leur relief et leur climat, à l'écart du monde, en dehors du territoire des États-Unis. Soit, mais pour aller vers l'ouest, le chemin de fer n'existe pas. Il faut traverser le Grand Désert, affronter peut-être les Indiens, surmonter la faim, la soif, les maladies. Il faut surtout parcourir des distances mal connues. Young promet que les mormons vont partir, « dès que l'herbe aura poussé et que l'eau coulera ». Ce qui veut dire en 1846. Entre-temps, il est urgent de préparer l'exode, de vendre les terres et les fermes à quelque prix que ce soit, d'acheter des chariots, des animaux qui serviront au transport et d'autres animaux dont on se nourrira.

En février, les premiers mormons franchissent le Mississippi encore pris par les glaces. Ils sont bientôt suivis par le reste de la communauté. Young est un excellent organisateur. Il prévoit des étapes pour le ravitaillement et le repos. Il envoie des éclaireurs qui repèrent les itinéraires, construisent des ponts et des cabanes, sèment des plantes nourricières. La progression vers l'ouest est ainsi prévue, balisée, en un mot facilitée. Les migrants ont de quoi manger. Ils savent où dormir. Ils ne marchent pas dans l'inconnu.

Au début de l'automne 1846, 12 000 mormons campent au bord du Missouri, en un lieu baptisé Winter Quarters. L'hiver est particulièrement rude. La neige, le froid glacial, les maladies tuent plus de 600 personnes. Pourtant, rien n'entame la détermination des survivants. Ils chantent, ils prient, ils disposent leurs chariots en ordre de bataille pour se protéger des attaques des Indiens. Ce n'est pas seulement une communauté religieuse ; c'est une armée en marche, sous les ordres d'un chef ordonné, rigoureux, inflexible qui ne renonce en rien à ses croyances, qui rappelle leurs devoirs religieux à ses compagnons de route.

En avril 1847, un convoi de 146 hommes et femmes, avec soixante-treize chariots et un troupeau d'animaux, s'élance sous la direction de Young. Le convoi évite l'Oregon Trail que fréquentent les Missouriens, dont Young redoute l'hostilité. Il passe plus au nord, atteint Fort Laramie en juin. Un arrêt est indispensable pour nourrir les chevaux, faire sécher la viande qui servira plus tard aux voyageurs et construire les embarcations nécessaires à la traversée des cours d'eau. Le gros de la communauté suivra dans de bonnes conditions. Le franchissement des Rocheuses est une épreuve, physique autant que morale. Les mormons sont toujours déterminés. Ils ont décidé d'atteindre le Grand Bassin, qui ne fait pas partie du territoire des États-Unis. Ils y parviennent, enfin, le 24 juillet 1847 – un an et demi après leur départ de Nauvoo. Devant leurs yeux, des montagnes couvertes de neige, au lointain le Grand Lac Salé, une plaine craquelée que brûle le soleil. Les seuls habitants sont des serpents, des criquets, des lézards. De temps à autre surgissent des Indiens qui ne sont pas vraiment amicaux.

Il reste à accueillir les autres membres de la communauté qui arrivent en 1848. Le décompte est impressionnant : 1 553 personnes, 2 313 animaux de trait, 887 vaches,

358 moutons, 124 chevaux, 35 porcs, 716 poules. Ils ont parcouru 1 700 kilomètres. La traversée des Grandes Plaines et des Rocheuses a relevé de l'exploit. Et plus encore, d'une volonté farouche, partagée par tous, de pratiquer leur foi et de vivre comme ils l'entendent. Une belle victoire pour Brigham Young, un peu ternie quand il apprend qu'à la suite de la guerre entre les États-Unis et le Mexique, les mormons sont de nouveau en territoire américain, sous l'autorité de Washington. Mais loin de leurs ennemis, de tous ceux qui les jugent dangereux, inassimilables, soumis à la dictature d'une théocratie. Ils pourront vivre leur foi en toute liberté, s'ils parviennent à s'adapter.

L'Utah, le paradis des mormons

Désormais, les mormons doivent répondre à une urgence. Il faut attirer des hommes et des femmes qui contribueront à mettre en valeur ce vaste territoire. Les immigrants sont les bienvenus, surtout s'ils se sont convertis au mormonisme. Mieux encore, ils sont invités à s'établir dans ces lieux inhospitaliers. Des missions vont chercher de nouveaux adhérents aux États-Unis et à l'étranger. La tradition remonte aux premiers temps, à Joseph Smith lui-même qui tenait à accroître les effectifs de sa communauté. Brigham Young suit le même chemin. Au cours de l'hiver, il parcourt le territoire des États-Unis, en particulier les ports de l'Atlantique. Il répète son invitation : « Préparez-vous à partir vers l'ouest. Emportez avec vous toutes sortes de semences, des grains, des légumes, des fruits, des arbres... » Pendant l'été de 1848, 1 800 immigrants, convertis à cette nouvelle religion, répondent à l'appel. D'autres suivront.

Ils sont parfaitement disciplinés. Charles Dickens en témoigne : « Personne n'est à bord de mauvaise humeur, ou sous l'influence de la boisson. Personne ne jure ou n'emploie de gros mots. Personne n'est déprimé ou ne pleure. [...] L'entrain de tous était extraordinaire. » Les mormons recrutent d'abord dans les îles Britanniques, puis dans le reste de l'Europe, plus tard en Amérique latine et même dans le Sud-Est asiatique, en fin de compte partout dans le monde. Pourtant, le voyage jusqu'à l'Utah n'est pas facile, tant que les chemins de fer ne relient pas l'Ouest et le Mississippi. Le premier transcontinental est inauguré en 1869. Auparavant, il faut passer par le cap Horn ou traverser l'isthme de Panama. Ou bien emprunter une autre voie : les ports de l'Atlantique, La Nouvelle-Orléans, la traversée du sud des Grandes Plaines. Beaucoup y perdent la vie. En juin 1856, un convoi de 500 personnes, réparties en plusieurs groupes, quitte Iowa City. Les chariots, dont la construction coûte cher, ont été remplacés par des voitures à bras. Il faut trois mois pour atteindre la nouvelle Sion. Les deux derniers groupes manquent de vivres. La neige tombe en abondance. Young envoie des secours. Trop tard. La mort a décimé les groupes. Il faut renoncer aux voitures à bras. Les migrations continuent.

Sous la présidence de Brigham Young, plus de 70 000 hommes, femmes et enfants ont immigré dans le territoire de l'Utah. Depuis cette époque, la tradition ne faiblit pas. Les jeunes mormons doivent, aujourd'hui encore, consacrer au moins deux années de leur vie à un travail missionnaire aux États-Unis comme à l'étranger. Les mormons sont présents dans tous les États de l'ouest des États-Unis, mais aussi en Amérique latine, en Europe, en Asie.

La mise en valeur du territoire repose, non pas sur la vente et l'achat des terres, mais sur l'accès aux cours d'eau

– indispensable dans cette région particulièrement sèche. C'est sous l'autorité de l'Église que cette répartition est faite. Tout comme la création des villes, leur division en lots, la construction des maisons. Rien n'est laissé au hasard. Une devise résume les pratiques : « La terre appartient au Seigneur. Ses Saints peuvent l'exploiter à condition d'en tirer profit. » L'eau, considérée comme l'un des biens les plus précieux, fait l'objet d'une attention minutieuse. Un fermier qui exploite 40 acres peut avoir accès à l'eau trois jours par semaine, à raison de trois heures chaque jour. S'il exploite 10 acres, ce sera une heure seulement pendant trois autres jours. Il va de soi qu'un tel système ne peut fonctionner que dans une société hiérarchisée, unie et tournée sans failles vers l'essor économique. L'Église encadre l'économie. Les douze Apôtres et leur chef sont les responsables suprêmes. Le désordre est banni. La société repose sur des décisions venues d'en haut. La collectivité exerce le contrôle sur les individus. La dîme assure la survie de l'Église, qui fait office de colonne vertébrale à la société.

La théocratie est de rigueur. Le président et les douze Apôtres, élevés au rang de prophètes, dirigent la communauté. Même après la mort de Smith, ils ne renoncent pas à la polygamie – loin de là, puisqu'ils la défendent avec la conviction qu'elle offre famille et protection aux femmes seules. En revanche, ils condamnent l'adultère, l'homosexualité, la consommation d'alcool, de tabac, de café et de thé. Ils croient que les morts ressusciteront et qu'ils doivent être baptisés. Ils professent des croyances à la fois proches et lointaines du christianisme. Ce qui n'empêche pas que l'influence des mormons dépasse les limites de l'Utah, que leur rayonnement atteint les États voisins.

Un État prospère

Les mormons ont eu aussi de la chance. C'est que, depuis 1848, on a découvert de l'or en Californie. Des aventuriers viennent chercher fortune dans cet État que les États-Unis ont annexé. Ils traversent l'Utah. Avant d'aborder la Sierra Nevada, ils prennent la précaution d'acheter les provisions indispensables, les mulets et les chevaux, les chariots. Les mormons les vendent au prix fort et font avec eux de fructueuses affaires. Ils achètent à bas prix les vêtements, les outils dont les chercheurs d'or se débarrassent. On peut poser la question : n'est-ce pas les mormons qui ont tiré les plus gros profits de la découverte de l'or californien ?

Pour Brigham Young et ses fidèles, l'indépendance à l'égard du reste des États-Unis est indispensable. C'est le cœur de leur doctrine politique. Ils ont trop souffert, dans l'Est, de la jalousie, de l'incompréhension, de l'intolérance du voisinage. Ils ont choisi de prendre racine dans les Rocheuses pour échapper au contrôle de l'Union. Puisque les États-Unis viennent de gagner la guerre contre le Mexique et qu'ils ont annexé les territoires de l'Ouest, les mormons sont tentés par un nouveau départ, cette fois-ci en dehors des frontières des États-Unis.

Mais tout compte fait, ils restent là où ils sont installés. Ils ambitionnent d'y créer leur État qui entrera dans l'Union, en conservant ses particularités. Brigham Young sera le gouverneur. L'État portera le nom de Deseret (l'abeille, en « égyptien réformé »). Il devrait comprendre l'Utah, le Nevada, la moitié ouest du Colorado, le quart sud-ouest du Wyoming, le sud-est de l'Oregon, une partie du Nouveau-Mexique, une partie de la Californie.

À Washington, on fait observer que Deseret n'a pas assez d'habitants pour devenir un État de l'Union. Pour le moment, ce sera un territoire, limité à l'Utah et au Nevada. Young sera le gouverneur. Il commandera la milice. Il exercera la tutelle sur les affaires indiennes. L'indépendance est presque assurée.

À vrai dire, les autorités fédérales n'éprouvent aucune sympathie pour les mormons. Elles leur reprochent d'être hostiles à l'esclavage. Et surtout, de pratiquer la polygamie. Young est fidèle à la vision de Smith. Il a épousé vingt-sept femmes qui lui ont donné cinquante-six enfants. Immoralité ? Un scandale contraire à la morale chrétienne ? Une monstruosité que la Constitution réprouve ? Il faut, dit-on à Washington, que le futur État soit conforme aux principes politiques, aux valeurs religieuses, qui prévalent sur tout le territoire des États-Unis. L'Église mormone se défend. La polygamie n'est pratiquée que par un nombre très restreint de fidèles. Elle est justifiée par la nécessité de multiplier les naissances qui, elles-mêmes, permettent de disposer de la main-d'œuvre indispensable. Il n'y a rien d'immoral dans cette pratique ; tout au contraire, elle empêche que la société glisse dans le vice. Le président des États-Unis, James Buchanan, n'est pas convaincu. En 1857, il envoie 2 500 soldats pour rétablir l'ordre fédéral. Panique chez les mormons de l'Utah et de la région tout entière. Il faut défendre Sion. On n'a pas oublié les persécutions dans le Missouri et l'Illinois. Il faut fermer les frontières, interdire l'accès de l'Utah aux ennemis, prendre les armes. En septembre, à Mountain Meadows, cent quarante immigrants sont assassinés par des mormons. Les mormons craignaient que les nouveaux venus soient les agents de la subversion. Les Indiens s'en mêlent. Le calme revient lentement. Du côté fédéral comme du côté de Brigham Young, on aspire à la paix. Un modus vivendi est établi. Les mormons pourront continuer à cultiver leurs terres, à faire de bonnes affaires, à respecter les instructions de leur Église. L'Union, elle, est accaparée par la guerre civile qui commence au début de 1861.

Dans la guerre qui opposa, quatre années durant, l'Union et les États sécessionnistes, les mormons conservèrent une attitude de neutralité. Ils détestaient l'esclavage. Mais ils redoutaient l'interventionnisme de Washington. Ils préféraient ne pas se mêler du conflit. Leur objectif unique, c'était de poursuivre leurs activités économiques, de défendre leur mode de vie, de rester à l'écart de l'histoire américaine.

Brigham Young meurt en 1877. Il laisse une Église prospère, une société ordonnée, en plein essor. À partir de 1882, le pouvoir fédéral reprend l'offensive et décide de mener le combat contre la polygamie. La loi Edmunds interdit aux polygames de voter dans les scrutins fédéraux. Les mariages polygamiques, que les mormons appellent des mariages pluraux, sont bannis. Les polygames ne peuvent plus siéger dans des jurys ni occuper des fonctions fédérales. Cinq ans plus tard, les biens de l'Église sont confisqués. Et, dans le même temps, la loi retire aux femmes de l'Utah le droit de vote, qu'elles récupéreront comme les autres Américaines beaucoup plus tard. En 1890, le président de l'Église, Wilford Woodruff, proclame la fin de la polygamie. Six ans plus tard, l'Utah entre dans l'Union.

C'est désormais un État comme les autres. Ou presque. L'influence du mormonisme reste forte. La rigueur des mœurs n'exclut pas un attrait pour la musique. La vie économique est animée avec dynamisme. Le tourisme occupe une place importante dans cet Ouest aux magnifiques paysages, aux parcs nationaux qui ravissent leurs visiteurs. L'Utah ne manque pas de personnalité, grâce à son passé et à son présent. Ses qualités et ses défauts, il les doit, en grande partie, à l'Église des saints du dernier jour.

7

La sécession : les États désunis

Le 14 avril 1865, la guerre civile est terminée. Officiellement, puisque le 9 avril à Appomatox, le général Robert Lee, pour les armées de la Confédération, a signé la reddition sans conditions. Quelques isolés poursuivent, malgré tout, le combat, au fin fond du Sud - un combat désespéré. Il faut maintenant penser à l'avenir et refermer, aussitôt que possible, la profonde blessure de la nation. Abraham Lincoln vient d'être réélu à la présidence des États-Unis. Il lui appartient de prendre en main « la reconstruction » de la nation.

En ce vendredi de Pâques, Lincoln prend le temps d'aller au théâtre. Au programme, une comédie anglaise, *Notre cousin américain*. À 20 h 25, le président entre dans sa loge. Il est longuement applaudi par les spectateurs. À 22 h 10, un homme ouvre la porte de la loge. Un pistolet Derringer dans une main, un poignard dans l'autre. Il applique le canon de son arme contre la nuque du président. Au moment où une réplique déclenche les rires dans la salle, il tire à bout portant. Puis, il saute sur la scène, en criant : « *Sic semper tyrannis* ! » Il prend la fuite en passant par les coulisses. Lincoln est immédiatement transporté dans un immeuble en face du théâtre. Il est allongé sur un lit, trop court pour sa taille. Le sang coule sur les draps et l'oreiller. Les médecins sont impuissants. Lincoln agonise toute la nuit. Il meurt, le 15 avril, à

7 heures. Pour la première fois dans l'histoire des États-Unis, un président vient d'être assassiné.

Le meurtrier est identifié sans tarder. Son nom ? John Wilkes Booth. C'est un acteur renommé, qui éprouve de fortes sympathies pour le Sud. Des complices doivent assassiner le vice-président et le secrétaire d'État (le troisième, à l'époque, dans l'ordre de préséance de l'Union). Mais les complices n'ont pas rempli leur mission. Booth parvient à quitter Washington. Quelques jours plus ard, il est cerné par ses poursuivants dans une ferme de Virginie et tué au cours de l'assaut. Quant aux complices, ils sont à leur tour arrêtés, jugés et pendus. Leur motivation ne laisse planer aucun doute : ils voulaient venger la Confédération. L'assassinat de Lincoln aggrave encore davantage les dimensions de la tragédie que les États-Unis viennent de traverser.

Les origines de la guerre civile

En 1860, la société américaine est profondément divisée. D'un côté, le Nord qui prend possession de la partie septentrionale des Grandes Plaines ; de l'autre, le Sud qui, au-delà du Mississippi, ambitionne d'exploiter ces terres inconnues, qu'on appelle encore le Grand Désert. Entre les deux « sections », un vieux débat qui agitait déjà l'époque révolutionnaire. Que faire des esclaves dans une république qui repose sur la liberté pour tous, sur l'égalité entre ses citoyens ? Les États du Nord choisissent de limiter ou même de supprimer la servitude involontaire. Les États du Sud sont hésitants : plus tard, il faudra renoncer à l'esclavage, mais quand ? La Constitution de 1787 établit un compromis : pour le calcul de l'impôt fédéral et pour la répartition des sièges à la Chambre des représentants, un esclave sera compté pour les trois cinquièmes d'un Blanc. Voilà une disposition qui, incontestablement, reconnaît la légitimité de l'esclavage. En 1808, la traite internationale est interdite. Impossible d'acheter des esclaves à l'étranger. L'esclavage est désormais « l'institution particulière » des États-Unis.

Dans le même temps, les bouleversements de l'économie changent les données du problème. Le Sud devient le royaume du coton, notamment le Sud profond avec les deux Caroline, la Géorgie, l'Alabama, le Mississippi, la Louisiane et le Texas. C'est le résultat de la révolution industrielle en Angleterre. L'industrie textile réclame une matière première de bonne qualité, d'un prix abordable et en quantité croissante. Eli Whitney, un Américain du Connecticut, vient de mettre au point la machine à égrener le coton. Une bénédiction pour les producteurs de cette matière première. Le coton rapporte beaucoup plus que le tabac. Il est désormais l'alpha et l'oméga de l'économie sudiste. Il construit des fortunes. Il façonne les pensées et les comportements. Il détermine les hiérarchies sociales. Il oriente la vie politique.

Tous les Sudistes ne produisent pas du coton. Tous n'exploitent pas de grandes propriétés. Un tiers des familles blanches possèdent au moins vingt esclaves ; la moitié, moins de cinq esclaves. Ils forment ce que leurs détracteurs appellent « la slavocratie ». Ils défendent, bec et ongles, leur mode de vie. Sans esclaves, répètent-ils à satiété, le royaume du coton s'écroulera ; seuls les Noirs peuvent exploiter les plantations brûlées par le soleil. D'ailleurs, ajoutent-ils, que deviendraient les esclaves, s'ils étaient émancipés ? Ils ne parviendraient pas à subvenir à leurs besoins. Et puis, argument décisif, la Bible justifie l'esclavage. En conclusion, sur les 12 300 000 habitants que comptabilisent les États du Sud en 1860, 4 millions sont des esclaves, et 250 000 des Noirs dits libres. Les trois quarts des esclaves sont employés dans l'agriculture ; 10 % dans les mines, les transports, la construction et l'industrie ; 15 % sont domestiques. Il faut ajouter que le commerce des esclaves entre les États rapporte de gros bénéfices. Tant pis s'il provoque la séparation des familles noires, des scènes déchirantes, l'abaissement d'hommes et de femmes à la condition d'un cheptel qu'on achète et qu'on vend !

Toutefois, la culture du coton use les sols. Il faut déplacer les plantations vers l'ouest, prendre possession de nouvelles terres, emprunter de l'argent, dépendre davantage encore du marché, surtout du marché extérieur. De là cet attrait du Sud pour le libre-échange qui permet d'acquérir à bon compte les marchandises et les produits indispensables de l'étranger et d'écouler les produits du sol. Mais dans la mesure où le prix des esclaves ne cesse de grimper, les cotonniers n'ont guère de capitaux disponibles pour acheter des machines ou pour diversifier leurs investissements. Le Sud est endetté. Il emprunte aux banques de New York. Il n'a pas les moyens de favoriser l'apparition d'une classe moyenne qui pourrait déclencher une révolution industrielle. L'urbanisation manque de dynamisme. La Nouvelle-Orléans somnole. Charleston, Richmond, Atlanta stagnent. Conclusion évidente : le royaume du coton forme un monde à part, de plus en plus replié sur lui-même. Les dissidents sont réduits au silence ; les esprits novateurs, à l'inactivité ; les contestataires, à la marginalité.

Le Nord, c'est une autre planète. Les activités agricoles y sont limitées. Les liaisons avec l'Angleterre et, plus largement, avec l'Europe font partie du passé et du présent. L'industrialisation a pris son essor. Dans la région de Boston et de Providence, l'industrie textile naît dans les premières années du XIXe siècle. Puis, ce sera la métallurgie, qui répond aux besoins des nouveaux moyens de transport que sont la navigation fluviale et les chemins de fer. À quoi s'ajoute la transformation des produits naturels. En 1860, les usines du Nord fabriquent 90 % des produits manufacturés de la nation, 17 fois plus de cotonnades et de lainages que le Sud, 30 fois plus de bottes et de chaussures, 20 fois plus de fonte, 13 fois plus de fer, 24 fois plus de locomotives, 32 fois plus d'armes à feu et 11 fois plus de bateaux. La seule Nouvelle-Angleterre fait mieux que tous les États du Sud réunis.

Les grandes villes, celles qui connaissent la croissance la plus spectaculaire, sont dans le Nord. New York est au cœur d'un tissu extrêmement dense de voies de communication. La métropole économique et financière étend son influence à la région des Grands Lacs et aux abords du golfe du Mexique. Elle comptait moins de 100 000 habitants en 1810 ; cinquante ans plus tard, elle dépasse le million. Philadelphie, Chicago suivent de loin. Buffalo, Newark, Albany, Boston, Providence, Cincinnati, Pittsburgh enflent de décennie en décennie. Lowell, une petite ville du Massachusetts, est devenue l'un des centres de l'industrie textile. Partout, on retrouve le même sens de la rentabilité et de la productivité, le déferlement des immigrants qui offrent des bras à l'industrie, un marché aux producteurs, de nouveaux citadins qui n'ont aucune envie d'aller dans le Sud esclavagiste. Quant à l'État fédéral et les États eux-mêmes, ils concèdent à bon prix ou gratuitement des terres aux compagnies de chemins de fer et font voter des lois protectionnistes pour assurer la prospérité des industries naissantes. Comment s'étonner, dans ces conditions, si 70 % des capitaux sont investis dans le Nord, si 70 % de la main-d'œuvre industrielle y travaillent, si les banques du Nord-Est monopolisent les investissements les plus productifs ?

Ici, les esclaves ne servent à rien. À leur place, des hommes libres, salariés, urbanisés, lisent des journaux, nouent et entretiennent des contacts avec l'Ancien Monde. De nouvelles religions accompagnent les transformations sociales. La réforme de l'éducation, la lutte contre l'intempérance, contre les mauvais traitements infligés aux débiles mentaux et aux détenus, les premiers mouvements pour l'émancipation des femmes, pour la reconnaissance des syndicats et l'instauration immédiate d'une société idéale, voilà autant de causes généreuses et nouvelles qui plongent leurs racines dans le terreau du Nord.

Et surtout, le mouvement pour l'abolition de l'esclavage fait, en 1831 avec William Lloyd Garrison, une entrée fracassante dans le forum des idées. L'esclavage est à la fois contraire au christianisme et à la Déclaration d'indépendance. Il faut immédiatement décréter l'émancipation des esclaves, sans compensation pour leurs propriétaires. Il faut faire des Noirs des hommes libres, aider les fugitifs, inlassablement pétitionner le Congrès, mener de vigoureuses campagnes de presse et d'opinion, unir l'abolitionnisme au mouvement d'émancipation des femmes, au combat contre les boissons alcoolisées. « Si la République doit être effacée sur la liste des nations parce qu'elle proclame l'émancipation des captifs, eh bien que la République disparaisse sous les vagues de l'oubli », écrit Garrison. Faut-il que l'émancipation des Noirs soit globale et instantanée ? Ou bien graduelle et limitée ? Que fera-t-on des anciens esclaves ? Faudra-t-il les expédier en Afrique, dans cet État du Libéria que les États-Unis ont aidé à fonder pour accueillir d'anciens esclaves ? Beaucoup dans le Nord gardent un silence prudent, tout en affirmant haut et fort qu'ils ne veulent pas vivre aux côtés des anciens esclaves.

Quant aux États du Sud, indignés d'entendre les déclarations des abolitionnistes et redoutant leur influence sur l'Union, ils renforcent les codes noirs qui limitent les déplacements des esclaves, restreignent le nombre des manumissions, établissent des comités de surveillance, interdisent que la lecture et l'écriture soient enseignées aux Noirs ou que circulent des publications abolitionnistes. Ils ne manquent pas de proclamer que le salariat est pire que la servitude. Enfin, argument qu'ils jugent irréfutable, à force de réclamer l'abolition, l'abolitionnisme provoquera des révoltes serviles qui ont fait et feront de nombreuses victimes dans la population, noire et blanche, du Sud.

Les promesses de l'Ouest

Quelles que soient leurs origines, leurs activités et leurs ambitions, les Américains sont persuadés que leur « destinée manifeste » les conduira à prendre possession des vastes espaces de l'Ouest, ce qu'ils appellent le Far West, les Grandes Plaines ou, parfois, le Grand Désert. En 1783, la jeune république que l'Angleterre vient de reconnaître au terme de la guerre d'Indépendance s'étend du Maine à la Géorgie, de l'Atlantique au Mississippi. Un territoire de 2,3 millions de kilomètres carrés. Le président Thomas Jefferson achète en 1803 à la France le territoire de la Louisiane, soit 2 millions de kilomètres carrés, qui s'étend des Grands Lacs au golfe du Mexique, du Mississippi aux Rocheuses. La Floride en 1819, le Texas en 1845, le territoire de l'Oregon en 1846, la Californie et le sud-ouest des Rocheuses en 1848 ajoutent à l'Union 3 millions de kilomètres carrés. Plus tard, l'Alaska, acheté à la Russie en 1867, et l'archipel d'Hawaii, annexé en 1898, donneront aux États-Unis leur superficie actuelle, près de vingt fois celle de la France.

Les États-Unis ne souffrent pas de surpopulation. La progression démographique est à la fois spectaculaire et continue, mais à la veille de guerre civile, la densité ne dépasse pas 4,2 habitants au kilomètre carré. Il n'empêche que cette vaste zone en voie de peuplement, qu'on appelle tantôt la Frontière, tantôt le Far West, suscite des convoitises. Si ces terres étaient plus fertiles qu'on ne l'a cru, elles serviraient de réserve pour les planteurs de coton ou pour « les fermiers » du Nord. Elles donneraient au Sud une primauté incontestable. Livrées aux spéculateurs de la Nouvelle-Angleterre, de New York ou de Pennsylvanie, elles deviendraient des terres « libres », un solide renfort pour le Nord. Peu importent les Indiens qui sont tenus pour quantité négligeable et que personne ne songe à intégrer dans la société américaine.

De plus en plus de fermiers et de spéculateurs envahissent l'Indiana, l'Illinois, l'Oklahoma, le Texas. Chicago, minuscule village de douze maisons en 1830, compte 30 000 habitants en 1850, et 110 000 dix ans plus tard. L'Illinois, l'Indiana, l'Ohio et le Missouri fournissent d'énormes quantités de maïs, élèvent d'immenses troupeaux de porcs qu'on achemine vers les abattoirs de Chicago et de Cincinnati. Les Américains sont poussés par le goût de l'aventure, la recherche du profit et le sentiment que l'homme blanc a pour mission de civiliser les terres vierges. Au milieu du XIXe siècle, personne ne doute aux États-Unis que le destin du pays dépend de l'Ouest, qu'il faudra choisir entre une nation fondée sur la liberté de tous, à la recherche du profit, et une nation fondée sur l'esclavage, tournée vers la production du coton.

La bataille politique sur l'esclavage

Comment se fera l'extension de l'Union ? Est-ce le Sud ou le Nord qui en profitera ? Des compromis seront-ils possibles ? Voilà les questions qui ne cessent pas d'être posées depuis le temps de l'Indépendance. Plusieurs compromis sont adoptés. En 1787, l'ordonnance du Nord-Ouest prévoit l'entrée dans l'Union de nouveaux États. À égalité de droits avec les États déjà présents. Elle vaut pour un vaste espace qui s'étend de la Pennsylvanie au Mississippi, des Grands Lacs à l'Ohio. Elle exclut l'esclavage. En 1820, dans une Union qui comprend onze États esclavagistes et onze États sans esclaves, le Missouri devient un État esclavagiste, tandis que le Maine sera un État « libre ». Dans le territoire de la Louisiane (anciennement française), l'esclavage est autorisé au sud d'une ligne qui correspond à 36°30 de latitude. Rebondissement en 1850. Les États-Unis viennent d'acquérir de vastes territoires à la suite de leur guerre victorieuse contre le Mexique. La Californie est admise en tant qu'État libre ; le Texas, comme État esclavagiste ; les autres territoires, y compris le Nouveau-Mexique, choisiront, le moment venu. Mécontentement et protestations des esclavagistes et des abolitionnistes. Le compromis déplaît aux uns et aux autres. En 1854, le débat sur le Kansas-Nebraska met le pays à feu et à sang, car il est décidé que chacun des deux futurs États décidera, en fonction de la « souveraineté populaire ». Le compromis du Missouri est remis en cause. Pour la plus grande satisfaction des Sudistes, des spéculateurs qui ne veulent surtout pas qu'une loi restreigne leur clientèle, des compagnies ferroviaires qui recherchent des voyageurs, des acheteurs pour les terrains qu'elles possèdent et des marchandises que leur confient les exploitants du sol.

Il n'empêche qu'une tempête de protestations secoue le pays. Dans le Nord, on évoque avec indignation le complot de la « slavocratie » qui ambitionne de faire de l'Union un vaste espace esclavagiste. Dans le Sud, on tempête contre les abolitionnistes qui voudraient réduire les planteurs à la misère, qui diffusent le roman de Harriet Beecher Stowe *La Case de l'oncle Tom*, qui préparent l'émancipation de tous les esclaves. Voici qu'en 1854, un nouveau parti politique surgit, le parti républicain. Son programme tient en trois points : des terres sans esclaves et gratuites dans les territoires de l'Ouest, des droits de douane élevés pour protéger les industries naissantes, la construction d'un chemin de fer transcontinental. Les Américains du Nord et du Middle West sont ravis ; ceux du Sud, inquiets, hostiles, déterminés à résister. En 1858, Abraham Lincoln se présente, sous l'étiquette républicaine, aux élections sénatoriales de l'Illinois. Il a 49 ans. Peu d'expérience politique, mais excellent orateur. Face au démocrate Stephen Douglas, un politicien roué qui a inventé les compromis les plus récents, Lincoln fait merveille. Il déteste l'esclavage et répète, d'un débat à l'autre, qu'« une maison divisée contre elle-même ne peut pas se maintenir ». Ce qui ne l'empêche pas de nuancer ses opinions :

> Je dirai donc que je ne suis pas et que je n'ai jamais été en faveur de l'égalité politique et sociale de la race noire et de la race blanche, que je ne veux pas et que je n'ai jamais voulu que les Noirs deviennent jurés ou électeurs ou qu'ils soient

autorisés à détenir des charges politiques, ou qu'il leur soit permis de se marier avec des Blancs. [...] Qu'on libère un jour prochain les esclaves et qu'on se débarrasse des Noirs émancipés ! Et dans la mesure où les deux races ne peuvent vivre ainsi, il doit y avoir, tant qu'elles resteront ensemble, une position inférieure et une position supérieure. Je désire, tout autant qu'un autre, que la race blanche détienne la position supérieure.

Et pourtant, voilà un républicain qui fait peur aux Sudistes. Parmi eux, ils sont nombreux qui n'hésitent plus à envisager une sécession de l'Union, si jamais un républicain est élu à la présidence des États-Unis. La civilisation du Sud serait alors menacée. La Constitution ne fournirait plus aucune protection aux défenseurs de l'esclavage. Les plantations seraient ruinées ; les planteurs, plongés dans la misère. Le temps travaille contre le Sud. Il est urgent de résister. Plus tard sera trop tard.

Les élections présidentielles de 1860 mettent aux prises quatre candidats. Les républicains ont choisi Lincoln, en raison de sa modération ; les démocrates, Douglas, l'homme des compromis, qui ne manque pas de soutiens dans le Nord et dans le Sud. Lincoln remporte dix-neuf États, tous situés dans le Nord et l'Ouest. Il obtient 38 % des suffrages populaires. Douglas a beau réunir 30 % des suffrages ; il n'atteint la majorité dans aucun des États. Les deux autres candidats sont en tête dans onze États sudistes pour John Breckinridge, dans trois États à la limite du Sud et du Nord pour John Bell. Le prochain président des États-Unis sera un républicain, Abraham Lincoln. Il prendra ses fonctions le 4 mars 1861.

La guerre

Dès lors, les événements se précipitent. Le 20 décembre, la Caroline du Sud fait sécession. En janvier 1861, elle est rejointe par le Mississippi, la Floride, l'Alabama, la Géorgie et la Louisiane, puis le Texas. Le 10 février, Jefferson Davis, un Mississippien, est élu président du gouvernement provisoire de la Confédération. Le 12 avril, à 4 h 30, les artilleurs du général Pierre Beauregard ouvrent le feu sur le fort fédéral de Fort Sumter en Caroline du Sud. La Caroline du Nord, l'Arkansas, le Tennessee, la Virginie (moins des comtés de l'Ouest qui restent dans l'Union et forment la Virginie-Occidentale) rejoignent la Confédération. Quatre États esclavagistes sont fidèles à l'Union : le Kentucky, le Missouri, le Delaware et le Maryland. La guerre de Sécession vient de commencer. Elle durera quatre ans. Voici venu le temps des États désunis.

Quatre-vingts ans après la guerre d'Indépendance, les États-Unis ne sont toujours pas une puissance militaire. Leur armée réunit 16 000 hommes pour une population qui avoisine les 32 millions. Elle a combattu contre les Mexicains en 1846-1848 et remporté des victoires décisives. Mais ses unités sont disséminées dans soixante-dix-neuf forts à l'ouest du Mississippi et, tant bien que mal, contiennent les Indiens des Plaines tout autant que les *frontiersmen.* Le général en chef, Winfield Scott, a 74 ans. Ses principaux adjoints portent l'uniforme depuis plus de quarante ans. Pas d'état-major, pas de stratégie, sinon une vague admiration pour Napoléon Bonaparte et surtout pour Antoine de Jomini, un stratège suisse qu'on étudie dans les états-majors. Pas de plan pour mobiliser les forces nécessaires en cas de guerre. La plupart des officiers, les plus brillants d'entre eux, viennent des États sudistes.

L'enthousiasme l'emporte sur l'expérience. Dans le Sud surtout, où les jeunes gens prennent les armes sans la moindre hésitation. Ils rejoignent des milices qui attendent avec impatience d'aller au combat. Ils paient leur équipement et leur armement. Ils ont la certitude de défendre leur mode de vie, leur indépendance, leur État. Le président Jefferson Davis est lui-même un ancien de West Point, le collège qui forme les officiers. Il a combattu contre le Mexique. Le général Robert Lee, diplômé aussi de West Point, est un officier du génie depuis plus de trente ans. Son père a combattu dans la guerre d'Indépendance. Il a participé à la guerre contre le Mexique. Virginien, il ne possède aucun esclave. Sa réputation est telle qu'à Washington, on songe à lui confier un commandement dans l'armée fédérale. Mais Lee reste fidèle à la Virginie. Il sera le commandant en chef des forces sécessionnistes. La Confédération adopte des institutions qui ressemblent, peu ou prou, à celles de l'Union. Elle vote le 6 mars 1861 la mobilisation de 100 000 hommes pour douze mois. Il revient aux États confédérés d'équiper, d'habiller, d'armer leurs soldats, en principe revêtus d'un uniforme gris. Bon nombre d'entre eux rejoignent leur unité, armés du nouveau Colt à cinq coups, de leurs fusils de chasse ou de leurs couteaux de chasse. Les officiers sont souvent accompagnés de leurs esclaves qui lavent le linge et font la cuisine. Les plus riches lèvent, à leurs frais, un régiment ou une compagnie.

Du côté de l'Union, le président Lincoln fait appel à 75 000 volontaires pour un service de quatre-vingt-dix jours. C'est insuffisant. Dès le 3 mai, il mobilise 42 000 nouveaux volontaires pour une période de trois ans. Les États font eux aussi appel à des volontaires, au total 33 000 engagés pour deux ans. Les uns et les autres reçoivent une prime d'engagement, puis une seconde prime. Ce qui déclenche des désertions, une fois la prime touchée, elles-mêmes suivies par de nouveaux engagements et de nouvelles primes. Au début de 1862, l'Union dispose de 700 000 hommes, revêtus d'un uniforme bleu clair.

D'un côté comme de l'autre, le volontariat ne suffit pas. Il faut recourir à la conscription - une innovation, car l'Union ne l'avait jamais mise en pratique. La Confédération prend l'initiative en 1862 ; l'Union suit en 1863. Au total, deux millions d'hommes ont combattu pour l'Union qui avait une population de 23 millions ; de 600 000 à un million, soit 90 % des hommes blancs, pour la Confédération qui, elle, comptait 9 millions d'habitants, dont 3,5 millions d'esclaves. En quatre ans, les États-Unis sont devenus une puissance militaire.

Les combats se déroulent sur trois théâtres d'opérations : entre Washington et Richmond en Virginie, les deux capitales ; sur le Mississippi et ses affluents pour obtenir le contrôle de l'accès aux Grandes Plaines, aux Rocheuses, voire à la Californie ; enfin, sur l'océan Atlantique. En 1861-1862, les batailles les plus meurtrières ont pour théâtre la Virginie. Les Sudistes l'emportent à Bull Run (29 août 1861), pénètrent dans le Maryland, mais battent en retraite après leur défaite à Antietam. Dans l'Ouest, les unionistes prennent le dessus à Fort Donelson et Fort Henry, puis à Shiloh. La marine fédérale, sous les ordres du contre-amiral David Farragut, s'empare de La Nouvelle-Orléans le 6 juin 1862. Ce qui n'empêche pas les confédérés de forcer le blocus que les unionistes tâchent de leur imposer sur l'Atlantique et de maintenir leurs relations commerciales avec l'Europe.

L'année 1863 est décisive. Lincoln a jusqu'alors adopté une attitude pragmatique. Il faisait la guerre pour sauver l'Union, pas pour libérer les esclaves. En 1862, il franchit le pas. Il annonce que dès l'année prochaine, les esclaves seront affranchis, là où les armées fédérales sont présentes.

Vicksburg sur le Mississippi commande la navigation sur le fleuve, permet le ravitaillement du Sud en produits du Middle West et protège les plantations de coton. La ville est assiégée par les troupes du général Grant. À l'est, les confédérés tentent de prendre à revers les fédéraux, pénètrent dans le Maryland, puis en Pennsylvanie. La bataille de Gettysburg dure plusieurs jours. Elle fait des milliers de morts des deux côtés. Les Sudistes sont battus le 3 juillet. Le lendemain, jour de la fête nationale, Grant s'empare de Vicksburg.

Pourtant, en 1864, les Sudistes n'ont pas renoncé. Ils croient encore à la victoire. Même si leurs communications avec l'étranger sont de plus en plus difficiles. Farragut renforce encore le blocus. C'est à ce moment qu'il expérimente de nouveaux engins, comme les cuirassés, voire des sous-marins. L'*Alabama*, un navire sudiste, a coulé soixante-quinze bâtiments de l'Union. Il est torpillé, au large de Cherbourg, par le *Kearsage* – un épisode qui a inspiré Édouard Manet. Grant est enfin nommé commandant en chef de l'armée fédérale. Il mène en Virginie une campagne terriblement efficace. Des deux côtés, les morts se comptent par milliers. À Cold Harbor, au début de juin 1864, près de 7 000 fédéraux tombent dans les huit premières minutes. Grant perd finalement 12 000 hommes. À Petersburg, le siège dure neuf mois. Les unionistes creusent des tranchées pour se protéger. Après un été trop chaud et trop humide, vient un hiver extrêmement rigoureux. La boue, les maladies, l'insuffisance des équipements accablent les combattants des deux camps. Un cessez-le-feu est décidé pour enterrer les morts, « non point qu'aucune des deux armées ait voulu témoigner son respect aux morts, mais pour se débarrasser de l'odeur insupportable ».

Grant confie alors à son adjoint, le général William Sherman, la mission de conquérir Atlanta, puis Savannah. Un plan audacieux est appliqué. Il vise à couper en deux le territoire de la Confédération. Le 6 mai, Sherman part de Chattanooga, sur la rivière Tennessee. Ses 100 000 hommes sont répartis en trois armées. Objectif : Atlanta en Géorgie, le deuxième centre manufacturier du Sud. Ses ingénieurs construisent des ponts pour franchir les cours d'eau. Ses soldats détruisent les voies ferrées dont l'ennemi pourrait se servir. Ils vont même jusqu'à les tordre pour en faire « des épingles à cheveux à la Sherman ». Ils incendient sur leur passage les récoltes, les plantations, les sites industriels.

Face à ce déferlement, les confédérés manquent d'hommes. Ils ne parviennent pas à arrêter la progression de l'ennemi. Le 21 juillet, Sherman assiège Atlanta. Un mois plus tard, il attaque la voie ferrée qui dessert la ville. La panique gagne les rangs des Sudistes. Ils évacuent Atlanta, après avoir mis le feu aux hangars, aux réserves de munitions, aux stocks d'équipement. D'autres incendies sont allumés par les unionistes. C'est une vision dantesque que Margaret Mitchell a reconstituée dans *Autant en emporte le vent*. La population fuit comme elle peut, à pied, dans des carrioles, à cheval. La Georgie tombe aux mains des soldats fédéraux. Le 16 novembre, Sherman reprend sa marche, cette fois-ci en direction de l'Atlantique avec pour objectif Savannah. Il continue à détruire tout ce qu'il trouve sur son passage. Ses troupes vivent sur le pays. Implacable, d'une violence extrême, leur marche de 500 kilomètres prend fin à la veille de Noël. Savannah est soumise. Sherman s'apprête à rejoindre Grant qui, de son côté, fait en Virginie une guerre sans merci. Les forces sudistes, attaquées de toutes parts, sont encerclées.

En dépit de leur résistance acharnée, du carnage des derniers combats, des espoirs insensés des jusqu'auboutistes de la Confédération, il est impossible d'espérer un retournement de la situation militaire. Le Sud a perdu la guerre. Ses chefs sont contraints de reconnaître leur défaite. Le 9 avril 1865, à Appomatox, le général Lee accepte la reddition sans conditions. Grâce à Sherman, Grant a mis un terme à la guerre civile. Il en est le grand vainqueur.

La naissance d'une nouvelle société ?

Ce conflit impitoyable entre Américains pose plusieurs questions. Des Blancs ont fait la guerre à d'autres Blancs pour déterminer le sort des Noirs. Pourquoi les Noirs n'ont-ils pas pris les armes ? Tous les Sudistes ne possèdent pas des esclaves, mais tous ou presque défendent un mode de vie qui repose sur l'esclavage. Pour eux, il est inconcevable que les Noirs soient armés et envoyés au combat. Rien n'est plus dangereux, estiment-ils, que d'initier aux armes des esclaves qui pourraient être tentés par la révolte contre leurs maîtres. Dans les États qui restent fidèles à l'Union, l'opinion est divisée. Les abolitionnistes demandent que les Noirs soient mobilisés et méritent, en conséquence, leur émancipation. Lincoln, une fois de plus, recommande la modération. Il redoute, jusqu'en 1863, que la mobilisation des Noirs pousse des unionistes dans les bras des sécessionnistes. Quant aux Noirs de l'Union, ils réclament d'être incorporés, avec l'espoir qu'ils gagneront ainsi leur liberté et peut-être le droit à l'égalité avec les Blancs. Depuis longtemps, ils remplissaient des tâches subalternes dans la marine, y compris au temps de l'indépendance. Puis, l'exclusion est devenue la règle. En 1861, les premiers volontaires noirs sont rejetés. Dès l'année suivante, l'état d'esprit évolue. De nouvelles recrues sont indispensables, même si ce sont des Noirs, pour combler les pertes de l'armée fédérale. Les responsables politiques commencent à comprendre qu'ils disposent d'un vaste réservoir d'hommes, déterminés à défendre leurs libertés. Des régiments noirs sont alors formés. Les soldes sont inférieures à celles des Blancs ; les officiers sont tous blancs. Au total, 180 000 Noirs ont été mobilisés et composent 6 % des armées fédérales. On évalue à 40 000 ceux d'entre eux qui sont morts ; la plupart, victimes d'épidémies. Car plutôt que d'être employés dans l'artillerie et l'infanterie, ils ont été confinés à l'arrière, dans les services de l'intendance, de la santé, des matériels. Environ 20 000 ont servi dans la marine.

Dans les États confédérés, les chefs militaires constatent, à mesure que la guerre se prolonge, l'affaiblissement de leurs effectifs. Ils déplorent que le Sud perde sur les champs de bataille ses hommes jeunes, « son sang le meilleur ». La solution ? Incorporer des Noirs. Mais il n'est pas concevable que l'on arme des esclaves, au demeurant dépourvus de toute instruction militaire. Les maîtres courent le risque de mettre en danger leur propre sécurité. Au terme de longues discussions, le 13 mars 1865, un mois avant la reddition d'Appomatox, la Confédération autorise la formation des « troupes de couleur ». Les Noirs incorporés pourront, avec l'autorisation de leurs maîtres, accéder à la liberté. Il semblerait qu'une cinquantaine de

Noirs ont profité de cette disposition révolutionnaire. Dans ces conditions, la sécession ne perd-elle pas sa signification ? Le Sud finit par comprendre que les esclaves sont des hommes comme les autres, qu'ils peuvent, eux aussi, servir de rempart contre les envahisseurs du Nord. Mais alors, est-il encore légitime de maintenir l'esclavage ? Pourquoi les confédérés poursuivraient-ils le combat ?

Une deuxième question vient à l'esprit. La victoire du Nord n'était-elle pas inévitable, compte tenu de ses atouts économiques et de son dynamisme démographique ? Les innovations industrielles, l'expansion territoriale et commerciale, le dynamisme de la société témoignent de la modernité du Nord. L'Union est un grenier à blé et à maïs. L'agriculture, modernisée, répond aux besoins des armées et de la population. L'essor des chemins de fer stimule la construction des rails, la production des locomotives et des wagons, l'extraction du charbon, les échanges entre les États. Les lignes du télégraphe suivent les voies ferrées. Alors que les combats font rage, et que l'issue de la guerre est encore incertaine, le président Lincoln décide la construction d'un transcontinental qui mettra en valeur les Grandes Plaines, le Far West de la légende. Un deuxième transcontinental est bientôt envisagé. Un système bancaire national est enfin créé, alors que, depuis 1836, il n'y avait plus de banque centrale.

Cette société dynamique attire les immigrants, des Irlandais qui fuient la misère, les injustices du système foncier, les aléas de l'agriculture, des Allemands à la recherche de terres à exploiter et séduits par les libertés politiques et religieuses outre-Atlantique. Le Nord n'est pourtant pas le paradis. Les salaires augmentent moins vite que les prix. Des grèves éclatent, sauvagement réprimées. Malgré tout, on imagine volontiers les profits qu'on tirera de la reconstruction, une fois que les États du Sud auront renoncé à la sécession. L'optimisme prévaut.

Les États du Sud ne désespèrent pas. Eux aussi, ne manquent pas d'atouts dans le domaine économique. Le « roi coton » règne en maître. Aucune autre nation, pensent-ils, ne peut concurrencer le coton américain qu'achètent les entreprises anglaises et françaises. Aucune autre nation, pour le moment. Avec les profits qu'ils engrangent, les commerçants sudistes achètent des produits manufacturés et des vivres. Ils fournissent aux soldats de la Confédération des obus, des canons, des cartouches autant qu'il est nécessaire. Les chantiers navals prévoient de construire cent cinquante bâtiments. Avant 1865, ils ont lancé vingt-deux cuirassés et d'autres navires. L'usine de poudre d'Augusta en Géorgie est la plus productive des États-Unis. En 1864, l'Alabama produit quatre fois plus de fer que n'importe lequel des États d'avant 1860.

Mais le tabac et le coton ne répondent pas à tous les besoins de la population. D'ailleurs, pour assurer les exportations, il faut briser le blocus qu'impose la marine fédérale. Les « forceurs de blocus » sont des héros, même s'ils ne remportent pas toujours la victoire sur leurs ennemis. La disette déclenche à Richmond une émeute de la faim au printemps de 1863. Les soldats souffrent de carences alimentaires. Les stocks de nourriture parviennent difficilement dans les villes, faute d'un réseau de transports qui soit efficace, sans oublier les destructions dues à l'ennemi. La main-d'œuvre agricole est trop souvent réduite aux esclaves. Les prix augmentent. Le dollar confédéré dégringole. La spéculation et la recherche d'emprunts à l'étranger polluent les activités commerciales. Quant aux immigrants, le mode de vie des Sudistes ne les attire pas ; bien au contraire.

Enfin, au sein de la Confédération, l'unité politique laisse à désirer. Les États sécessionnistes n'aiment pas la centralisation. Ils le démontrent sans tarder. À partir de 1864, le moral des Sudistes tombe en chute libre, surtout lorsqu'il devient indispensable de mobiliser les esclaves. Dans ces conditions, les revers militaires du Sud ne font qu'illustrer les faiblesses économiques, démographiques et politiques de la Confédération. Le Nord incarne l'avenir.

La guerre de Sécession, un enjeu international

Une troisième question touche aux relations internationales. La France et la Grande-Bretagne suivent de près les événements d'Amérique. L'une et l'autre ont besoin du coton américain pour faire tourner leurs industries textiles. Quant aux Américains, du Nord comme du Sud, ils recherchent l'appui des Européens. Pour obtenir la reconnaissance diplomatique des États européens, la Confédération recourt à la diplomatie du coton. Les besoins de cette matière première devraient faire pencher la balance en faveur de la sécession. À condition, toutefois, que le blocus des côtes américaines, mis en place par les fédéraux, puisse être forcé. Les Sudistes ne manquent pas d'ajouter qu'ils revendiquent leur indépendance, non pas pour maintenir l'esclavage, mais pour défendre leurs libertés - comme leurs ancêtres de 1776. Les Anglais sont divisés. Une majorité d'entre eux penche du côté de l'Union. L'abolitionnisme est populaire. Mais ils savent aussi qu'ils ont besoin du coton du Sud et du blé du Middle West. Impossible de choisir l'un aux dépens de l'autre. Les aristocrates voient dans les planteurs des cousins d'Amérique ; les commerçants et les industriels songent aux affaires qu'ils pourront faire avec le Sud, en lui vendant des produits manufacturés, des bateaux et des munitions. Le monde ouvrier redoute la pénurie de coton qui pourrait entraîner la fermeture des usines du Lancashire, le chômage et la misère.

Les Français aussi sont divisés. Pour les mêmes raisons que les Anglais, ou presque. Napoléon III et son entourage expriment leurs sympathies pour le droit des peuples à disposer d'eux-mêmes. Ils n'oublient pas non plus qu'il faut assurer l'approvisionnement en coton des usines de Normandie, de Lorraine et d'Alsace. Le souvenir de La Fayette est encore vivant. Il faut aider les Américains. Oui, mais lesquels ? Des volontaires français s'engagent dans le camp des sécessionnistes et d'autres dans le camp des unionistes. En outre, l'empereur nourrit une ambition. C'est que la guerre civile permettra à la France de prendre pied au Mexique, d'y créer un empire qui prolongera, outre-Atlantique, l'influence politique, économique et idéologique de la France - pour la plus grande gloire de l'Empire. Le corps expéditionnaire français débarque au Mexique en 1863, installe à Mexico l'empereur Maximilien, remporte des victoires. Puis, il finit par battre en retraite et abandonne l'empereur à son tragique destin. Il ne reste rien des ambitions de Napoléon III.

Quoi qu'il en soit, les représentants du Sud en Europe poursuivent leurs efforts pour obtenir la reconnaissance diplomatique de la Confédération. Sans aucun résultat. Les événements militaires renforcent le prestige de l'Union et les hésitations des diplomaties européennes. Après Gettysburg et Vicksburg, l'Europe comprend que l'Union dispose de forces qu'il ne faut surtout pas sous-estimer, que sa flotte pourrait nuire au commerce transatlantique.

La prudence l'emporte. Il vaut mieux attendre la fin du conflit pour tomber dans les bras du vainqueur. Il n'est pas interdit, toutefois, de continuer à acheter et à vendre à des vaincus potentiels, s'ils règlent leurs factures, si des subterfuges permettent d'éviter la mauvaise humeur de Washington. La diplomatie du « roi coton » a échoué. Lincoln a gagné la guerre sur les champs de bataille et dans les chancelleries européennes.

La guerre de Sécession, annonciatrice des conflits du xxe siècle

La guerre de Sécession commence à la manière d'une guerre du xixe siècle. Elle finit par annoncer les conflits du xxe siècle, notamment la Grande Guerre de 1914-1918. Les chemins de fer servent à transporter les troupes et leur matériel. Ils accélèrent la mobilisation des civils et leur acheminement. C'est pourquoi les centres ferroviaires, comme Chattanooga, Atlanta ou Manassas Junction, sont âprement disputés et font l'objet de batailles acharnées. Le long des voies ferrées, sont installées des lignes télégraphiques. Elles relient les postes de commandement, les dépôts, les fortifications. Des messages urgents appellent des renforts. En mai 1864, Grant communique avec Sherman par le télégraphe. C'est ainsi qu'il contrôle les mouvements d'un demi-million d'hommes sur un territoire de 2 millions de kilomètres carrés. Un nouveau moyen d'information permet de surveiller l'adversaire ; ce sont les ballons captifs. Les armes sont de plus en plus perfectionnées. Le canon rayé des fusils donne un effet tournant au projectile conique, que Claude Minié, un capitaine de l'armée française, a mis au point, et quadruple la portée des balles. Le Springfield de calibre 58, concurremment avec l'Enfield britannique, est adopté par l'armée américaine en 1855. La cartouche en métal remplace la cartouche en carton, ce qui donne une plus grande efficacité à la munition. Des unités de l'armée fédérale sont équipées d'armes à répétition, comme la carabine Spencer à sept coups. Les armes de poing, revolvers et pistolets, sont maintenant des armes très efficaces, qui peuvent tirer cinq ou six coups d'affilée. Les innovations technologiques de Samuel Colt font merveille. Les mitrailleuses sont encore rudimentaires, trop lourdes (près d'une tonne) et peu mobiles. Leur invention est due à Richard Gatling qui naïvement a cru inventer une machine de mort si meurtrière qu'elle mettrait fin aux guerres. Gatling s'est trompé, mais son invention est promise à un terrible et brillant avenir. La marine, elle aussi, entre dans l'ère moderne. Ce sont les Sudistes qui tiennent le premier rang, puisqu'ils ont expérimenté, sans succès, les premiers sous-marins et démontré que les cuirassés - en acier - sont supérieurs aux navires en bois.

La photographie précipite la guerre de Sécession dans la modernité. La guerre de Crimée a donné l'exemple. Aux États-Unis, Mathew Brady réalise des milliers de clichés qui permettent de visualiser les combats. Il se déplace d'un camp à l'autre, son lourd équipement chargé sur un chariot bâché. Grâce à lui, on découvre la vie des combattants, l'alignement des cadavres, les tragédies de ces quatre années, les ravages qu'ont déclenchés les maladies, les insuffisances de la médecine, les progrès de la chirurgie. Pourtant, les services de santé ont peu progressé. Les armées ne se préoccupent guère des blessés et des malades.

La mémoire de la guerre civile

On comprend pourquoi la guerre de Sécession a fait au moins 620 000 morts (pour une population d'environ 35 millions). Les blessés, les mutilés, les handicapés ont survécu jusqu'au début du XXe siècle. En rappelant leurs souffrances, en agitant « la chemise sanglante », ils tiennent une place importante dans la vie politique. Proportionnellement, la guerre de Sécession est la plus meurtrière des guerres que les Américains ont faites. À titre de comparaison : la Seconde Guerre mondiale a tué 406 000 Américains ; le conflit du Vietnam, 58 000 GI's. Si l'on additionne les morts de la guerre d'Indépendance, de la guerre anglo-américaine de 1812-1814, des guerres contre le Mexique (1846-1848), contre l'Espagne (1898), contre la Corée du Nord (1950-1953), on parvient à un total inférieur au bilan de 1865. Ce qui revient à constater que 182 Américains sur 10 000 sont morts dans les quatre années de guerre civile. Le Sud a plus souffert que le Nord, car la plupart des batailles se sont déroulées sur son sol, dans ses villes incendiées, au sein des campagnes dévastées et pillées. Dans les onze États de la Confédération, 18 % de la population ont été victimes du conflit, contre 6 % pour les États unionistes.

Comment expliquer cette tuerie ? Les chefs militaires, dans les deux camps, sont, il faut le rappeler, des disciples de Jomini, un stratège militaire suisse qui a servi Napoléon et le tsar Alexandre Ier. L'offensive, d'après Jomini, doit être privilégiée. Il faut affronter l'ennemi le plus fort là où il est le plus fort, attaquer sans cesse, empêcher l'adversaire de rassembler le gros de ses forces. La modernisation des armes et du matériel aggrave encore la tuerie. À Shiloh (6 et 7 avril 1862), les Nordistes perdent 25 % de leurs effectifs combattants ; les Sudistes, 33 %. La bataille de Gettysburg est terriblement meurtrière. Un an plus tard, dans la seule journée du 3 juin 1864, 12 000 hommes sont tués du côté des unionistes, sans que Grant s'en émeuve. « C'est un boucher, déclare Mme Lincoln. Il n'a aucun respect de la vie. » À Keensaw Mountain, le 27 juin, 1 300 unionistes montent à l'assaut. Les confédérés font feu à volonté et abattent les assaillants. À Petersburg, les unionistes font exploser une mine d'une puissance jusqu'alors inconnue. Quant aux blessés, ils sont trop souvent abandonnés à leur sort. Les maladies font des ravages, à tel point qu'elles causent la moitié des pertes.

Après la reddition d'Appomatox, vient le temps de la reconstruction. Les vainqueurs rétablissent l'ordre en envoyant 200 000 soldats dans les États « rebelles ». Un organisme fédéral prend en charge, tant bien que mal, les Noirs libérés de l'esclavage. À l'esclavage succède la ségrégation. Les Noirs sont alors les victimes du Ku Klux Klan entre 1866 et 1871. Les États-Unis démobilisent. Reste une armée d'environ 65 000 volontaires, dispersée dans les forts de l'Ouest, avec pour mission de contenir ou de combattre les Indiens des Grandes Plaines. Les États sécessionnistes reprennent leur place dans l'Union. Une décennie après la fin du conflit fratricide, les États-Unis ont retrouvé leur dynamisme. Ils n'ont certainement pas pansé leurs blessures les plus profondes.

Que reste-t-il de la guerre civile dans la mémoire nationale ? Dans un premier temps, les anciens combattants du Nord sont fiers d'avoir combattu pour le droit, pour l'Union et pour la liberté. Ceux du Sud que la défaite a rendus amers continuent de penser qu'ils ont défendu leur mode de vie et qu'ils ont protégé leurs biens. Dès 1870, la réconciliation l'emporte. Les États-Unis ne pourront plus, ne devront plus être divisés. Ils forment une nation indivisible. Un signe révélateur dans la langue : on ne dit plus « *The United States are* ». Désormais, le sujet au pluriel est suivi du verbe au singulier : « *The United States is* ». Les Noirs ne sont plus des esclaves. Ils sont devenus des citoyens comme les autres. La vérité, c'est que l'unité retrouvée s'est faite à leurs dépens. La ségrégation raciale prend racine, y compris dans la capitale fédérale. Lorsque les anciens combattants commémorent les batailles, comme celle de Gettysburg, ils évoquent les chefs, les horreurs de la guerre, certainement pas le sort des esclaves. Le Ku Klux Klan renaît de ses cendres en 1915, encore plus vigoureux et influent que cinquante ans auparavant. Il y aura même une troisième version postérieure à 1945, qui réunit les nostalgiques de l'ancien Sud, les adversaires de l'égalité entre Noirs et Blancs, les partisans irréductibles de la violence raciste.

Statues et monuments ont surgi dans les villes, dès la fin du XIXe siècle. Devant les bâtiments publics, sur les emplacements des champs de bataille, les personnalités les plus illustres de la Confédération sont immortalisées, à commencer par Robert Lee, Jefferson Davis et les généraux qui ont commandé les armées sudistes. Le drapeau de la Confédération reste déployé ici et là, au fronton des bâtiments publics ou dans les quartiers généraux des associations publiques et privées. Des milliers de lieux évoquent la guerre de Sécession – plus de 1 500 symbolisent la Confédération. Les champs de bataille, les cimetières, les musées, les écoles, les parcs, des ponts, des comtés, des villes, des navires, des bases militaires célèbrent, à leur manière, les combattants d'hier à l'uniforme gris et leurs chefs prestigieux. Ce n'est plus « la guerre entre les États », mais « la guerre civile », celle qui a opposé de bons Américains à d'autres bons Américains, un conflit sanglant qui ne divise plus, qui, au contraire, rassemble dans une déploration générale. Avec une sorte de supériorité morale pour les Sudistes, vaincus, courageux, héritiers d'une splendide civilisation que la guerre a détruite. Le Memorial Day est à l'origine le jour du souvenir pour les morts sudistes. Il devient une commémoration nationale pour tous les morts américains de toutes les guerres.

Le mouvement des droits civiques, dans les années soixante du XXe siècle, bouleverse cette mémoire. Le Sud redevient coupable. Il a connu sa prospérité, clame-t-on, grâce à l'esclavage. Il n'a pas émancipé les Noirs. Il continue de vivre dans la nostalgie d'un passé indéfendable. Ce n'est qu'en 1997 qu'est érigé à Washington un monument à la gloire des soldats noirs qui ont combattu dans les rangs des armées unionistes. Voilà qu'aujourd'hui naît un mouvement qui remet en question l'interprétation du passé. Faut-il abattre les statues les plus représentatives du Sud esclavagiste ? Le général Lee ne possédait pas d'esclaves, mais il a commandé les armées de la Confédération. Les autres généraux du Sud, les hommes politiques qui ont prôné la séparation et gouverné la Confédération doivent-ils sortir du panthéon national ? Faut-il oublier que George Washington, que Thomas Jefferson et beaucoup d'autres possédaient des esclaves, tout en défendant la liberté pour tous les Blancs ? Que faire d'une histoire que bon nombre d'Américains jugent encombrante, controversée, inacceptable ? La mémoire de la guerre reste vivace. Des articles, des livres, des films continuent d'alimenter les controverses. En France, c'est le souvenir brûlant de l'occupation allemande de 1940 à 1944 qui nous obsède. Pour les Américains, la Seconde Guerre mondiale n'existe plus qu'à travers le cinéma. La guerre de Corée est oubliée. L'évocation de la guerre du Vietnam trouble encore les esprits, surtout de ceux qui l'ont faite et l'ont perdue. La guerre de Sécession, elle, c'est la guerre des seuls Américains, la guerre que seuls les Américains peuvent comprendre. Une blessure que rien ni personne ne peut guérir.

Voilà pourquoi le débat n'a pas fini de troubler les esprits, de provoquer des violences qui ne sont pas que verbales, de diviser profondément l'opinion publique. Peut-être serait-il plus sage d'admettre que l'histoire n'est jamais simple, qu'elle évoque des événements d'hier et non d'aujourd'hui, et qu'il vaut mieux ne pas l'habiller au goût du jour.

8

La ségrégation, le mal américain

Le premier recensement de la population aux États-Unis date de 1790. La jeune république compte alors 3 929 314 habitants. Parmi eux, 19,3 % sont noirs. Un sur cinq. Sur ces 757 181 Noirs, 697 624 figurent sous la rubrique « esclaves », et 90 % d'entre eux vivent dans le Sud.

Ces statistiques ont de quoi nous surprendre. D'après la Déclaration d'indépendance, « tous les hommes naissent égaux [...]. Leur Créateur les a dotés de certains droits inaliénables, parmi lesquels la vie, la liberté et la recherche du bonheur ». La formule est exaltante. Elle ne souffre aucune exception. Il est vrai que la Constitution fédérale, élaborée en 1787, reconnaît l'existence de l'esclavage, puisqu'elle fixe aux trois cinquièmes d'un Blanc la présence politique d'un Noir et attribue au Congrès le droit d'adopter des lois qui protégeront les propriétaires des esclaves fugitifs. Le moins qu'on puisse conclure, c'est que les États-Unis naissent dans l'ambiguïté.

Servitude volontaire et esclavage

On comprend pourquoi. Les bras manquent. Il faut les importer quels que soient les moyens. Les premiers colons ont songé à faire travailler les Indiens. Peine perdue. La résistance des *Natives* (des indigènes) est telle, leur rendement si faible qu'aucune *plantation*, comme on dit à l'époque, ne saurait prospérer grâce à leur travail.

Reste des solutions radicales et coûteuses. Démontrer, par exemple, aux Anglais, aux Écossais, aux Gallois, aux Allemands, à des huguenots français que, de l'autre côté de l'Atlantique, existe une terre promise où coulent le lait et le miel. Et faire signer aux plus pauvres un contrat d'*indenture*. Ces serviteurs sous contrat conserveront leurs droits d'hommes libres, mais pendant une période qui varie d'un à sept ans, ils cèderont leur force de travail à leur maître. En contrepartie, ils traverseront gratuitement l'océan, recevront nourriture et abri. Ils recouvreront ensuite leur totale liberté et pourront, à leur tour, bâtir une maison, exploiter une propriété, vivre comme n'importe quel colon. Somme toute, ils auront choisi la servitude temporaire. Ils savent qu'ils ont vocation à la liberté. Ce n'est pas le cas des Africains.

Raflés sur les côtes du Ghana, de la Namibie, du Sénégal ou de la Guinée par des intermédiaires eux aussi africains et presque toujours musulmans, ils sont vendus à des négriers blancs qui viennent commercer dans les ports de l'Atlantique. Le trafic rapporte gros. Les Hollandais, les Anglais, les Français, les Portugais, les puritains du Massachusetts engrangent des bénéfices impressionnants. Bien des fortunes, africaines, européennes et américaines, ont été bâties sur le trafic des esclaves. Entassés sur des bateaux rudimentaires, les fers aux pieds, les Noirs endurent une traversée éprouvante avec pour seule perspective d'être vendus et revendus, une fois qu'ils auront atteint le Nouveau Monde. Le trafic profite à tous ceux qui s'y livrent, quelle que soit leur nationalité, leur religion, leurs dénégations futures.

Les négriers ne souhaitent surtout pas qu'une partie de la cargaison, donc des marchandises, disparaisse à la suite de mauvais traitements. Ils estiment qu'ils peuvent supporter au maximum 10 % de pertes. La proportion correspond, bon an mal an, à celles qu'ils acceptent, à contrecœur cela va de soi, sur les bâtiments qui transportent les immigrants blancs. Ils ne veulent surtout pas commettre un génocide. Ils font un commerce, qui repose sur une déportation au sens plein du terme. Et ce commerce doit rapporter le plus possible.

D'ailleurs, l'Amérique du Nord reçoit peu d'esclaves africains si l'on compare avec le reste du continent. En 1619, à Jamestown, le village qui sert de capitale à la colonie de Virginie, 19 esclaves africains débarquent d'une frégate hollandaise. Vingt ans plus tard, les colonies britanniques d'Amérique du Nord comptent moins de 600 Noirs. En 1700, le total atteint 27 817. C'est surtout après 1740 que la croissance est sensible : 236 420 en 1750, 575 420 en 1780. L'augmentation provient de l'excès des naissances sur les décès beaucoup plus que de la traite. Dans le même temps, plus d'un million d'esclaves sont acheminés vers la Jamaïque et les Barbades. De 1451 à 1870, l'Amérique espagnole a reçu 1 087 000 esclaves ; les Antilles britanniques, 2 443 000 ; les Antilles françaises, 1 655 000 ; le Brésil, 4 190 000 – et l'Europe, 300 000.

Les colons d'Amérique du Nord commencent par placer les Africains dans la même catégorie que les serviteurs sous contrat ou les condamnés de droit commun dont la métropole s'est débarrassée. Puis, dans la seconde moitié du XVIIe siècle, ils cessent de croire ou de faire semblant de croire qu'un Noir puisse avoir vocation à la liberté. De la Virginie à la Géorgie, le Sud a besoin d'une main-d'œuvre soumise, peu coûteuse, capable de travailler sous un climat subtropical. Les Noirs cultivent le tabac, le maïs, la canne à sucre, le chanvre et le lin. Ils servent aussi de domestiques.

En revanche, au nord de la Virginie, de Philadelphie à Boston, la main-d'œuvre des hommes libres suffit, encore que beaucoup d'exploitants tirent parti de la traite.

En 1776, Thomas Jefferson rédige pour l'essentiel la Déclaration d'indépendance. Il tente d'y introduire la condamnation de la traite, bien qu'il possède lui-même des esclaves. Il n'y parvient pas. Les États du Sud refusent de céder. Ils obtiennent même la reconnaissance de l'esclavage dans la Constitution. En revanche, la Nouvelle-Angleterre, la Pennsylvanie, l'Etat de New York, le New Jersey prévoient une abolition progressive. Le Sud accepte en 1808 avec résignation l'abolition de la traite internationale. Comment faire autrement ? La pression internationale est trop forte. Impossible de lui résister. L'esclavage est-il menacé de disparaître ? Les États-Unis seraient-ils alors en marche vers une société égalitaire ?

Les optimistes ont tort. Deux bouleversements ruinent leurs espoirs. Le premier a pour cadre la Louisiane, que Napoléon Bonaparte a vendue aux Américains en 1803 pour 15 millions de dollars. C'est un immense territoire, qui s'étend du Mississippi aux Rocheuses, des Grands Lacs au golfe du Mexique. Les terres sont propices à une culture extensive, à des récoltes qui rapportent de gros bénéfices, à l'élevage aussi. Le second bouleversement laisse espérer d'autres miracles. Le coton est devenu une matière première très recherchée. Après 1815, il fait des États-Unis le principal producteur dans le monde. La prospérité transforme le Nouveau Sud qui inclut la Louisiane (dans sa définition américaine), le Texas, l'Arkansas, l'Alabama, le Mississippi. Pour que le royaume du coton prospère, il faut une main-d'œuvre abondante. Où la trouver, sinon dans l'esclavage des Noirs ?

L'extension de l'esclavage

La croissance naturelle continue de fournir des bras. De 900 000 esclaves en 1800, les États du Sud passent à 2 500 000 en 1840, à 4 millions en 1860. En dépit des arguments qu'échangent les historiens d'aujourd'hui et les acteurs économiques d'hier, l'esclavage est rentable, très rentable. L'évolution des prix en témoigne. En 1795, un esclave en Virginie coûte 300 dollars. Il vaut 1 200 dollars dans la Caroline du Sud de 1860, et 1 800 dollars en Louisiane. La suppression de la traite internationale, les incertitudes de l'importation clandestine, l'essor du Nouveau Sud tirent les prix vers le haut. Des États comme la Virginie ne profitent pas de la manne du coton, mais ils pratiquent un « élevage » méthodique et fructueux. Les Noirs sont poussés au mariage. Leurs enfants alimentent le marché des esclaves.

Voilà qui marque la société du Sud. Et pourtant, bon nombre de fermiers blancs n'appartiennent pas à ce monde. Sur les 8 millions de Blancs que comptent les États esclavagistes, 385 000 seulement possèdent des esclaves - 1 sur 20. La moitié ont moins de 5 esclaves ; 10 000 planteurs en ont plus de 50 et 3 000 d'entre eux en ont plus de 100. Autant en emporte le vent des mythologies...

Ces planteurs jettent un regard concupiscent sur les terres de l'Ouest, qui susciteront des profits encore incalculables. Peu importe, à leurs yeux, que des hommes, des femmes, des enfants subissent un traitement identique à celui des animaux, que des ventes aux enchères brisent les familles, que les conditions de vie des esclaves soient contraires à la dignité humaine. À les croire, les Noirs ne sont pas les égaux des Blancs. Ce sont des sous-hommes.

Pour justifier les fondements de leur société, ils sont prêts à invoquer tous les arguments possibles et imaginables. Ils soutiennent que le sort des domestiques n'a rien de dramatique, qu'ils font partie de la famille, que les esclaves travaillent à leur rythme sur les plantations, qu'ils n'ont qu'un faible rendement. Les familles noires sont-elles brisées, écartelées sans la moindre hésitation ? Les mères tiennent le rôle principal. Les Noirs sont nourris, logés, soignés. Ils font partie du capital, que les propriétaires protègent avec la plus grande attention.

Si de temps à autre éclatent des révoltes serviles, c'est que de mauvais garçons se livrent à des violences injustifiables, qu'il faut réprimer sans états d'âme.

En revanche, soutiennent les défenseurs de l'esclavage, la condition des ouvriers libres, exposés au chômage et aux maladies, est bien pire que celle des esclaves. Ils auraient même tout à gagner, s'ils acceptaient les bienfaits de la servitude. L'esclavage ne serait-il pas l'avenir de l'homme, au moins pour une partie de l'humanité ?

Ces propos nous paraissent aujourd'hui insupportables, pour ne pas dire stupides. Pourtant, on les entend dans le Sud au milieu du XIXe siècle, d'autant plus souvent que le mouvement abolitionniste a pris un nouvel essor. En 1831, William Lloyd Garrison lance un appel vibrant pour que cesse l'esclavage. Il n'est guère entendu dans le Nord. Il est détesté dans le Sud. En 1852, Harriet Beecher Stowe parvient à émouvoir des centaines de milliers de lecteurs avec *La Case de l'oncle Tom.* Mais rien ne change.

Le pays est désormais divisé en deux. Est-ce le Nord abolitionniste contre le Sud esclavagiste ? Oui, dans la mesure où 90 % des Noirs vivent alors au sud de la Pennsylvanie et y sont réduits à l'esclavage. Non, si l'on garde à l'esprit que l'Ouest constitue un enjeu primordial, que bien des Nordistes n'éprouvent aucune sympathie pour les abolitionnistes, que certains Sudistes aspirent, avec une prudente discrétion, à faire disparaître ce qu'ils nomment « l'institution particulière ».

Les lendemains de la guerre civile

Conflit économique, politique, culturel, la guerre civile éclate au printemps de 1861, alors qu'Abraham Lincoln vient d'accéder à la présidence des États-Unis. Le gouvernement fédéral mène le combat, d'abord pour sauver l'Union que onze États du Sud ont décidé de quitter. En 1863, Lincoln proclame l'émancipation des esclaves... là où les armées du Nord l'ont emporté. À la fin du conflit qui a fait plus de 600 000 morts, des Américains qui ont tué d'autres Américains, trois amendements modifient la Constitution. Le 13ᵉ supprime l'esclavage ; le 14ᵉ reconnaît « la protection égale des lois » à tous les citoyens des États-Unis ; le 15ᵉ interdit de dénier à qui que ce soit ou de restreindre le droit de voter « pour cause de race, couleur ou condition antérieure de servitude ».

En conséquence, l'accession à l'indépendance économique tombe dans les oubliettes de l'Histoire. Les esclaves libérés ne possèdent pas de terres. Ils réclament en vain « quarante acres et une mule. » Les maîtres d'hier deviennent les patrons d'aujourd'hui. Les conditions de travail restent pénibles. Ce sont les exploitations les moins rentables qui sont confiées, suivant des procédures draconiennes, aux « émancipés » qui, de plus, n'ont reçu aucune formation technique. Libres de leurs mouvements, oui, mais dans l'incapacité à sortir de la pauvreté.

Quant à l'égalité politique, elle ne dure pas. Tant que les troupes fédérales occupent les États vaincus, les Noirs parviennent, tant bien que mal, à voter et à siéger dans les assemblées législatives. Au grand scandale de ceux qui n'ont pas renoncé à afficher la supériorité naturelle, voire biologique, des Blancs. Un journaliste décrit avec horreur le spectacle que donne la Chambre des représentants de la Caroline du Sud : « Le président est noir ; les portiers sont noirs ; le greffier est noir ; les garçons de courses sont noirs ; le président de la commission des finances est noir ; le chapelain est noir comme du charbon. Derrière certains pupitres siègent des types d'hommes qu'on ne trouverait pas en dehors du Congo. [...] La barbarie l'emporte sur la civilisation. [...] C'est la plus ignorante des démocraties que le monde ait connues. Le plus grave, ajoutent les jusqu'auboutistes, c'est que des Blancs venus du Nord, les *carpetbaggers*, des aventuriers sans foi ni loi, et des Sudistes traîtres à leur pays, les *scalawags*, apportent leur concours à cette mascarade. »

Les adversaires du changement forment des associations de défense. Le Ku Klux Klan naît en 1866 pour combattre l'« insolence des Noirs ». Quelques mois après la défaite des armées du Sud. À la tête du Klan, un Grand Sorcier, le général Nathan Bedford Forrest qui a commandé une unité de l'armée confédérée. Les membres, environ un demi-million, revêtent de longues robes blanches, portent cagoule et ont pour objectif de terroriser, souvent de tuer des Noirs et leurs amis. Ils recourent à des méthodes brutales. Ils allient le canular à la violence, agissent dans la nuit et le mystère, tabassent et assassinent pour empêcher que les esclaves d'hier puissent voter. En 1871, le Klan est interdit par les autorités fédérales et disparaît. Il renaîtra, avec plus de succès encore, dans les années vingt du siècle suivant ; et de nouveau après 1945, pour lancer une croisade contre le communisme, les Noirs, les Juifs, les Asiatiques, les Hispaniques.

La ségrégation raciale

La reconstruction du pays devait permettre de réintégrer les onze États sécessionnistes dans la nation. Elle prend fin en 1877 avec le retrait des troupes fédérales qui occupaient les États du Sud. Les esclavagistes d'hier recouvrent leur liberté d'action. Ils ne militent pas pour que les Noirs retombent en esclavage. Ils généralisent des pratiques, jusque-là exceptionnelles, qu'on désigne par le terme de ségrégation. Les races divisent l'humanité, affirment-ils. Elles n'ont pas pour vocation de vivre ensemble sur un pied d'égalité. La race blanche est supérieure à toutes les autres. La race noire est inférieure. La séparation physique vaut pour tous les moments de la vie quotidienne, et dans la mort. Elle vise à maintenir le fossé entre les Noirs et les Blancs.

Dans un premier temps, la plupart des Américains sont indifférents à la ségrégation. C'est l'affaire du Sud. Les Noirs sont très peu nombreux ailleurs. Et puis, sous l'influence du darwinisme social, il existe un consensus pour penser que l'évolution naturelle donne le pouvoir et la richesse aux plus forts, aux plus intelligents, aux mieux adaptés. Si les Noirs restent à la traîne, c'est qu'ils portent la responsabilité de leur sort. Tant pis, si là-bas, au fin fond du Sud, on interdit aux illettrés de voter, ou bien avant de laisser un citoyen accéder aux urnes, on l'interroge sur sa compréhension de la Constitution. Tant pis si de bons esprits ou de méchants citoyens terrorisent les Noirs. Tant pis si l'on déplace les bureaux de vote, au dernier moment, pour empêcher les Noirs de voter. Tant pis si trucages et discriminations sont les deux mamelles de la vie politique dans le Sud. La Louisiane imagine même d'inscrire dans sa Constitution la « clause du grand-père ». Elle supprime le droit de vote pour ceux dont l'aïeul ne votait pas - ce qui est le cas pour les fils et petits-fils d'esclaves. Le corps électoral de l'État est alors tombé de 130 344 à 5 320 en 1900.

La ségrégation spatiale devient une pratique courante. Si courante que la Cour suprême de la Fédération rend un arrêt qu'on résume en trois mots : « Séparé, mais égal ». Les juges estiment conforme à la Constitution la séparation entre les races dans les wagons des chemins de fer, donc dans tous les lieux publics. Du moment, précisent-ils, que l'égalité de traitement est respectée. Les Américains dans les États du Sud, blancs et noirs, vivront pendant trois quarts de siècle dans ce cadre juridique.

Tous les États ne suivent pas l'exemple. Mais ils sont tous, plus ou moins, contaminés. Là où la ségrégation est légale, Noirs et Blancs ne sont pas admis dans les mêmes hôpitaux, ne prient pas dans les mêmes églises, ne fréquentent pas les mêmes écoles, ne prennent pas leurs repas dans les mêmes restaurants, ne vont pas dans les mêmes toilettes, et ne seront pas enterrés dans les mêmes cimetières. Dans les autobus, les Noirs sont tenus de céder leur place aux Blancs et de s'installer au fond du véhicule. Ils sont exclus des syndicats. Pour un travail identique, ils reçoivent un salaire inférieur à celui des Blancs. Ils sont embauchés après tous les autres et licenciés en priorité. Pas question, bien évidemment, de légaliser les mariages interraciaux, d'autant moins que, si l'on en croit les tenants de la ségrégation, les Noirs sont soumis à leurs instincts ; ils sont tous des violeurs potentiels, des brutes sexuelles, à la recherche des Blanches.

Les ghettos noirs

Pendant ce temps, les grandes villes du Nord et du Middle West subissent des transformations profondes. Des Noirs quittent le Sud et viennent chercher du travail dans le Nord, le Middle West ou l'Ouest. Ils nourrissent l'espoir d'habiter une société de liberté, d'échapper à l'atmosphère étouffante du Sud. Mais la ségrégation résidentielle suit les migrations. Elle n'est pas imposée par la loi. Elle résulte d'une discrimination officieuse, quotidienne, encouragée par les mentalités dominantes. La migration continue et croît encore après 1940. Le résultat ? La population noire de New York en 1960 atteint 1 200 000, soit 14,7 % ; celle de Chicago, 23,6 % ; celle de Détroit, près de 30 %. La place des Noirs dans la société américaine n'est plus seulement la préoccupation des Blancs du Sud. Elle concerne désormais la nation tout entière. Elle éclaire d'un jour nouveau le problème de la pauvreté urbaine.

Des ghettos naissent dans les grandes villes, les uns après les autres. Ce sont des quartiers qui regroupent les Noirs, et seulement des Noirs. Chacun a son histoire. Harlem était encore, dans le New York des premières années du XXe siècle, un quartier bourgeois. La crise économique rend soudain difficile la location des appartements. Un agent immobilier conçoit l'idée de louer le même appartement à plusieurs familles noires. Opération réussie et rentable. Mais les logements cessent d'être entretenus. Ils perdent de leur valeur. Seuls des Noirs pauvres acceptent d'y habiter. Les Blancs déménagent. Le quartier bourgeois devient un ghetto. La dégradation continue. Financées par les impôts locaux, les écoles sont moins bien dotées que dans les quartiers habités par les Blancs. La qualité de l'enseignement chute brutalement. Plus personne ne se préoccupe de la salubrité des maisons et des immeubles. Le chômage favorise le trafic et la consommation des drogues, la prostitution, la violence, la formation des gangs, la criminalité. Le ghetto fait naître une culture de la pauvreté avec ses rites et ses mythes, ses lois et ses règles non écrites, ses préjugés raciaux, des loyers élevés aussi en raison des fortes primes qu'exigent les compagnies d'assurances. De temps à autre, le ghetto explose, comme si ses habitants ne supportaient plus leurs conditions d'existence. Puis, il retombe dans la léthargie, la saleté et la misère.

Les Noirs ont réagi de différentes manières. Les uns manifestent la volonté de paraître plus blancs. Ils exhibent un luxe tapageur pour montrer qu'ils ont pleinement intégré la société ambiante. D'autres acceptent, bon gré mal gré, la différence pour mieux la combattre, comme le fait Booker T. Washington, un écrivain militant pour la défense des droits des Noirs américains, à la fin du XIXe siècle. D'autres encore recourent aux tribunaux, emploient les arguments que donne la Constitution, font appel à la solidarité avec les Blancs libéraux à la manière de W.E.B. Du Bois et de la NAACP (National Association for the Advancement of Colored People), fondée en 1909.

Est-ce assez pour obtenir un changement ? La violence déchire la société. Même au XXe siècle, les lynchages ne sont pas rares. Les émeutes contre les Noirs non plus, comme à New York en 1900, à Springfield (Illinois), à East Saint Louis, à Washington, à Omaha, à Charleston, à Chicago, à Knoxville, à Tulsa, à Harlem en 1943 alors que la guerre fait rage en Europe et en Asie.

La marche vers la déségrégation

Pourtant, des signes annoncent le changement des mentalités. Le New Deal de Franklin Roosevelt reste, dans le domaine des relations interraciales, particulièrement timide, mais l'état d'esprit qui prévaut prépare aux réformes. Pendant la Seconde Guerre mondiale, les soldats noirs américains combattent pour la liberté et l'égalité, au sein d'unités ségrégées, le fascisme et le nazisme. Quel paradoxe ! Ce n'est qu'en 1948 que le président Harry Truman impose l'intégration raciale dans les forces armées, un signe précurseur. En 1954, la Cour suprême défait ce qu'elle avait décidé en 1896 : les écoles publiques ne doivent plus pratiquer la ségrégation raciale ; la doctrine « séparés, mais égaux » de l'arrêt *Plessy v. Ferguson* appartient au passé. Reste à faire appliquer la décision. Reste aussi, et surtout, à l'étendre à tous les aspects de la vie publique. Les partisans de la ségrégation résistent, parfois violemment. Les autorités politiques cherchent à composer, hésitent, préfèrent la négociation plutôt que des interventions musclées. Il n'empêche que cet arrêt revêt une importance capitale. Tout comme le boycottage des autobus de Montgomery (Alabama) en 1955-1956, sous la direction d'un jeune pasteur, Martin Luther King. Tout comme les efforts, d'abord hésitants, puis déterminés, de John F. Kennedy pour convaincre ses compatriotes que « la race n'a aucune place dans la vie ou la loi américaines ».

La marche sur Washington, en août 1963, de plusieurs centaines de milliers de Noirs et de Blancs, est couronnée par le très beau discours de Martin Luther King. Elle contribue, elle aussi, à faire évoluer les esprits :

> Je fais un rêve, proclame le pasteur. C'est un rêve profondément ancré dans le rêve américain. [...] Je rêve qu'un jour, sur les rouges collines de Géorgie, les fils des anciens esclaves et les fils des anciens propriétaires d'esclaves pourront s'asseoir ensemble à la table de la fraternité. [...] Je rêve que mes quatre jeunes enfants vivront un jour dans un pays où on ne les jugera pas à la couleur de leur peau, mais à la nature de leur caractère. Je fais un rêve.

Le rêve devient une réalité, au moins sur le plan juridique, lorsqu'en 1964, le Congrès vote et le président Lyndon Johnson signe le *Civil Rights Act*, la loi sur les droits civiques, qui met fin à la ségrégation dans les bâtiments publics, à la discrimination dans l'embauche et dans le processus électoral. Il est prévu que les employeurs devront veiller à atteindre et à maintenir des quotas d'embauche en faveur des Noirs. En un mot, les Américains doivent manifester « une action positive », l'*affirmative action*, en faveur des minorités raciales, ethniques et nationales, y compris les femmes qui, elles, sont majoritaires dans la population. L'année suivante, le *Voting Rights Act*, la loi sur le droit de vote, autorise le gouvernement fédéral à s'assurer que les Noirs peuvent s'inscrire sur les listes électorales. Enfin, la loi sur le logement de 1968 annule les dernières traces de ségrégation dans un domaine particulièrement sensible. Au milieu des années 1960, l'Amérique a franchi le pas. Elle rejette son passé raciste. Elle renonce à ce qui rassemblait à l'apartheid. C'est la fin officielle de la ségrégation raciale.

Aujourd'hui

Plus d'un demi-siècle nous sépare de ce bouleversement des mœurs. La ségrégation est, en principe, tombée dans les oubliettes de l'Histoire. Les Noirs votent, si du moins ils font l'effort de se rendre aux urnes. Des élus noirs siègent au Congrès. Barack Obama a été élu et réélu à la présidence des États-Unis. De grandes villes comme Atlanta, Chicago, Washington, Los Angeles, tout récemment New York et beaucoup d'autres ont eu ou ont encore des maires noirs. Le général Colin Powell a été le chef suprême des armées américaines, avant d'être nommé secrétaire d'État sous la présidence de George W. Bush. Condoleeza Rice lui a succédé. Joe Biden n'a pas manqué de nommer des Noirs à de hautes fonctions dans le gouvernement fédéral. Dans la société et dans la culture, les Noirs occupent une place grandissante. Ils sont acteurs, chanteurs, sportifs, hommes d'affaires, ministres du culte, professeurs, médecins, avocats, cadres supérieurs, astronautes, agents de change, hauts fonctionnaires, experts en tous genres. Est-il encore justifié de militer en faveur de la minorité noire, comme si elle n'avait pas cessé de justifier d'un traitement de faveur ? Peut-on affirmer aujourd'hui que les 41 millions de Noirs souffrent de discrimination ?

Un mouvement de protestation a lancé une vaste et puissante campagne d'opinion. Son nom ? Black Lives Matter – « les vies noires comptent ». Il est né d'un hashtag qui date de 2013. Un jugement vient alors d'acquitter George Zimmerman qui, l'année précédente en Floride, a tué un jeune Noir, Trayvon Martin, qu'il a pris pour un voleur. En 2014, deux autres Noirs ont été tués, l'un à Ferguson, près de Saint Louis, l'autre à New York. La mort tragique de George Floyd, le 25 mai 2020, à Minneapolis, a provoqué une indignation mondiale. Les villes américaines se sont enflammées. Le nom de la victime est devenu un cri de ralliement contre le racisme. Des manifestations, plus ou moins spontanées, plus ou moins violentes, ont déchiré le pays. Tous les policiers, y compris les policiers noirs, ont été accusés de pratiquer la violence contre les Noirs.

Sur toute la planète, les manifestants défendent un slogan, un mot d'ordre si l'on préfère : « Black Lives Matter ». C'est un cri de ralliement contre le racisme de tous les Blancs sans distinction, pour la défense des Noirs, mais aussi accessoirement pour la défense des femmes, des homosexuels et des transgenres, des sans-papiers, des prostituées, des musulmans. La mise à terre d'un genou, lors des manifestations sportives, devient un signe de ralliement. Les membres démocrates du Congrès s'y soumettent, y compris la présidente de la Chambre des représentants. Black Lives Matter n'est pas un parti politique ni même un mouvement structuré. Son succès tient à l'influence des réseaux sociaux. C'est par l'intermédiaire de Facebook, d'Instagram, de Twitter que les appels, les dizaines de millions de messages sont diffusés. Puisque les Noirs sont les principales victimes des violences policières, il faut réduire les forces de police, combattre inlassablement, par tous les moyens, les excès qu'elles commettent. Les polices sont toutes racistes, d'après les manifestants. Les armes qui les équipent tuent sans raison, comme si tous les Noirs étaient des criminels. Il est urgent de diminuer les crédits qui leur sont alloués. Les sommes ainsi épargnées iront à l'aide sociale.

BLM contribue à « racialiser » la société. Ses adeptes ne demandent pas que les Noirs entrent de plain-pied dans la société américaine. Ils ne se battent pas contre la pauvreté, mais pour les Noirs, pauvres ou non. Ils veulent que les Noirs bénéficient d'un statut particulier, qu'ils occupent une place à part, que la couleur de la peau fasse la différence, que la culture noire, que la manière de vivre des Noirs, que les revendications des Noirs soient prises en compte. C'est la ségrégation à l'envers. Le *New York Times*, la bible des libéraux, le journal qui exerce un magistère sur l'opinion, a décidé de mettre une majuscule à *Black*, et de laisser la minuscule à *white*. C'est une décision symbolique qui prend toute son importance. On conclurait volontiers que des Blancs, emportés par leur libéralisme et leur sentiment de culpabilité, approuvent ce séparatisme, qui ressemble au racisme.

Le passé a laissé des traces profondes. Le présent ne les efface pas. Black Lives Matter ne contribue pas à l'intégration des Noirs, mais plutôt à leur mise à l'écart. Au lieu de militer pour leur intégration complète dans la société américaine, il leur donne une place à part. Il les invite à construire une société « racisée ». La ségrégation a disparu depuis longtemps. Le racisme, lui, est toujours vivant - peut-être là où on ne l'attendait pas.

9

La statue de la Liberté

Sur l'île de Bedloe dans la baie de New York, un spectacle impressionnant attend le voyageur. Une statue de 46 mètres repose sur un socle de 44 mètres. Elle tient dans sa main gauche le texte de la Déclaration d'indépendance des États-Unis ; dans sa main droite levée vers le ciel, une torche, la torche de la liberté qui éclaire le monde. À ses pieds, les chaînes brisées de l'esclavage. Au seuil de l'Amérique, la statue envoie un message universel. Elle annonce un monde nouveau. Elle symbolise la démocratie. Des millions d'immigrants et de visiteurs ont ressenti et ressentent encore cette émotion.

Cette œuvre d'art, un art monumental qu'on appelle aussi « art colossal », est le don de la France aux États-Unis. Le projet est né le 21 avril 1865. Édouard de Laboulaye, professeur de droit au Collège de France, donne ce soir-là un dîner dans sa résidence de Versailles. En l'honneur des États-Unis. Avec ses convives, il célèbre la victoire de l'Union sur les sécessionnistes. La guerre civile en Amérique du Nord a pris fin. La tristesse, pourtant, assombrit l'atmosphère. Le président Abraham Lincoln vient d'être assassiné. Un acteur partisan des Sudistes a pénétré dans sa loge d'un théâtre de Washington. Il a mortellement blessé le président pour venger le Sud. Laboulaye, pourtant, n'a jamais cessé de chanter les louanges du système politique qui prévaut de l'autre côté de l'Atlantique.

L'Amérique, c'est pour lui le berceau de la démocratie, un modèle pour la France. Depuis 1845, il est membre de l'Académie des inscriptions et belles-lettres. Au Collège de France, il enseigne la législation comparée. Il admire tout particulièrement la Constitution américaine et s'emploie à la faire connaître par ses cours comme par ses publications. En 1864, l'université Harvard lui a décerné une distinction *honoris causa*. La Loyal National League de New York lui a remis un prix. Et Laboulaye de déclarer : « Si le premier article de foi d'un Français est d'aimer la France, le second est d'aimer l'Amérique. » Lorsque la guerre de Sécession a éclaté, Laboulaye a soutenu l'Union. La victoire de 1865 le réjouit tout particulièrement. Tous les Français ne partagent pas son admiration. Bon nombre d'entre eux, à commencer par l'empereur Napoléon III, ont soutenu les États sécessionnistes qui produisent et exportent du coton – des États qui n'étaient pas été opposés à l'empire américain que la France voulait établir au Mexique. Ces idées, Laboulaye les rejette. Pour lui, l'heure est venue de rappeler que La Fayette, le compagnon d'armes de George Washington, a combattu pour l'indépendance des États-Unis, qu'entre les deux pays il y a déjà une amitié vieille d'un siècle, une amitié sans failles d'une France libérale pour des États-Unis démocratiques. Dans ses écrits comme dans ses propos, il rappelle sans cesse que les deux peuples partagent les mêmes valeurs.

Est-ce à la fin du dîner ? Laboulaye propose à ses convives une idée généreuse, un projet grandiose, l'érection d'un monument qui exprimerait « un travail commun des deux nations ». Ce serait sans doute une statue. Un jeune sculpteur de 31 ans écoute le professeur de droit. Son nom, Auguste Bartholdi. Cet Alsacien est un adepte de la sculpture monumentale. Il rêve de ces œuvres gigantesques, offertes à tous les publics, qui symbolisent une ville, une voie d'eau, un port, qui décorent des jardins, des fontaines, des façades. La statue du général Rapp, celle de l'amiral Bruat, voilà quelques-unes des œuvres que Bartholdi a réalisées avant 1870. Il faut y ajouter *Le Petit Vigneron*, achevé en 1869. Séduit par la civilisation orientale, Bartholdi nourrit un projet ambitieux : un phare à l'entrée du canal de Suez porterait une statue colossale. La statue serait de style classique. Le visage serait sévère avec un nez grec, le menton volontaire ; dans la main droite, il y aurait une torche. On dit aussi que ce visage sévère, ingrat, c'est celui de la mère de Bartholdi. Le titre du projet égyptien nous laisse perplexe : « L'Égypte apportant la lumière à l'Asie ». Pourquoi pas ? Le canal de Suez est prometteur. Mais Bartholdi ne parvient pas à faire adopter son projet. C'est un échec. Le visage que le sculpteur a prêté à l'Égypte deviendra celui de la statue de la Liberté.

Depuis le dîner de Versailles, Bartholdi consacre tous ses efforts à réaliser le projet de Laboulaye. Ce seront des années de réflexions, de projets, de combats, des voyages successifs aux États-Unis. Entre-temps, Bartholdi a connu des épreuves douloureuses. Lui, l'Alsacien, pleure l'annexion de sa région et d'une partie de la Lorraine par les Prussiens. Il célébrera la résistance de Belfort, en sculptant *Le Lion*, une statue, monumentale elle aussi, de 22 mètres en grès rose, inaugurée en 1880. Elle symbolise l'héroïsme de la ville. Sa carrière de sculpteur d'œuvres colossales et publiques, il la poursuit à Lyon avec *La Fontaine des Terreaux*, à Clermont-Ferrand avec la statue de Vercingétorix, avec des sculptures de façades et des figures funéraires. Il a même sculpté un monument aux *« aéronautes fuyant Paris »* pendant le siège de la capitale, un épisode célèbre de la guerre franco-prussienne. Mais l'œuvre a été détruite pendant la Seconde Guerre mondiale. Quoi qu'il en soit, son ambition la plus forte, la plus constante, c'est de sculpter la statue qui unira la France et les États-Unis.

En 1871, Bartholdi part pour l'Amérique. Il fuit Colmar qu'occupent les armées ennemies. Son objectif : trouver des soutiens et des financements. Le président des États-Unis, c'est alors le général Ulysses Grant, qui fut le commandant en chef des armées de l'Union et qui n'a sans doute pas oublié la politique mexicaine de Napoléon III. Il n'exprime aucun enthousiasme. Des Philadelphiens libéraux et fortunés, eux, font des promesses de dons. Il faut préciser que du côté de la toute jeune République française, l'enthousiasme ne prévaut pas davantage, du moins dans les premières années. Un autre général, Mac Mahon, qui préside pour un temps aux destinées de la France, n'y est pas plus favorable que le président des États-Unis.

Laboulaye, lui, n'a rien perdu de son optimisme. En 1876, il précise ses ambitions : « C'est bien la liberté, mais la liberté américaine, écrit-il. Ce n'est pas la Liberté avec un bonnet rouge sur la tête et une pique à la main qui marche sur les cadavres. La nôtre, d'une main, tient une torche, non la torche qui incendie, mais le flambeau qui éclaire ; de l'autre, les Tables de la Loi. » Voilà une déclaration rassurante aussi pour la république des États-Unis qui, pour le moment, accueille des millions d'immigrants et ne voudrait surtout pas bouleverser ses équilibres politiques et sociaux. Une déclaration rassurante aussi pour la France qui vient d'entrer dans l'ère de la république libérale. La preuve de cette entente idéologique : la statue aura pour nom *La Liberté éclairant le monde*. Laboulaye meurt en 1883, sans voir vu la réalisation complète de son projet.

À vrai dire, la recherche des financements nécessaires n'est pas moins difficile que la solution des problèmes techniques pour réaliser une œuvre gigantesque qui sera exposée, été comme hiver, aux vents violents de l'océan. Peu importent les obstacles, les réticences ou les hésitations qu'il rencontre, Bartholdi est déterminé. Il entreprend plusieurs voyages aux États-Unis pour recueillir des fonds. Il découvre l'île de Bedloe, une île minuscule dans la baie de New York. C'est là qu'il rêve, avec enthousiasme, d'installer sa sculpture. L'idéal serait que l'inauguration ait lieu en 1876, pour le centième anniversaire de la Déclaration d'indépendance. Mais l'argent manque. Il faudrait 400 000 francs de l'époque pour payer les premiers travaux, soit 2 millions des dollars d'aujourd'hui. Une somme qui nous semble dérisoire. Et pourtant, elle n'est pas facile à rassembler. Un comité, l'Union franco-américaine, a pour mission de recueillir des fonds. Hippolyte de Tocqueville, le frère d'Alexis, en fait partie. Un gala est organisé dans la grande galerie du Louvre. Il rapporte 40 000 francs. Ce n'est pas suffisant. La presse française, notamment *Le Petit Journal*, mène une campagne active et efficace pour rassembler des fonds.

La construction de la statue a, malgré tout, commencé. La main et la torche sortent des ateliers, d'après les plans de Viollet-le-Duc. Il faut les montrer pour stimuler le financement. En 1878, lors de l'Exposition universelle de Paris, les visiteurs découvrent la tête de la statue. Ils peuvent entrer à l'intérieur, après avoir acheté leur billet. Le buste est bientôt terminé. Des photographies, des lithographies, des statuettes, des doigts, des pièces métalliques sont vendus, notamment par l'atelier de Gaget. En 1878, une peinture panoramique, qu'on appelle un diorama, est installée dans le jardin des Tuileries. On y découvre la statue comme on la verra d'un bateau venu du large. La même année, une loterie clôt la souscription en France.

De l'autre côté de l'Atlantique, la campagne de financement bat son plein, avec les mêmes arguments qu'en France. Là aussi, la main, le flambeau, des éléments de la sculpture sont exposés. Des répliques sont vendues en grand nombre et dans toutes les tailles. L'atelier de Gaget fait feu de tout bois, si l'on peut dire, au point que les Américains attribuent tous ces souvenirs au seul Gaget. Ce sont des « gadgets » - un mot promis à un bel avenir.

Cette statue colossale réclame des matériaux et des techniques hors du commun. Le bronze serait trop lourd. C'est le cuivre qui est choisi, avec des feuilles de 1 à 3 millimètres d'épaisseur. Plusieurs corps de métiers sont mis à contribution : des menuisiers, des charpentiers, des gâcheurs de plâtre, des chaudronniers, des forgerons. L'ingénieur en chef, c'est d'abord Viollet-le-Duc jusqu'à sa mort en 1879. Gustave Eiffel lui succède. Il fait partie de cette génération d'ingénieurs français qui ont révolutionné les techniques et l'emploi des matériaux. Eiffel met en place une structure métallique, sur laquelle sont fixées des plaques de cuivre. De cette façon, elle résistera aux vents les plus violents - depuis cent quarante ans, elle l'a prouvé. La statue pèsera 225 tonnes (dont 125 tonnes d'acier, 30 tonnes de cuivre). *Le Moniteur universel* s'extasie, quand le journaliste passe près des ateliers de la rue de Chazelles à Paris : « On n'entend que des coups de marteau, des grincements de limes, des cliquetis de chaînes, partout une agitation, un brouhaha, un remue-ménage énorme. On se croirait dans une usine. »

La statue, c'est, bien sûr, une œuvre artistique. C'est aussi une magnifique réalisation industrielle. Une illustration de cette association ? Les rayons de la couronne illustrent les continents. Les attributs de la statue expriment une philosophie. Dans le même temps, le phare a une portée de 39 kilomètres. Il aide à la navigation. Le maître d'œuvre, c'est Bartholdi. C'est aussi le plus représentatif, le plus inventif, le plus célèbre des ingénieurs français de l'époque, Gustave Eiffel - on l'oublie parfois. La statue de la Liberté est un symbole politique, un brillant témoignage de la renommée culturelle de la France et une remarquable réussite technique.

Le 4 juillet 1884, le mois et le jour sont symboliques, Ferdinand de Lesseps et Auguste Bartholdi signent l'acte de donation, en présence de Levi Morton, l'ambassadeur des États-Unis en France. Puis, la statue est démontée avec soin, répartie dans 212 caisses, transportée en chemin de fer, hissée sur une frégate, l'*Isère*, qui quitte Rouen le 21 mai 1885 avec à son bord la famille Bartholdi, les époux Gaget et douze ouvriers. Elle arrive à New York le 19 juin.

L'aventure n'est pourtant pas terminée. Le socle que les Américains doivent financer n'est pas prêt. Là encore, l'argent manque. Il faut toute l'énergie de Joseph Pulitzer, le propriétaire du journal *The World*, pour stimuler ses compatriotes. Les fonds sont enfin recueillis. Le socle est dessiné par Roger Morris Hunt, un architecte américain qui a fait ses études à l'École des beaux-arts de Paris. L'inauguration a lieu le 28 octobre 1886 - plus d'un an après le débarquement de la statue, près de vingt ans après le dîner de Versailles. Sans la présence de Pulitzer qu'on a écarté, semble-t-il, parce qu'il était juif. Grover Cleveland est alors le président des États-Unis. Il ne partage pas ou ne partage plus l'indifférence du général Grant. Dans un bel élan d'éloquence, il s'écrie : « Au lieu de tenir dans sa main les foudres qui portent la terreur et la mort, elle soutient le flambeau qui guide les hommes dans la voie de l'affranchissement. »

Peut-être préférons-nous les vers d'Emma Lazarus qui ont été gravés sur le socle de la statue : « Gardez, vieux pays, vos pompes, vos trésors ! À moi vos masses blotties ! L'air libre les attend. Jetée par l'ouragan, elle arrive à bon port, l'ordure misérable de vos rivages grouillants. J'ai hissé mon fanal devant la porte d'or. » Une belle envolée, tout à la gloire des États-Unis, un pays neuf, un pays d'accueil, un pays d'immigration qui fera de cette statue un emblème national, connu et imité dans le monde entier. Mais qui a donné à ce tout jeune pays *La Liberté éclairant le monde* ? C'est « la vieille France, accablée d'histoire, meurtrie de guerres et de révolutions, allant et venant sans relâche de la grandeur au déclin, mais redressée, de siècle en siècle, par le génie du renouveau ! » Dommage que la magnifique déclaration du général de Gaulle ne figure pas sur le socle de la statue !

10

Les deux guerres des États-Unis (1917-1919)

La grippe espagnole fait partie de l'histoire de la Grande Guerre. Il n'est plus possible de les séparer. Elles ont exercé, l'une et l'autre, une influence décisive sur le monde. Mais il faut commencer par noter que l'épidémie est mal nommée. Elle n'est pas née en Espagne. Elle a surgi aux États-Unis. Pendant le conflit qui a embrasé l'Europe, l'Espagne est restée neutre. Ses journaux pouvaient évoquer librement le fléau, d'autant plus que le roi Alphonse XIII a été lui-même frappé par la maladie. Une censure systématique n'était pas nécessaire. La presse conservait une liberté qu'elle avait perdue dans les États belligérants. Les autres pays ont fait semblant de croire que l'Espagne était à l'origine de la maladie.

La guerre en Europe

Lorsque la guerre a éclaté en Europe, les Américains ont décidé de s'en tenir à l'écart. Ce qui n'empêchait pas les Germano-Américains d'éprouver de la sympathie pour les Empires centraux ; les Anglo-Américains ou les Italo-Américains de montrer leur amitié pour la France, la Grande-Bretagne et l'Italie. Mais les États-Unis ne disposaient pas d'une armée qui puisse livrer bataille à des milliers de kilomètres, de l'autre côté de l'Atlantique. Leur marine était puissante, ce qui entraînait une certaine rivalité avec la Royal Navy. Quant à la France, elle suscitait des sympathies, en souvenir de l'amitié qui avait lié La Fayette et Washington, mais elle avait le tort d'avoir scellé une alliance avec la Russie tsariste, autoritaire, antisémite, qui brimait la Pologne, l'Ukraine et les pays baltes. Et puis, beaucoup d'Américains, récemment arrivés sur le sol des États-Unis, n'étaient pas complètement intégrés. L'unité nationale était mal assurée. Bref, il valait mieux se tenir en dehors de ce que les Américains ont longtemps appelé « la guerre européenne ».

Pendant trois ans, le président Woodrow Wilson, élu en 1912 et réélu en 1916, a maintenu le cap. Des banques américaines prêtaient de l'argent aux Anglais et aux Français. Les Européens vendaient les trois quarts de leurs titres américains pour financer leurs achats. Globalement, les États-Unis tiraient profit du conflit et de leur neutralité. Quant aux querelles maritimes et commerciales qui pouvaient surgir, surtout avec l'Angleterre, la principale des puissances navales, elles créaient des tensions entre Washington et Londres - des tensions qui ne manquaient pas de trouver des solutions à l'amiable, dans l'intérêt des deux nations. Bien sûr, des voix dissidentes réclamaient du président plus de fermeté, voire l'entrée en guerre. Wilson restait ferme. Il menait campagne en 1916 avec le slogan « Il nous a maintenus en dehors de la guerre ». Ce qu'il espérait, ce n'était pas la victoire complète des Britanniques et des Français, qui aurait entraîné l'humiliation, l'écrasement de l'Allemagne et un regrettable déséquilibre en Europe. Comme une grande majorité de ses compatriotes, il souhaitait que soit préservée la liberté de commercer sur les mers, des rapports entre les nations qui s'inspirent des principes démocratiques. Wilson était un idéaliste qui n'était pas dépourvu d'un solide réalisme.

Au début de l'année 1917, l'Allemagne décide qu'à partir du 1er février, ses sous-marins torpilleraient tous les navires ennemis qui navigueraient sur l'Atlantique. Sans avertissement, quel que soit le pavillon. Quant aux neutres, c'est-à-dire les Américains, leurs navires pourraient, une fois par semaine, traverser l'océan en direction des îles Britanniques ou de la France. Les Allemands espéraient porter un coup décisif à leurs ennemis. La guerre sous-marine devrait, sans tarder, précipiter Anglais, Français et Italiens dans la défaite. Décision inacceptable pour Wilson. L'Allemagne est devenue l'ennemi qui, de plus, prépare en secret une alliance avec le Mexique, voire avec le Japon, pour prendre à revers les États-Unis et les contraindre à l'inaction. Somme toute, Wilson continue de défendre la liberté des mers. Il rompt les relations diplomatiques avec Berlin le 3 février. Les États-Unis déclarent la guerre à l'Allemagne le 6 avril, au nom du droit des neutres et des principes fondamentaux du droit des gens. Puisque l'océan Atlantique est devenu un champ de bataille, puisque les Américains ne pourront plus vendre et acheminer vers l'Europe les matières premières, les produits alimentaires, les munitions, puisque l'Entente court un risque mortel autant que les États-Unis, la neutralité n'est plus possible. Réalisme ou idéalisme, peu importe. La guerre est inévitable. Wilson est persuadé que la communauté internationale doit être reconstruite sur de nouvelles bases, qu'il appartient à l'Amérique de montrer le chemin, qu'il faut bâtir un monde pacifique grâce au règne de la démocratie. Préparer le monde demain, c'est le but déclaré des États-Unis. Leur sécurité en dépend. C'est une mission, à laquelle ils ne sauraient échapper.

Les États-Unis dans la Grande Guerre

Déclarer la guerre, soit. La faire, avec quelles forces ? Anglais et Français réclament non seulement des armements, mais aussi et surtout des soldats, des renforts indispensables surtout après des batailles terriblement sanglantes. Le général Pétain prononce une phrase qui résume les espoirs des stratèges de l'Entente : « J'attends les Américains et les chars. » Or, les États-Unis de 1917 n'ont pas plus d'armée qu'en 1914. Ils comptent 1 soldat pour 516 habitants, alors que dans la France de 1913, la proportion s'élevait à 1 pour 53. Le service militaire obligatoire n'existe pas. Le général Pershing a commandé en 1916 une expédition punitive contre le Mexique avec de faibles moyens et des résultats limités. Rien à voir avec la guerre en Europe. Peut-on compter sur les engagements volontaires ? Ils donnent des résultats désastreux. Il faut adopter la conscription - qui existait pendant la guerre de Sécession et a été supprimée dès la fin du conflit. Mettre en place des commissions de recrutement pour mobiliser les hommes de 21 à 30 ans (quelques mois plus tard, de 18 à 45 ans), construire des camps en toute hâte, fabriquer l'indispensable équipement, pourvoir au ravitaillement des hommes... rien n'est prêt ; tout est à faire. De plus, de nombreux Américains - un quart des électeurs de New York, par exemple - ne veulent pas faire la guerre. Ils croient que les Allemands prendront peur devant la menace américaine, qu'ils renonceront à leurs ambitions et que les Américains ne devront pas combattre. La France envoie en mission le maréchal Joffre et le vice-président du Conseil René Viviani pour convaincre l'opinion américaine. Les Anglais dépêchent Arthur Balfour, le ministre des Affaires étrangères. Les États-Unis de 1917 ? Une société neutraliste, persuadée qu'elle a créé une nouvelle Terre promise, qui doit brutalement entrer dans un conflit européen, dont elle ne saisit pas les complexités, les ambitions et les arrière-pensées.

Mobiliser les futurs combattants, soit. Mais il faut aussi et surtout mobiliser les esprits, les convaincre qu'il s'agit d'une croisade, que l'Amérique s'est engagée dans une mission nouvelle. Tout est fait, du côté américain comme du côté français, pour exalter la coopération militaire et rappeler la fraternité des combats au temps de la guerre d'Indépendance. En juin 1917, le général Pershing est triomphalement reçu à Paris. Il s'incline, au cimetière de Picpus, sur la tombe de La Fayette et son adjoint, le colonel Stanton, prononce trois mots qui vont servir de leitmotiv : « La Fayette, nous voilà. »

Aux États-Unis, l'espionnite fait rage, depuis que la loi du 15 juin 1917 a été adoptée. Les déclarations jugées mensongères font l'objet de poursuites judiciaires, si elles poussent à la trahison, si elles font obstacle à la mobilisation, si elles contreviennent à l'action du gouvernement. La loi du 16 mai 1918 punit tout propos qui attaquerait le gouvernement, l'armée, la marine, la participation des États-Unis à la guerre. En conséquence, des orateurs et des politiques sont jetés en prison, s'ils s'opposent à la politique du gouvernement fédéral. Proposer de nouveaux impôts plutôt que d'émettre des bons du Trésor, déclarer que la conscription est contraire à la Constitution tant que la Cour suprême ne s'est pas prononcée, soutenir que le torpillage des navires marchands n'est pas illégal, réclamer qu'un référendum précède la déclaration de guerre, rappeler que la guerre est contraire aux enseignements du christianisme, critiquer la Croix-Rouge ou la YMCA, voilà autant d'opinions répréhensibles, susceptibles de faire d'objet d'une arrestation et d'un procès. Un producteur de films est condamné à dix ans de prison parce que son film montre que, pendant la guerre d'Indépendance, les Anglais étaient les ennemis des Américains. Même sentence contre Eugene Debs, l'un des chefs du parti socialiste, qui aux élections présidentielles de 1912 a recueilli un million de voix. En juin 1918, Debs exprime son hostilité à la guerre. Il est rapidement jugé et condamné à dix ans de prison. Au total, 2 168 actions en justice ; 1 065 condamnations pour espionnage ou sédition ; 65 pour menaces envers le président. Robert La Follette, sénateur du Wisconsin, a voté contre la déclaration de guerre. Il est brûlé en effigie, chassé du Madison Club et de l'université du Wisconsin.

Un syndicat révolutionnaire, les Industrial Workers of the World, IWW, lance une grève dans les mines de cuivre de l'Ouest et dans l'industrie du bois. Non pas pour s'opposer à la guerre, mais pour obtenir de meilleurs salaires et prendre parti contre le capitalisme. La répression est violente. L'un des leaders est lynché en août 1917 dans le Montana. En Arizona, 1 200 grévistes, dont un tiers militent à l'IWW, sont expulsés de l'État. Le gouverneur du Montana fait voter une loi en février 1918 qui punit le syndicalisme « criminel », et toute critique qui porterait sur la Constitution, sur le drapeau américain, sur les forces armées.

Que faire des objecteurs de conscience ? Les quakers sont dispensés du service militaire. Les autres objecteurs laissent pantois les bureaux du recrutement. Que faire avec les mennonites qui refusent de saluer, de porter l'uniforme ou de se raser ? Tantôt ils sont emprisonnés ; tantôt, simplement mis à l'écart. Leurs opinions ne les poussent pourtant pas à soutenir l'Allemagne. Ils veulent simplement rester fidèles à leurs croyances et à leurs convictions. Certains professent des idées socialistes ; d'autres défendent bec et ongles leurs croyances religieuses ou philosophiques. Pour contrôler l'opinion, un comité public d'information, présidé par George Creel, surveille l'expression publique des opinions. Les journaux sont soumis à la censure. Plus de 150 000 conférenciers, écrivains, artistes, acteurs, universitaires parcourent le pays pour convaincre l'opinion. La poste fédérale interdit la diffusion des journaux socialistes. Elle rejette également les publications hostiles à la Grande-Bretagne.

Ce n'est plus la guerre, que font les États-Unis. C'est une croisade pour la liberté et la démocratie, contre les Allemands, des barbares qu'on désigne par le terme de Huns, qui cherchent à dominer l'Europe et l'Amérique, qui commettent des crimes de guerre. Par tous les moyens, dans tous les domaines, il faut combattre leur culture et la moindre de leurs influences. Les immigrés d'origine allemande sont suspects et quelquefois malmenés. Des statues représentant Frédéric le Grand ou Von Steuben (qui combattit aux côtés de Washington) sont déboulonnées et jetées à terre. La choucroute, en anglais *German sauerkraut*, devient « le chou de la liberté ». Les oreillons, *German measles*, sont rebaptisés en « *liberty measles* ». La musique et la littérature allemandes sont interdites.

Dans ce climat d'intolérance, les leaders de la nation ne font pas dans la nuance. L'Amérique en temps de guerre ne ressemble plus à l'Amérique en temps de paix. Mais elle réussit un miracle. Quatre millions d'hommes sont mobilisés et incorporés. Avec le concours des flottes alliées, un corps expéditionnaire de deux millions est transporté en France. Si la guerre avait duré un an de plus, le corps expéditionnaire américain aurait doublé. La France fournit des chars, des canons à longue portée, des mitrailleuses, des munitions, des avions. La présence des Américains, sous le commandement du général Pershing, contribue à relever le moral des Français et des Britanniques. La mobilisation économique aux États-Unis impressionne plus encore. Le gouvernement fédéral nationalise les chemins de fer et les constructions navales, contrôle le financement des achats de guerre, les allocations de matières premières, le rythme et le niveau de la production industrielle, les relations entre le patronat et la main-d'œuvre. La Food Administration régule la production agricole et la consommation des produits alimentaires. Pour les fermiers, c'est un âge d'or. Pour les Noirs du Sud, l'occasion de quitter les États ségrégationnistes pour découvrir les usines du Nord et du Middle West. Pour les femmes, la possibilité d'intégrer les forces économiques. Un trafic intense lie les ports américains et les ports européens. Le blé, l'acier, l'essence, les navires, le sucre, des machines, du matériel ferroviaire, du fer, du cuivre, etc., traversent l'Atlantique. Les Européens manquent-ils d'argent pour acheter les produits américains ? Ils reçoivent en prêts des milliards de dollars. Voilà qui annonce la prépondérance financière des États-Unis.

Dès juillet 1917, Wilson assurait qu'à la fin de la guerre, « les Alliés seraient financièrement entre leurs mains ». Le président des États-Unis présente son plan de paix le 8 janvier 1918. Il énumère quatorze points, dont huit concernent des revendications territoriales. Le point 1 rejette la diplomatie secrète. Le point 2 affirme la liberté de navigation maritime ; le point 3, l'abaissement des barrières douanières ; le point 4, la réduction des armements. Le point 14 est le plus important pour Wilson. Il prévoit la création d'une Société des Nations qui garantira l'indépendance politique et l'intégrité territoriale des États membres. C'est une révolution dans l'histoire des relations internationales.

L'épidémie

Au même moment, un médecin du Kansas est appelé au chevet d'un soldat, stationné dans le camp Funston. Le patient souffre de maux de tête et de courbatures. Sa température est élevée. Il tousse. Pas de quoi susciter l'inquiétude, croit-on. Les guerres ont toujours été accompagnées d'épidémies. Les médecins ont affronté, tant bien que mal, la diphtérie, la méningite, les oreillons, les diverses formes de pneumonie, la poliomyélite, la fièvre jaune. Ils ont appris, dans le cours de leurs études, les ravages de la peste noire. Au cours de la guerre de Sécession, les maladies et les blessures mal soignées ont fait plus de morts que les combats. En 1889-1890, une épidémie de grippe a fait 1 million de victimes dans le monde. Mais ce qui est inquiétant en février 1918, c'est que cette nouvelle grippe (les experts baptisent le virus H1N1) se répand très vite en dehors du Kansas. De camp en camp, de ville en ville, la maladie circule. Les experts américains ne sont pas trop inquiets. Ils constatent que les oreillons tuent davantage et que la plupart des malades guérissent de la grippe. Et pourtant, le virus ne connaît pas les frontières. Il franchit les océans. Dès le mois d'avril, sous une forme plus ou moins légère, il est présent à Brest - le port où débarquent la plupart des troupes américaines. Il atteint Paris. À Chaumont, le quartier général du corps expéditionnaire, 172 marines sont contaminés, et 54 d'entre eux doivent être hospitalisés. Dans une caserne qui rassemble un millier de soldats français, près de 700 malades doivent être hospitalisés, et 49 meurent. En mai, ce sont les Britanniques qui sont atteints. Dans les deux mois suivants, 200 000 d'entre eux, stationnés en France, sont affaiblis au point qu'ils ne peuvent plus combattre.

Puis, ce sera le tour des Italiens. Du côté des Allemands, même constat, au moment où le général Ludendorff s'apprête à lancer sa grande offensive, celle qui, d'après ses plans, fera gagner la guerre à l'Allemagne. La maladie gagne le Portugal, l'Espagne, la Grèce, l'Angleterre, l'Écosse. À la fin du mois de mai, le port de Bombay, en Inde, est touché, à la suite de l'arrivée d'un bateau. De là, le virus atteint Calcutta, Madras, Rangoon, Shanghaï. Il traverse les océans pour contaminer, en septembre, la Nouvelle-Zélande et l'Australie, où 30 % de la population de Sydney tombe malade. Et le virus revient aux États-Unis, encore plus vigoureux. Les transports maritimes sont responsables de la transmission sur tous les continents. Ici et là, la quarantaine des équipages est instaurée ; elle n'est pas assez rigoureusement respectée. Un exemple : le 15 août 1918, un transport britannique, qui assure la liaison entre l'Europe, l'Afrique du Sud et l'Orient, fait escale à Freetown en Sierra Leone. À son bord, 200 marins souffrent de la grippe. Ce sont des Africains qui, sans aucune protection, chargent des tonnes de charbon, au contact des marins britanniques. Et d'autres exemples pourraient être cités, qui racontent la même histoire. L'épidémie atteint même l'Alaska. À Nomé, 176 Inuits meurent sur une population de 300 âmes. En dehors de la petite bourgade, des villages disparaissent en même temps que leurs habitants. Seuls quelques enfants survivent.

Cela signifie que tous les cas ne sont pas mortels, loin de là. En 1919, l'état-major américain dresse le bilan de dix-sept mois de participation à la guerre. Les États-Unis comptent 48 000 morts, qu'il faut comparer aux 1,4 million de Français, aux 1,7 million de Russes, aux 1,6 million d'Allemands, aux 900 000 Britanniques et même aux 100 000 Belges qui ont été tués pendant la Grande Guerre. Mais le véritable bilan du côté américain est plus lourd. Il avoisine les 122 000 décès, soit 51 % dus aux maladies – et dans cette dernière proportion les deux tiers sont morts aux États-Unis. Toutes les villes américaines ont été touchées, et plus particulièrement les plus peuplées comme Philadelphie, New York, Boston et Chicago. Dans la seule ville de Philadelphie, le 5 octobre, on compte 250 décès, le jour suivant 289 décès dus à l'épidémie. « La peste noire » provoque des pneumonies qui tuent indistinctement civils, militaires et personnels hospitaliers. On ne sait plus comment se débarrasser des cadavres, qu'on dépose sur le pas des portes, sur des lits, dans des placards. Les cercueils manquent. Les morgues sont débordées. Des camions entassent les morts pour les emporter dans des endroits isolés. Les familles creusent elles-mêmes le sol pour y enterrer leurs proches. Les hôpitaux ne sont nullement préparés pour affronter la tragédie. Ils accueillent dans la même salle des dizaines de malades sur des lits de fortune, les uns collés aux autres. Sans pouvoir les soigner. Parfois, faute de place, il faut déposer sur le sol un nouvel arrivant, qui attendra qu'un mort soit évacué pour qu'il puisse occuper le lit vacant.

Médecins et scientifiques font de leur mieux pour accélérer leurs recherches. Dans les États-Unis de cette époque, la recherche est active au Rockefeller Institute, dans les universités de Chicago, de Philadelphie et de

New York. Les médecins prescrivent de l'aspirine, de la morphine, parfois de l'héroïne pour calmer les douleurs, de l'atropine, de la strychnine. Ils placent les malades sous oxygène. Bien évidemment, ils ne connaissent pas la pénicilline, qui ne sera découverte qu'en 1928 par Alexander Fleming.

Face à cette épidémie, comment réagissent les États-Unis ? La presse écrite rassure ses lecteurs. Le *Providence Journal*, dans le Massachusetts, annonce qu'il y a 3 500 malades dans un camp militaire tout proche de Boston, mais immédiatement avance un commentaire optimiste : les soldats sont hospitalisés si c'est nécessaire, « comme s'ils montaient la garde ». Ils ne savent même pas qu'ils sont malades, conclut le journal. Ils suivent les prescriptions de leur médecin. L'Associated Press assure qu'il n'y a aucune raison de s'alarmer, qu'il faut repousser les « histoires exagérées ». À moins que des bulletins officiels n'annoncent que l'épidémie est passée, que l'inquiétude n'est pas justifiée. Une consigne : publier des informations constructives, surtout pas inquiétantes. À moins que les journaux ne fassent silence le plus longtemps possible. Un journal de Bronxville dans l'État de New York attend le 4 octobre pour annoncer que l'épidémie a sévi et qu'elle est terminée.

Quant au gouvernement fédéral, il poursuit un seul but : la priorité des priorités, c'est que la mobilisation des hommes et des esprits ne soit pas perturbée. Le contrôle de l'opinion publique fonctionne à merveille. Les Américains doivent garder le moral. Il existe déjà des « jours sans viande », des « jours sans céréales », les uns et les autres fondés sur le volontariat - un volontariat surveillé de près par la Food Administration. Et 200 000 membres de l'American Protective League, sous le contrôle de J. Edgar

Hoover, déjà directeur du FBI, veille sur le moral de tous. Dire la vérité sur l'épidémie, c'est nuire au moral de la nation, agir à l'encontre du patriotisme, être complice des Allemands. L'épidémie, pourtant, ne peut pas rester secrète, surtout depuis que les médecins ont recommandé le port du masque - un masque dont on se moque et qui est devenu obligatoire dans sept villes (Seattle, Oakland, San Francisco, Denver, Indianapolis, Pasadena).

En 1919, l'épidémie prend fin aux États-Unis. Peut-être parce que le virus a muté ou bien parce que le nombre des cas, symptomatiques ou asymptomatiques, est suffisant pour affaiblir le virus. Les explications sont insuffisantes. Dans la dernière semaine d'octobre, Philadelphie compte 4 600 morts de la grippe. Dix jours plus tard, le nombre des cas a chuté de manière spectaculaire. Le 11 novembre, quand l'armistice entre en vigueur, la grippe a disparu, comme par enchantement. Pourquoi ?

Ce n'est pas la seule question qu'il faut poser sans qu'on puisse donner une réponse irréfutable. Est-il logique de penser que les Allemands ont lancé leur offensive du printemps et de l'été 1918 avec une hâte d'autant plus forte qu'ils craignaient que l'épidémie décime leurs troupes ? L'hypothèse la plus fréquemment avancée, c'est que l'arrivée massive des troupes américaines annonçait une supériorité numérique des Alliés (Français, Britanniques, Américains). Si la guerre avait continué en 1919, elle serait devenue, avec 4 millions de *sammies*, une guerre américaine. Les sondages allemands et austro-hongrois pour engager des pourparlers avec Woodrow Wilson dès les premiers jours de l'automne s'expliqueraient-ils par les effets de la pandémie ? Impossible de répondre avec certitude. Impossible aussi d'écarter cette hypothèse. Ce qui est certain, c'est que les historiens ont trop souvent oublié, dans leurs analyses, les effets de la pandémie et les craintes qu'elle a engendrées.

Le bilan des deux guerres

Il n'en reste pas moins que la pandémie a fait des millions de morts. La population mondiale en 1920 est d'environ 1,8 milliard. Il y aurait eu au moins 35 millions, peut-être 50 ou 100 millions de morts. Proportionnellement, le nombre des victimes fut alors beaucoup plus élevé que dans les autres épidémies du XXe siècle. En 1957-1958, la grippe asiatique (H2N2) a tué 1,4 million d'hommes et de femmes ; la grippe de Hong Kong de 1968-1969 (H3N2), à peu près le même total ; la grippe de 2009 (H1N1), de 151 000 à 575 000 morts ; la grippe ordinaire, qui revient chaque année, de 300 000 à 600 000, alors que la population mondiale atteint aujourd'hui plus de 7 milliards d'individus. Pour retrouver une proportion comparable à celle de 1920, il faudrait de nos jours déplorer de 150 à 425 millions de morts. Avec toutes les conséquences économiques, sociales, politiques et culturelles qu'une telle hécatombe entraînerait. Heureusement, notre monde dispose d'une médecine qui a fait de remarquables progrès et des services de santé qui sont autrement plus efficaces que ceux de 1918.

Une dernière question concerne Woodrow Wilson. Le président des États-Unis a pris une décision extraordinaire. Il s'est établi à Paris, de janvier à juin 1919 (avec une interruption en mars pour un retour, relativement bref, aux États-Unis). Il voulait que les vainqueurs appliquent son programme de paix. La meilleure façon d'obtenir satisfaction, face à Georges Clemenceau et à Lloyd

George, c'était de débattre, face à face, avec ces dirigeants de l'Europe triomphante, de leur faire comprendre que le monde d'avant la guerre n'avait pas survécu et qu'il était indispensable de réintégrer l'Allemagne dans le système international, donc de ne pas lui imposer un traité de paix exagérément sévère.

Wilson aurait pu, aurait dû prendre des précautions. En octobre 1918, 4 574 personnes sont mortes à Paris de la grippe ou d'une pneumonie. Encore en février 1919, on déplorait 2 676 décès ; en mars, 1 517 morts. L'épouse du président, son secrétaire, le médecin personnel du président sont infectés. Il semblerait que Clemenceau et Lloyd George aient été également faiblement contaminés. Wilson, lui, échappe à la maladie. Il continue de défendre ses idées, alors que Clemenceau réclame contre l'Allemagne des sanctions sévères, un traité qui fasse payer aux vaincus de forts dommages de guerre, le retour immédiat de l'Alsace et de la Lorraine à la France, un traité de paix qui empêche, à jamais ou pour longtemps, la renaissance du militarisme allemand.

Le 3 avril dans la soirée, Wilson est mal en point. Il tousse, éprouve des difficultés respiratoires. Son médecin va même jusqu'à supposer qu'il a été empoisonné. Wilson est, dès lors, alité pendant plusieurs jours. Le diagnostic ne laisse aucun doute : le président est atteint par le virus de la grippe. Il n'empêche que les négociations continuent. Le 8 avril, Clemenceau et Lloyd George rencontrent le président dans sa chambre d'hôtel. Wilson ne renonce aucunement à ses idées. Mais il n'est plus dans son état normal ; il confie à l'un de ses proches que sa chambre est pleine d'espions français. Il est très fatigué. Il continue de songer à quitter Paris pour reprendre le chemin de Washington, s'il n'arrive pas à convaincre ses interlocuteurs européens.

Soudain, il change d'avis. Il approuve les demandes de Clemenceau. Oui, les Allemands devront payer des réparations, puisqu'ils sont les seuls responsables du déclenchement de la Grande Guerre. Oui, la Rhénanie sera démilitarisée. Oui, les mines de charbon sarroises seront exploitées par des Français. La Sarre sera administrée pendant quinze ans par la Société des Nations. Oui, la France récupérera l'Alsace et la Lorraine ; la Pologne, la Prusse orientale et la Posnanie. L'armée allemande sera réduite à 100 000 hommes. L'Allemagne perdra ses colonies.

John M. Barry, qui a publié un excellent ouvrage sur la pandémie (*The Great Influenza*, Penguin Books, 2004, 546 p.) conclut que Wilson a cédé sur tout sous l'effet de la maladie, avant d'être victime, à son retour aux États-Unis, d'un AVC et de rester handicapé jusqu'à sa mort en 1924.

L'état de santé du président des États-Unis a engendré des conséquences sur l'histoire des relations internationales. Au même titre que l'épidémie a exercé de tragiques effets sur le déroulement de la Grande Guerre. Les historiens l'ont trop longtemps oublié. Il est temps qu'ils s'en souviennent et qu'ils ajoutent un chapitre à l'histoire de la Première Guerre mondiale.

11

La prohibition

La prohibition des boissons alcoolisées est une croisade américaine qui a marqué une décennie, celle qui a suivi la Grande Guerre. Une croisade qui a échoué, qui a stimulé le gangstérisme et assuré, pour un temps, le règne d'Al Capone. Une croisade qui laisse de très mauvais souvenirs et alimente la légende. « Une noble expérience », a dit le président Herbert Hoover. Plutôt une aberration, un moment d'égarement, une tentative vouée à l'échec pour imposer une société moralisatrice. Et pour renforcer le paradoxe, c'est une idée de gauche qui a finalement été soutenue par la droite.

Aux origines de la prohibition

Dès le milieu du XIXe siècle, le combat contre le « démon Rhum » est mené par les réformateurs du Nord-Est, plus particulièrement de la Nouvelle-Angleterre. En 1869, au lendemain de la guerre civile, naît le parti de la prohibition qui, trois ans plus tard, présente un candidat aux élections présidentielles. Les boissons alcoolisées, c'est « le déshonneur de la civilisation chrétienne, nuisible aux meilleurs intérêts de la société, une erreur politique d'une énormité inégalée, impossible à réglementer ou à limiter par un système de licences ». Le mouvement reste marginal. Il est soutenu par des féministes qui prient et chantent des hymnes, qui supplient les marchands d'alcools de fermer leurs boutiques, qui ambitionnent d'imposer un ordre moral.

L'Anti-Saloon League est fondée en 1893 à Oberlin, une ville universitaire de l'Ohio. Son fondateur est un ministre du culte méthodiste, qui a des liens avec le baptisme et le presbytérianisme. La Ligue dispose de moyens financiers que lui fournissent des hommes d'affaires et des familles riches. Elle met en place des représentants rémunérés dans chaque État. Et surtout, elle inaugure une nouvelle stratégie : pas question de créer un nouveau parti qui ferait concurrence aux deux partis traditionnels ; un groupe de pression sera autrement plus efficace, un *lobby* qui choisira le parti ou plutôt le candidat qui défendra la prohibition. Voilà une attitude pragmatique, efficace, « à l'américaine ». La Ligue peut compter sur des alliés, les féministes qui réclament aussi le droit de vote pour les femmes, et des associations religieuses. Les autorités militaires la soutiennent. Les soldats du corps expéditionnaire, qui partent pour la France, sont tenus de s'abstenir de toute consommation d'alcool, quitte à désobéir une fois qu'ils sont arrivés en Europe.

Comment interdire la consommation d'alcool ?

Dans l'expression de l'Anti-Saloon League, il y a une idée qui fait l'unanimité des libéraux : l'hostilité au saloon. L'alcoolisme est, au début du XXe siècle, une maladie de la société industrielle. Dans l'argot américain, trois cent trente et un synonymes désignent le mot « saoul ». L'alcool, c'est un dérivatif aux frustrations, à la pauvreté, un remède aux difficultés d'intégration sociale. Ce n'est pas dans les maisons ou dans les appartements que l'alcool exerce ses ravages. C'est dans le saloon, une sorte d'estaminet, plutôt mal famé, un refuge pour les hommes. Le saloon est aussi un centre de négociations politiques. Le « patron » de la machine politique, le *boss* du parti, prête de l'argent au tenancier. En contrepartie, il mène là ses activités, distribue les faveurs aux électeurs, poursuit de louches tractations qui corrompent la vie politique. Il y a pire encore que le saloon. Le *dancing* propose quatre minutes de danse, et un quart d'heure d'entracte dans une chaleur étouffante pour stimuler l'envie de boire. Les jeunes sont touchés plus que les adultes, les villes plus que les campagnes, les immigrants récents plus que les vieux Américains.

Les progressistes veulent réformer la société. Les socialistes militent contre l'alcool qui procure à des *businessmen* entreprenants de fabuleux bénéfices et aliène l'esprit des travailleurs. Bon gré mal gré, ils sont associés, voire dépassés par des fondamentalistes, des esprits profondément religieux qui attribuent aux immigrants, majoritairement catholiques, les pires défauts et les pires intentions. Dans les États du Sud, on redoute, en outre, l'alcoolisme des Noirs et l'influence des grandes villes du Nord qui accueillent la foule des immigrants. Restent les réformateurs sociaux. Les uns soutiennent que la pauvreté explique l'alcoolisme ; les autres, que l'alcoolisme crée la pauvreté. Enfin, l'avènement de l'automobile donne aux uns et aux autres un nouvel argument contre l'alcool. Boire ou conduire... Il faut choisir entre l'ivresse du volant et l'ivresse de l'alcool.

Le mouvement prohibitionniste repose sur des fondements complexes : un esprit puritain, une conception rigoriste de l'essor économique, une réflexion sur l'évolution de la société, la volonté de réformer la vie politique. Et il obtient des résultats. En 1903, trois États ont adopté la prohibition, six États suivent leur exemple en 1914, et vingt-trois autres dans les quatre années suivantes ; en tout trente-deux États sur quarante-huit, étant entendu que les comtés et les municipalités sont libres de choisir ou de rejeter la prohibition. L'Anti-Saloon League réclame maintenant l'adoption d'un amendement à la Constitution fédérale qui contraindrait tous les États. C'est qu'il y a des îlots de résistance : les grandes villes comme New York et Chicago ; des États qui comptent de fortes concentrations catholiques comme en Nouvelle-Angleterre, dans le Middle West, en Californie ; d'autres États comme la Louisiane ou le Maryland qui restent insensibles à la croisade.

Au cours de l'été de 1917, les États-Unis préparent efficacement leur intervention dans la guerre européenne. C'est alors que le Congrès adopte un projet d'amendement constitutionnel. Si les trois quarts des assemblées législatives des États le votent à leur tour, il deviendra le dix-huitième amendement à la Constitution. Adopté en 1919, l'amendement entre en vigueur en janvier 1920. On remarquera que la consommation des boissons alcoolisées n'est pas interdite, mais comment consommer ce qu'il est interdit de fabriquer, de vendre ou d'acheter ? Pour compléter le dispositif, le Congrès vote la fermeture des saloons, des distilleries et des brasseries. La loi Volstead définit la notion de « boisson enivrante », malgré le veto du président Wilson. Est considérée comme alcoolisée toute boisson qui contient autant ou plus de 0,5 % d'alcool, ce qui exclut tous les alcools blancs, les vins, la bière et le cidre. Pharmaciens et curés échappent aux interdictions, dans des conditions strictement limitées. Il faut, toutefois, préciser qu'étendue au plan national, la prohibition ne change rien au mode de vie de la plupart des Américains, qui vivent déjà dans des États « secs ». Quant à l'opposition, elle ne dispose pas d'arguments juridiques. La Cour suprême lui donne tort.

Appliquer la prohibition

Il n'est pas facile d'appliquer la prohibition. L'administration fédérale manque d'argent et ne souhaite pas augmenter les impôts pour rémunérer et multiplier les inspecteurs. Les États ne coopèrent pas. Contrôler 30 000 kilomètres de frontières terrestres et maritimes relève de l'impossible. Ici ou là, la bière reste autorisée, ce qui provoque de nouvelles interventions de l'Anti-Saloon League. Les États manifestent une faible détermination, ne fût-ce que pour ne pas augmenter leurs dépenses. Résultat : des lois inefficaces ou peu appliquées créent des îlots de résistance, des zones de malveillance, un esprit attentiste. D'après le ministère de la Justice, la prohibition n'est appliquée en 1924 que dans moins de 40 % du territoire national. C'est dans la ville de New York qu'on boit le plus ; c'est dans le Kansas, l'Utah et l'Idaho qu'on boit le moins. Ici et là, les *wets* (les mouillés) et les *drys* (les secs) livrent bataille.

Faut-il croire les statistiques ? Et faire confiance aux nombreux articles sur le sujet ? Les partisans du régime sec affirment avec autorité que les États-Unis doivent leur prospérité à la prohibition. Les travailleurs ne boivent plus. Ils remplissent leurs tâches avec efficacité et diligence. L'absentéisme du lundi régresse. Les routes sont désormais plus sûres. Les prisons se vident. Une meilleure gestion des économies du ménage permet d'acheter un poste de radio, une automobile, la maison dont on rêve.

L'Amérique « sèche » serait un petit coin de paradis. Reste à combattre les menaces sur la prohibition. C'est que les antiprohibitionnistes ne relâchent pas la pression. Mais partout ou presque, ils perdent les élections. Ils ne peuvent pas compter sur les voix des femmes - qui depuis 1920 bénéficient du droit de vote. Ils ont, pourtant, l'audace de proposer un nouveau référendum en Californie, au Colorado, dans le Missouri, et ils ont été battus. Quant aux hommes politiques, ils varient au gré du vent et se contentent de suivre la majorité. Rien à craindre d'eux.

Le camp adverse riposte. Voilà que naît une Association Against the Prohibition Movement. La prospérité, démontrent les « mouillés », aurait succédé à la crise de l'après-guerre, avec ou sans la prohibition. La criminalité en tout genre, l'immoralité des années vingt ont fait des progrès impressionnants. Les buveurs continuent de boire. Plus d'ivrognerie ? Les rues des grandes villes et les réceptions mondaines offrent un spectacle révélateur. L'ivresse est fréquente chez les hommes et les femmes, les adultes et les étudiants. De plus, les fabricants et les marchands d'alcool ont souvent conservé leurs investissements. Ils attendent patiemment des jours meilleurs. Le commerce illégal rapporte gros. Il procure de gros profits à ceux qui s'y livrent. Il offre à d'autres de nouveaux débouchés : les viticulteurs de Californie, par exemple, vendent plus cher et en plus grosses quantités leur raisin de table.

Les adversaires de la prohibition recourent aussi à un autre argument. C'est la première fois dans l'histoire des États-Unis qu'un amendement à la Constitution limite les libertés, l'une des libertés fondamentales pour lesquelles les Américains ont combattu à l'époque de l'Indépendance. Qui a décidé d'appliquer la prohibition ? Des représentants, des sénateurs, des élus dans les États, en tout 5 428 hommes et femmes, dont aucun n'a été choisi par le peuple pour approuver ou rejeter l'amendement. Ils ont cédé à des opinions discutables, à des théories indéfendables, à des caprices dont l'Anti-Saloon League est l'inspiratrice à coups de millions de dollars. Toute mauvaise loi est dangereuse. Elle annonce un État totalitaire. Le Kansas ne vient-il pas d'adopter une loi qui interdit la vente des cigarettes et du tabac ? L'interdiction a donné naissance au commerce clandestin et illicite. L'Indiana et le Nebraska ont suivi l'exemple, qui provoque les mêmes résultats. L'Amérique est menacée de tomber sous la dictature des ennemis de la liberté et des partisans de l'intolérance.

Le banditisme

De fait, la prohibition n'a rien résolu. Elle déçoit une majorité d'Américains. Plus de saloons, oui, mais les lieux qui les remplacent sont pires. Les statistiques de cinq cent trente-quatre villes montrent que les arrestations pour ivrognerie sont passées de 281 651 en 1920 à 664 101 en 1926. Le taux de mortalité par alcoolisme a augmenté. Les arrestations dans trois cents des plus grandes villes ont doublé. Et puis, la prohibition a déclenché un essor spectaculaire du banditisme.

La prohibition provoque l'avènement d'un roi du gangstérisme. Avant de se transformer en héros de cinéma, Al Capone, l'homme à la balafre (« Scarface »), ne tarde pas à incarner les années vingt. C'est qu'il a su répondre à la demande de ses compatriotes. Il devient l'un des grands, voire le plus grand des fournisseurs d'alcool au temps de la prohibition. Pour boire, bon nombre d'Américains prennent des précautions. Les prix sont plus élevés, sans doute, et d'un État à l'autre, à l'intérieur d'un même État, dans les grandes villes comme dans les zones rurales, la situation varie. Tant pis ! Si l'on veut boire, on paiera plus cher. L'augmentation des prix n'est pas un obstacle. Encore que les statistiques sur la consommation soient contradictoires. Ce qui est certain, c'est que de nouvelles catégories de buveurs stimulent le marché de l'alcool. Les femmes boivent davantage. C'est une clientèle nouvelle. La libération des mœurs explique le changement d'attitudes. La femme « libérée », la *flapper*, fume, conduit son automobile, sort seule sans son « chaperon », et boit comme ses compagnons. Les étudiants aussi, filles et garçons, boivent davantage, surtout de la bière. À Princeton comme à Harvard, on boirait encore plus si les prix étaient plus bas.

En outre, si le saloon a officiellement disparu, on consomme l'alcool en privé et dans les réunions mondaines. On prend un verre ou deux avant et après le repas, en dehors de la présence d'inconnus. Toutes les circonstances de la vie professionnelle et sociale offrent de multiples occasions, y compris les pique-niques, les bals, les parties de bridge. Les plus riches ou les plus avisés possèdent des réserves, dans lesquelles ils puisent avec enthousiasme. Une cave qu'on a bien remplie avant 1919 continue à rendre des services. Les millionnaires sont avantagés, une fois de plus. Mais les caves renferment en général des vins et du whisky, pas de bière. Il arrive un moment où les stocks sont épuisés. Renouveler les réserves devient l'une des préoccupations majeures des riches.

On peut aussi fabriquer sa propre bière ou son gin. N'importe qui peut acheter de la levure, du houblon, du malt et un distillateur. La publicité pour ces produits n'est pas interdite. Pour réussir une bonne distillation, les conseils circulent de bouche à oreille. Les meilleures recettes, on les trouve dans les vestiaires des gymnases et dans les réunions d'hommes d'affaires. À défaut d'alcool, on peut se rabattre sur des succédanés ou sur des produits de remplacement. L'alcool brut provenant du maïs ou de la pomme de terre est coloré artificiellement ; on y ajoute un parfum qui fait illusion. Il existe aussi un alcool dénaturé. C'est de l'alcool de grains, auquel est mêlé de l'alcool de bois. Un mélange mortel, qui en 1928 tue trente-quatre New-Yorkais. S'il ne tue pas, l'alcool dénaturé provoque des paralysies, la cécité ou la folie. Il n'empêche que le gouvernement fédéral, cédant aux instances de l'Anti-Saloon League, continue de croire qu'en dénaturant l'alcool, il en limitera la consommation. La petite bière, elle, est une autre boisson frauduleuse. Elle contient un pourcentage d'alcool légal, c'est-à-dire conforme à la loi Volstead, moins de 0,5 %. Après le brassage, on retire l'alcool. Ou bien on ne le retire pas, et la petite bière devient de la bière... sans contrôles ni inspections.

Les produits de substitution

Faute d'alcools, des produits de remplacement renforcent leur présence sur les marchés. C'est le cas du café, du thé et des jus de fruits, du lait, des glaces, des bonbons et toutes sortes de sucreries. La *soda fountain* prend la place du saloon. Mais un autre produit de substitution provoque l'inquiétude : la drogue. Les Américains fumaient de l'opium depuis longtemps. On l'achetait dans les pharmacies sans ordonnances, et même par correspondance.

Il a servi, non pas seulement aux fumeurs par plaisir, mais aux blessés de la guerre civile pour apaiser leurs douleurs. Au début du xxe siècle, opium, morphine, héroïne font l'objet de mesures législatives. Même phénomène avec la cocaïne, surtout quand le bruit se répand que les Noirs du Sud en font usage - ce qui contribue à dévaloriser le produit. La marijuana, elle, semble d'autant moins à la mode qu'elle est fumée par des immigrants mexicains. Il n'empêche que les Américains en importent du Mexique ou la cultivent, y compris dans les grandes villes comme New York. Le Congrès s'en inquiète. Trop tard, le mal est fait. La marijuana est promise à un bel avenir.

Si l'on ne fabrique pas l'alcool soi-même, si l'on ne préfère pas la drogue, les *soft drinks* ou des produits industriels plus ou moins frelatés, comment faire pour boire de la bière ou d'autres alcools ? Dans quels établissements étancher sa soif ? Les nouveaux *saloons* ont un nom : ce sont des *speakeasies* ou des *nightclubs*. On y sert l'alcool dans des tasses à thé ; les bouteilles portent des étiquettes fantaisistes. La commande, on la passe en employant un vocabulaire de convention. Les précautions ne sont pas inutiles en cas de contrôle. Elles rendent le jeu encore plus excitant. À Chicago, par exemple, des *drugstores* et des magasins de tabac vendent du gin, du whisky, de la bière. Autour des lycées, des papeteries, des sandwicheries, des salons de thé, des *soda fountains* sont en même temps des *speakeasies*. Il n'est pas rare que des consommateurs préfèrent emporter avec eux une ou plusieurs bouteilles. On vend des fioles qui entrent dans la poche arrière des pantalons (*hip flasks*) ou dans celle du veston. Des *dancings* ouvrent leurs portes, leurs pistes de danse et leurs bars au bord des routes, à l'écart des agglomérations. On y boit, avant, pendant et après les danses à la mode. Quand ils partent en voyage, les hommes d'affaires prennent dans leurs valises de quoi étancher une soif insatiable. Gin, bourbon, bière accompagnent la signature des contrats, tout autant que les mariages.

La consommation illégale, mais inévitable, d'alcools en tous genres crée un marché noir - des profits considérables pour les trafiquants qui ne craignent pas de prendre des risques. Le marché noir est alimenté, pour l'essentiel, par la contrebande. Il rapporte gros aux gangsters américains qui ont pu s'associer à des partenaires étrangers. Le Canada, le Mexique, les Bahamas, les Bermudes, les îles françaises de Saint-Pierre-et-Miquelon participent activement à ce marché international - pour le plus grand profit des gangsters américains. Sur terre et le long des côtes, les forces de police sont incapables d'arrêter ce trafic. D'autant que l'ingéniosité des trafiquants pour dissimuler les cargaisons ne connaît pas de limites. Des caisses de whisky dissimulées au milieu de marchandises légales, des étiquettes fantaisistes, des embarcations à moteur ultra-rapides, d'innombrables automobiles, des passeurs qui franchissent aisément les frontières... voilà un commerce illicite et peu dangereux. Boire de l'alcool, c'est faire un pied de nez à la morale bourgeoise. Vendre de l'alcool, c'est une affaire autrement plus sérieuse. Le *bootlegging* (cacher un produit dans ses bottes) réclame de nouvelles méthodes. Pour accéder à ce marché qui rapporte gros, pour lutter contre les concurrents, tous les moyens sont bons, y compris le recours à la violence.

Al Capone, le roi des gangsters

Al Capone illustre l'essor du commerce clandestin. C'est un homme d'affaires. Il fait partie du « crime organisé », et non de la criminalité individuelle. Il préside une vaste entreprise. Il a des fournisseurs qui achètent à l'étranger. Il livre à des clients qui sont des détaillants. Il organise son *business*. Il gère son réseau de distribution et en assure la protection. Il investit aussi dans les combats de boxe, dans les courses de chevaux, dans les bordels, dans les maisons de jeux, partout où l'argent circule, partout où des profits, légaux ou illégaux, sont assurés. Sous ses ordres, une petite armée d'employés, des hommes de main, des convoyeurs, des revendeurs, des chauffeurs. Ces *mobsters* (qui font partie d'une bande, une *mob*), ces *gangsters* (qui appartiennent à un *gang*), ces *hoodlums* (des voyous) sont membres de l'Organisation. Ils sont dévoués, corps et âme, au patron. Ils peuvent compter sur sa protection. Blessés, ils bénéficient des soins d'un médecin sérieux et discret. Inculpés, ils sont défendus par l'un des innombrables avocats qui volent au secours du gang. Emprisonnés, ils sont protégés, derrière les barreaux, par les représentants de l'Organisation, et leur famille reçoit d'indispensables secours. Recherchés par la police, ils savent où se planquer et parfois se font faire un nouveau visage par un chirurgien complaisant. Quant à Al Capone, il vit à Chicago, en bon père de famille. Le voisinage croise, tous les jours, un homme ordinaire, bon mari, bon père, bon fils, bon frère. Les Capone sont des gens simples, agréables, serviables, généreux. Avec la régularité d'un employé de bureau, il gagne chaque matin son quartier général, en dehors de Chicago, dans la ville de Cicero qu'il a transformée en forteresse. Il y est protégé par ses gardes du corps qui sont armés de revolvers, de pistolets, de mitraillettes et des fusils les plus modernes.

Al Capone incarne à sa manière l'intégration des Italiens, qui sont arrivés en masse aux États-Unis à la fin du XIXe siècle et au début du XXe siècle. Mais tous les gangsters ne sont pas d'origine italienne. Sur cent huit « patrons » de Chicago, 30 % sont d'origine italienne, 29 % d'ascendance irlandaise, 20 % sont juifs, 12 % sont noirs. Le gangstérisme est alors un phénomène ethnique. Chaque boss choisit ses associés dans sa propre communauté. Ce sont des hommes de confiance qui défendent les mêmes valeurs culturelles. Comme les gens honnêtes, les gangsters rêvent de faire fortune. Ils partagent « le rêve américain ». Mais ils empruntent des chemins détournés, la voie du crime, pour bénéficier de l'ascenseur social. Si Chicago est devenue la capitale du crime, c'est que la ville n'a pas abandonné une tradition ancienne, qu'elle est relativement proche de la frontière canadienne, que sa population est en augmentation constante, ce qui crée un marché très profitable, et que la municipalité est corrompue.

Tout irait pour le mieux dans le meilleur des mondes du gangstérisme, s'il n'y avait une concurrence acharnée entre les gangs, voire une guerre quasi quotidienne. Des camions chargés d'alcools sont parfois piratés par une bande rivale. C'est le *hijacking*. La police n'inspire pas les craintes les plus fortes. Elle est inefficace, faute de moyens suffisants. Elle bénéficie aussi de pots-de-vin, qui calment ses initiatives et ne font que renchérir la marchandise, si elle réussit exceptionnellement une saisie. Dans cette atmosphère, les affaires d'Al Capone prospèrent. Il gagne 25 000 dollars par semaine. Ses revenus annuels sont estimés en 1927 à 105 millions de dollars, dont 60 millions proviennent de la vente de la bière et des alcools, 25 millions des établissements de jeux et des courses de lévriers, 10 millions des dancings et des maisons de prostitution, 10 millions de divers rackets. Bien sûr, il doit assumer de lourdes dépenses. Il ne peut pas éviter de verser des pots-de-vin aux responsables politiques, aux policiers et aux inspecteurs chargés d'appliquer la prohibition. Il lui reste au moins 30 millions, de quoi mener la grande vie. Il achète les automobiles les plus récentes, les plus puissantes, qui permettent d'échapper aux poursuivants, que ce soit la police ou les ennemis. D'ailleurs, le vocabulaire traduit ce nouveau mode de locomotion. « Emmener quelqu'un en promenade », c'est qu'on fait monter la victime dans une auto, qu'on lui tire une balle dans la nuque et qu'on l'abandonne sur le bord de la route. Al Capone a pris ses précautions : sa voiture est blindée ; les vitres sont en verre incassable ; les ailes, indéfonçables. Elle pèse 7 tonnes. Les serrures des portières ne s'ouvrent qu'au moyen d'une combinaison spéciale. C'est un fort, un véritable destroyer qui a coûté 20 000 dollars. Mais l'auto est rentable ; c'est un instrument de travail.

Une ombre, toutefois, plane sur ce tableau : les ennemis d'Al Capone ont mis sa tête à prix : 50 000 dollars iront à celui qui l'assassinera. C'est que les rivalités entre les gangs dégénèrent très vite en fusillades. Un célèbre exemple : le massacre de la Saint-Valentin, le 14 février 1929. La bande de George Bugs Moran attend une livraison dans un garage. Une Cadillac stationne à proximité, rideaux tirés. Trois faux policiers en uniforme descendent de la voiture, accompagnés de deux civils. À l'intérieur du garage, sept bandits attendent de décharger les camions. Les « policiers » et les civils portent des mitraillettes (en argot : des « machines à écrire ») avec pour chacune un chargeur de cent munitions, plus une arme à canon scié à double chargeur. Ils font feu. Des sept gangsters, un seul survit pendant quelques heures, juste le temps de déclarer à la police : « Personne ne m'a tiré dessus. » Quant à Al Capone, comment l'accuser ? Ce jour-là, il était en Floride. S'il avait souvent téléphoné à Chicago dans les jours précédents, c'était tout simplement pour s'enquérir du temps qu'il faisait. La police est-elle impuissante ou complice ?

Et pourtant, cette même année, le voilà arrêté à Philadelphie. Il portait sur lui une arme dissimulée, ce qui constituait un crime dans l'État de Pennsylvanie. Il est condamné à dix mois de prison. Une aubaine... lui permettant de se mettre à l'abri des concurrents, qui sont aussi des ennemis dangereux. Deux ans plus tard, les autorités fédérales finissent par trouver un prétexte pour l'arrêter et le condamner : la fraude fiscale. Il sort du pénitencier en 1939 et meurt en 1947, rongé par la syphilis, à demi fou. Un destin exceptionnel, qui a inspiré romanciers et cinéastes.

La fin de la prohibition

Quant à la prohibition, elle est de plus en plus attaquée, surtout par les membres du parti démocrate. En 1928, pour la première fois dans l'histoire des États-Unis, un catholique, Al Smith, le gouverneur de l'État de New York, qui ne cache pas ses opinions « mouillées », portera les couleurs du parti démocrate aux élections présidentielles. Les électeurs ne le soutiennent pas suffisamment. Herbert Hoover, le candidat républicain, partisan de la prohibition, l'emporte. C'est une victoire précaire. Le pays, bouleversé peu après par la crise économique, abandonne les républicains et se tourne vers les démocrates. La « noble expérience » s'écroule, en même temps que la machine économique. Les Américains sont de plus en plus nombreux à souhaiter le retour au régime « mouillé ». Les fermiers voudraient avant tout, même en temps de crise, vendre leurs grains et leur sucre. La légalisation de l'alcool ferait de plus en plus d'heureux. Les gouvernants, démunis devant la Grande Dépression, sollicités de toutes parts pour pallier la misère, voient dans la vente de la bière, des alcools et du vin une excellente occasion de remplir des caisses désespérément vides. Et de regonfler le moral de leurs concitoyens.

L'atmosphère a changé. Les Américains sont de plus en plus nombreux à ne plus croire aux bienfaits de la prohibition. Franklin Roosevelt, le candidat démocrate à la présidence, réclame l'abrogation du dix-huitième amendement. Son élection est, en partie du moins, la réponse de ses compatriotes. En février 1933, le Congrès adopte le projet du vingt et unième amendement qui abroge le dix-huitième. Abrogation de la prohibition, mais dans le respect du choix de chacun des États. La ratification officielle date du 5 décembre 1933. Chaque État reste libre de voter des lois dans le domaine de ses compétences. De plus en plus prédomine l'option locale : les comtés, les municipalités décident pour eux-mêmes. Et des taxes élevées sont perçues sur les alcools. Ce qui a disparu pour toujours, c'est le saloon. Les magasins autorisés à vendre des alcools varient dans leur aspect d'un État à l'autre. Ici ou là, ils ressemblent à des pharmacies, comme s'ils avaient honte de vendre un produit dangereux. Ailleurs, ils deviennent des cafés fréquentables. Les lieux de consommation adoptent de nouveaux noms. Ce sont des clubs, des *cocktail lounges*, des *beer gardens*, des *nightclubs*, tout simplement des restaurants. On s'y assoit, on y danse ; les femmes et les hommes se côtoient. Les tractations politiques en sont absentes. Il n'empêche que le parti de la prohibition n'a pas disparu. Il rassemble très peu d'électeurs, mais il maintient vivante la tradition de prohiber la production, la vente et la consommation d'alcool. Comme si c'était une tradition, ou une tentation qui continue d'avoir des adeptes. L'Amérique resterait-elle puritaine ou deviendrait-elle hypocrite ?

12

Franklin Roosevelt, chef de guerre malgré lui

Franklin Roosevelt fut un wilsonien réaliste. Woodrow Wilson, président des États-Unis de 1913 à 1921, a été son maître à penser. Rien d'étonnant à cela. Roosevelt est entré en politique en 1910. Trois ans plus tard, le voilà promu aux fonctions de secrétaire adjoint à la Marine. Pendant sept ans, il est au cœur de l'action gouvernementale. Il approuve, sans états d'âme, la politique du président : d'abord la neutralité dans le conflit qui oppose l'Angleterre, la France, la Russie, l'Italie d'un côté, l'Allemagne, l'Autriche-Hongrie, la Turquie de l'autre. En avril 1917, les États-Unis déclarent la guerre à l'Allemagne - quelques mois plus tard, à l'Autriche-Hongrie. Roosevelt participe, au premier rang, à la défense nationale. La marine américaine tient un rôle capital. Il faut approvisionner la France et la Grande-Bretagne. Il faut aussi transporter deux millions de soldats jusqu'aux champs de bataille. Le jeune secrétaire adjoint traverse l'Atlantique en septembre 1918, pour voir de près le théâtre des combats et encourager ses compatriotes qui se battent sur le front de l'Ouest. Dans le même temps, il applaudit les « quatorze points » de Wilson, le projet d'une Société des Nations qui instaurerait la sécurité collective, le droit des peuples à disposer d'eux-mêmes. La politique étrangère des États-Unis repose sur des valeurs universelles, comme la primauté du droit, la justice, la liberté. Le parti démocrate ne s'y trompe pas. Pour les élections présidentielles de 1920, Franklin Roosevelt est candidat à la vice-présidence. Il défend, bec et ongles, le bilan et les idées de Wilson. Mais ce sont les républicains qui l'emportent.

La conclusion est évidente. Les Américains referment la parenthèse. Ils ne veulent pas se mêler de trop près des affaires internationales. Ils ne souhaitent pas entrer à la Société des Nations. Les idées wilsoniennes ne les ont pas vraiment séduits. Ils préfèrent rester à l'écart des intrigues de l'Europe, comme George Washington le leur avait conseillé en 1796. Un politique avisé doit en tenir compte. Roosevelt tire les leçons de l'échec de Wilson. Il ne parle plus guère de sécurité collective. Il ira même jusqu'à dire que la SDN n'est pas faite pour les États-Unis. Et puis, la poliomyélite le cloue sur un lit d'hôpital. Il faudra qu'il apprenne à marcher avec de lourds appareils. Peu à peu handicapé, volontaire et déterminé, il revient à la politique, sans jamais tirer parti de son invalidité.

Un président réaliste

Franklin Roosevelt accède à la présidence le 4 mars 1933. Le pays est alors plongé dans la tourmente. La crise économique bat son plein depuis quatre ans. Le chômage frappe le quart des Américains en âge de travailler. Dans les villes et les campagnes, le spectacle de la misère suscite le désarroi. Il est urgent que le gouvernement fédéral prenne la situation en main et tâche de mettre en œuvre des solutions politiques. C'est le temps du New Deal. Plus encore qu'auparavant, les États-Unis se replient sur eux-mêmes. La politique étrangère ne les préoccupe pas. Roosevelt n'ignore rien de ce qui se passe en Europe, qu'il s'agisse des succès du nazisme et du fascisme, des faiblesses des démocraties. Il a suffisamment voyagé, dans sa jeunesse, en Angleterre, en France, en Allemagne, en Italie pour ne pas rester insensible aux dégâts qu'a provoqués la crise économique. Il n'est pas indifférent, non plus, aux ambitions d'un Japon militariste qui cherche à dominer la Chine et, peut-être même, l'Asie orientale. Il n'empêche que la reconstruction de l'économie américaine, la sauvegarde des valeurs politiques, les formes nouvelles de la solidarité sociale occupent son esprit. Il n'a guère le temps d'élaborer une politique étrangère. Certes, les États-Unis reconnaissent officiellement l'Union soviétique, renoncent à leur domination sur l'Amérique latine, condamnent l'expansionnisme japonais et refusent de lier leur économie à celle de l'Europe. Mais, à vrai dire, sous le poids des circonstances, Roosevelt oublie le reste du monde.

C'est aussi son intérêt politique. L'air du temps le pousse à devenir un isolationniste de raison. Au Congrès comme dans l'opinion publique, l'intervention américaine dans la Grande Guerre est maintenant condamnée. Elle n'a, dit-on, servi à rien. Quatre millions d'hommes ont été mobilisés, dont la moitié ont été envoyés sur le front de l'Ouest. Les ressources du pays ont été réquisitionnées pour porter secours aux Britanniques et aux Français. Wilson a passé cinq mois à Paris pour négocier le traité de Versailles et le pacte de la SDN. Pour quels résultats ? Les idéaux américains ne sont pas respectés. « Les associés » d'hier n'expriment aucune reconnaissance. Ils ne remboursent pas les dettes qu'ils ont contractées pour poursuivre le combat, sauf « la brave petite Finlande ». Somme toute, les Américains ont été entraînés dans le conflit par les banquiers, soucieux de protéger leurs créances, et par les marchands d'armes, toujours à la recherche de marchés profitables. Non, décidément, il ne faut pas que les États-Unis tombent, une fois de plus, dans le piège. Ils doivent rester à l'écart. D'ailleurs, la flotte britannique et l'armée française sont assez fortes pour tenir en échec les dictateurs et leurs ambitions.

Le Congrès élève des barrières législatives qui empêcheront les forces malfaisantes d'entraîner le pays dans la tempête. La loi de 1934 interdit au gouvernement fédéral de consentir des prêts aux États qui n'ont pas remboursé leurs dettes. De 1935 à 1937, le Congrès instaure l'embargo des ventes d'armes et « des articles militaires » aux États en guerre. Les citoyens américains sont fermement invités à ne pas voyager sur les bateaux des belligérants. Le 1er mai 1937, la clause *cash and carry* permet aux Américains de vendre aux belligérants, à condition qu'ils paient au comptant et viennent embarquer leurs achats dans les ports américains.

Roosevelt n'a pas le choix. Il sait parfaitement qu'en 1917, ce n'est pas à la suite d'un complot des banquiers et des marchands d'armes que les États-Unis sont entrés en guerre. L'isolationnisme ne lui plaît pas. Mais il ne peut pas aller à l'encontre d'une opinion majoritaire. « C'est une chose terrible, dit-il, de regarder derrière son épaule quand on essaye de gouverner et de s'apercevoir que personne ne vous suit. » Bien sûr, comme ses compatriotes, il déteste la guerre. Il le proclame dans ses discours. Tout au plus parvient-il à glisser que les États-Unis ne sont pas isolationnistes, que les Américains tentent seulement d'éviter la guerre. Il lui arrive d'aller un peu plus loin. Le 5 octobre 1937, après que les Japonais ont déclenché les hostilités contre la Chine, il met en garde ses compatriotes : « L'anarchie internationale détruit les fondements de la paix ». Les agresseurs doivent être mis « en quarantaine [...] afin de protéger la santé de la communauté contre l'extension de la maladie. » Réactions immédiates des isolationnistes : « Arrêtez de vous mêler des affaires du monde », écrit le *Wall Street Journal.* Roosevelt fait machine arrière. La mise en quarantaine sera « morale ». Les États-Unis continueront d'assister à la montée des périls, de condamner les agressions sans intervenir, de chanter les louanges d'une paix de plus en plus fragile - d'une paix qu'ils ne défendent que par de bonnes paroles.

Le spectateur engagé

La guerre éclate en Europe. Surprise parmi les plus endurcis des isolationnistes. Roosevelt, lui, s'y attendait et avait autorisé que Français et Anglais passent des commandes d'armements. D'ailleurs, il encourage ses compatriotes à rester neutres « en actes », pas « en pensée » comme l'avait dit Wilson en 1914. Roosevelt soutient le camp des démocraties. Il sait que les États-Unis ne pourront pas pratiquer très longtemps la politique de l'autruche. Mais en novembre 1940, il y aura des élections présidentielles. Et, rompant avec la tradition, Roosevelt souhaite être candidat pour la troisième fois. Dans ces circonstances, la prudence s'impose.

Le choc survient en juin 1940. L'armée française que les Américains croyaient d'une solidité à toute épreuve est battue. La France signe l'armistice. De ce fait, l'Angleterre reste seule face à l'Allemagne nazie et à l'Italie mussolinienne. C'est le dernier rempart qui doit protéger l'Amérique. Il est vrai que les Anglais sont orgueilleux, colonialistes, monarchistes, mais ce sont des cousins, des démocrates, des alliés désormais traditionnels. Il est impossible de les abandonner, irréaliste de ne pas les secourir, inconcevable de rester les bras croisés quand une démocratie affronte, seule, des dictatures. L'opinion américaine, pourtant, est partagée. D'un côté, un comité, influent, demande que l'on vienne d'urgence à l'aide de la Grande-Bretagne. De l'autre, un autre comité, influent lui aussi, plaide vigoureusement pour le maintien d'une stricte neutralité qui empêchera le pays de glisser dans la guerre. Roosevelt préfère de loin, en son for intérieur, le premier au second. Mais, une fois de plus, il reste prudent. Tout au plus accepte-t-il de céder aux Anglais cinquante destroyers usagés contre l'établissement de la flotte américaine dans sept bases britanniques des Antilles et au large de l'Amérique du Sud. Dans sa campagne électorale, il rappelle, pourtant : « C'est pour la paix que j'ai travaillé ; et c'est pour la paix que je travaillerai le reste de ma vie. » Il va même jusqu'à promettre qu'il n'engagera pas les forces américaines « dans une guerre étrangère ». Sauf en cas attaque ? Peut-être. L'ambiguïté des termes sert le candidat qui est réélu en novembre 1940.

Après les élections, un pas de plus est franchi. Les États-Unis offrent aux Britanniques le prêt-bail, ce qui veut dire des armes et des munitions qu'ils prêtent jusqu'à la fin du conflit. Voilà que les États-Unis deviennent en mars 1941 « le grand arsenal de la démocratie ». Les isolationnistes continuent de batailler avec leurs macarons, leurs badges, leurs placards publicitaires, leurs discours enflammés. Le président avance pas à pas, au rythme que ses compatriotes peuvent accepter. Il rencontre Churchill au large de Terre-Neuve et les deux hommes élaborent la charte de l'Atlantique (du 9 au 12 août 1941). La marine américaine patrouille d'Islande aux Caraïbes. Lorsque l'Allemagne nazie attaque l'Union soviétique (22 juin 1941), Roosevelt accorde aux Soviétiques le bénéfice du prêt-bail. De plus en plus, il affiche ses positions : priorité à l'Europe, soutien à la Grande-Bretagne. Imagine-t-il que le danger surgira brusquement du côté de l'océan Pacifique ? Que les Japonais ne supporteront pas longtemps l'embargo sur les matières premières ? Qu'ils ont élaboré un plan d'attaque contre les États-Unis ? Toujours est-il que le 7 décembre 1941, le raid japonais à Pearl Harbor, dans l'archipel d'Hawaii, détruit la quasi-totalité de la flotte américaine dans le Pacifique. « Un jour d'infamie », déclare Roosevelt qui ne peut que proclamer l'état de guerre contre le Japon. L'Allemagne annonce, à son tour le 11 décembre, qu'elle entre en guerre contre les États-Unis.

Un chef de guerre

Le spectateur engagé cède la place au belligérant. L'Amérique jette toutes ses forces dans la bataille. La guerre est vraiment mondiale. Les derniers isolationnistes ont compris que leur cause est perdue, qu'il n'est plus possible de rester à l'écart, que les États-Unis ne peuvent plus refuser le combat. Après des années de frustrations, d'hésitations, de demi-mesures, Franklin Roosevelt devient un chef de guerre. Mais la vie politique continue. Le Congrès exerce ses compétences. Il est renouvelé en 1942 comme en 1944. Le président lui-même brigue et obtient un quatrième mandat, alors que la bataille fait rage en Normandie et dans le Pacifique. Pendant ce temps, la machine économique ressemble à un rouleau compresseur. Oublié, le temps de la crise. Oublié, le chômage. Les usines tournent à plein rendement. Elles réclament des ouvriers et des ouvrières. Elles produisent les armements, les matériels, les denrées alimentaires qui soutiennent aussi les Alliés, y compris les Soviétiques. Une quinzaine de millions d'hommes ont été mobilisés et combattront en Europe comme en Asie. En trois ans, les États-Unis fabriquent près de 200 000 avions, 90 000 chars d'assaut, 1 200 navires de guerre, 53 millions de tonnes de marine marchande. Il faut ajouter 15 millions d'armes portatives, soit 35 % des armes utilisées contre l'Allemagne nazie et 86 % des armes utilisées contre le Japon. Comment oublier les camions, les tracteurs, les produits pharmaceutiques, les radios et les radars ? La production d'énergie électrique, la production d'acier et d'aluminium dépassent toutes les prévisions. La victoire de 1945, c'est pour une large part la victoire des forces économiques qui soutiennent les forces militaires des États-Unis, de leurs Alliés, de tous leurs Alliés. L'Amérique de 1945 ne ressemble plus à celle de 1933. Elle est devenue une superpuissance. Elle est sur le point d'acquérir l'arme atomique, une arme qu'on croyait décisive, d'une puissance encore inconnue, qui pourrait assurer la victoire sur l'ennemi d'aujourd'hui et la paix dans le monde de demain.

Roosevelt préside à ce bouleversement, à la fois économique et social. Il en est le principal responsable. Ses compatriotes en sont conscients, qui l'élisent pour la quatrième fois en 1944 à la présidence. La priorité des priorités, l'objectif primordial, c'est évidemment de gagner la guerre. Mais Roosevelt élabore une grande stratégie. Il sait qu'il lui revient de prendre les décisions qui fixeront l'issue de la guerre et dessineront la configuration de l'après-guerre. Il est le maître du jeu.

Les Américains pourront enfin définir les cadres du monde de l'après-guerre. Vingt-cinq ans plus tard, le rêve de Woodrow Wilson sera réalisé. Que reste-t-il des puissants d'hier ? La France, vaincue en 1940, ne retrouvera pas son rang. Le Japon et l'Allemagne seront reconstruits « à l'américaine ». La Chine occupera sans doute une place plus importante que celle qu'on lui attribue ici et là. Les États-Unis doivent compter avec deux puissances. La Grande-Bretagne de Winston Churchill est l'alliée privilégiée. Sans elle, pas d'après-guerre solide. L'Europe ne peut pas reprendre vie sans que les Britanniques y tiennent la place principale, d'autant que les États-Unis ne manqueront pas, une fois la victoire acquise, de rapatrier leurs forces militaires. Il n'est pas question, pourtant, de tout accepter. Le colonialisme des Britanniques, Roosevelt ne le supporte pas. L'Empire disparaîtra, un jour ou l'autre, même si Churchill en défend l'existence bec et ongles. La Grande-Bretagne est un faux troisième Grand.

Et l'Union soviétique ? Roosevelt n'éprouve aucune sympathie pour le régime stalinien - du moins jusqu'en 1942. Il constate, toutefois, que l'Armée rouge est indispensable pour défaire les armées hitlériennes. Il croit surtout que Staline évoluera. « L'Oncle Joe », comme il l'appelle familièrement, sera sensible à l'amitié du président des États-Unis. Une amitié naîtra entre les deux superpuissances. Les Russes ne domineront pas l'Europe. Il faut leur faire confiance. D'ailleurs, les États-Unis n'ont pas le choix. Ils doivent s'entendre avec l'URSS pour que l'après-guerre ne devienne pas une autre avant-guerre. Aussi vaut-il mieux éviter les frictions, les malentendus, les petites et les grandes trahisons. L'opinion américaine est encore plus optimiste. Elle croit que les Soviétiques ont construit le paradis sur Terre. La lune de miel durera jusqu'à la fin du conflit. Roosevelt, lui, déchante beaucoup plus tôt. La conférence de Yalta laisse un goût amer. Les États-Unis ne sont pas en mesure d'influer, de manière décisive, sur le sort de l'Europe centrale et orientale. L'Union soviétique dispose des forces et d'une influence, auxquelles les Américains ne peuvent faire contrepoids. Une guerre « froide » succédera, c'est évident, à la guerre traditionnelle.

Peu avant sa mort, le 14 avril 1945, il a compris que le monde de l'après-guerre mettra aux prises des forces antagonistes, des conflits idéologiques, des intérêts inéluctablement contradictoires. À Churchill il écrit : « Nous devons rester fermes. »

Roosevelt face au révisionnisme

Toutefois, Roosevelt n'a pas échappé au « révisionnisme » de ses adversaires politiques. Trois chapitres de sa politique étrangère suscitent la critique, à tout le moins des interrogations.

1. Comment faut-il interpréter le désastre de Pearl Harbor ? Voilà un épisode tragique qui ne cesse pas de fasciner. Une escadre japonaise traverse le Pacifique sans être repérée par les Américains. Six porte-avions sont entourés par deux cuirassés, deux croiseurs lourds, onze croiseurs légers, onze destroyers, trois sous-marins, huit navires ravitailleurs. À 400 kilomètres de leur objectif, quarante-neuf bombardiers, quarante avions lance-torpilles, cinquante-et-un bombardiers en piqué, quarante-trois chasseurs forment la première vague qui, le 7 décembre 1941, attaque la base américaine de Pearl Harbor, dans l'archipel d'Hawaii, à 3 500 kilomètres des côtes californiennes, à 5 500 kilomètres du Japon. Ils sont suivis par une deuxième vague de cent soixante-huit appareils. Pendant une heure et demie, ils pilonnent les cuirassés, les croiseurs, les destroyers, les

sous-marins que la base abritait. Ils détruisent les réservoirs de pétrole, les cales sèches, les ateliers. Le bilan humain est impressionnant : 2 403 morts du côté américain, 1 178 blessés. Le bilan matériel est catastrophique. Pearl Harbor, c'est l'heure de gloire de la marine japonaise.

Et les Américains n'ont rien vu venir. Ils ont, semble-t-il, été pris au dépourvu. Qui porte la responsabilité de cette imprévision ? L'armada japonaise a traversé le Pacifique sans être repérée. Les officiers supérieurs qui étaient en poste sur la base ont été incapables de réagir efficacement, une fois l'attaque déclenchée. Mais l'amiral Kimmel qui commandait en chef n'a pas manqué de soutenir qu'il n'était qu'un bouc émissaire. Les vrais responsables, soutient-il, c'est à Washington qu'il faut les chercher. Ils n'ont pas su contrecarrer les plans de la marine japonaise. Or, le service des transmissions de l'armée avait brisé le plus secret des codes diplomatiques japonais. Grâce à des machines sophistiquées, les télégrammes japonais étaient déchiffrés - mais la marine japonaise utilisait des codes spéciaux, très souvent renouvelés, que les Américains ne déchiffraient pas. Il n'empêche que les services de Washington ont relevé des indices suspects. Ils n'ont pas averti les autorités militaires de Pearl Harbor qui, de plus, n'ont pas été informées que les négociations entre le Japon et les États venaient d'être rompues. Le général Marshall, chef d'état-major de l'armée, est bien convaincu qu'une base américaine sera attaquée. Il en avertit Panama et les Philippines, plus tard seulement Pearl Harbor. Manque de coordination, trop d'informations mal interprétées, conviction que les Japonais ne sont pas capables d'une attaque contre une base si éloignée du Japon. Les services américains n'ont pas voulu croire à l'incroyable. Les conséquences de ces erreurs sont tragiques.

À moins que Roosevelt ait pratiqué une duplicité longtemps insoupçonnée. C'est l'interprétation que diffusent, après la mort du président, les révisionnistes, d'anciens isolationnistes, les déçus de l'après-guerre, tous ceux qui déplorent que les États-Unis aient combattu l'Allemagne et le Japon pour le plus grand profit de l'Union soviétique. À les croire, Roosevelt aurait poussé le Japon à faire la guerre, pour que les États-Unis justifient leur intervention dans le conflit. Il aurait pu avertir Kimmel, faire sortir la flotte en haute mer et éviter le désastre. Pourquoi a-t-il gardé le silence ? Pour plonger son pays dans la guerre, tout en sachant qu'une bonne partie de l'opinion souhaitait que les États-Unis restent en dehors du conflit. Cette dissimulation visait-elle à convaincre les derniers isolationnistes ? Pourquoi Roosevelt rompt-il les pourparlers avec les Japonais quelques heures avant Pearl Harbor ? Quand le secrétaire à la Marine annonce au président l'attaque japonaise, Roosevelt ne semble aucunement surpris ; il est plutôt résigné, voire soulagé. Désormais, il pourra faire la guerre contre l'Allemagne, qui est l'alliée du Japon. Ce qui revient à dire qu'à Pearl Harbor, c'est le sort de l'Europe qui serait en jeu. En laissant les Japonais détruire la base de Pearl Harbor, Roosevelt aurait préparé l'entrée en guerre de son pays aux côtés des Britanniques et des Soviétiques.

Mais croire à la culpabilité sournoise de Roosevelt, c'est oublier les exigences du Japon dans le Pacifique et dans l'Asie du Sud-Est, ses difficultés d'approvisionnement en pétrole et en matières premières ; c'est sous-estimer la force de l'idéologie expansionniste qui prévaut à Tokyo. Enfin, comment croire que le président des États-Unis sacrifierait sa flotte du Pacifique pour entrer dans un conflit mondial ? Ce serait une stratégie pour le moins hasardeuse, voire stupide, sinon criminelle.

Les Japonais ont, eux, tenu compte de la guerre en Europe, des succès allemands, de la défaite éventuelle des armées soviétiques. Ils attaquent les États-Unis pour satisfaire leurs ambitions. Ils sont persuadés que la situation internationale leur est favorable, qu'ils vont pouvoir enfin construire la sphère de coprospérité qui assurera leur domination en Asie et dans le Pacifique. Ils comptent sur l'appui de l'Allemagne nazie et sur la neutralité de l'Union soviétique. Roosevelt ne pouvait pas les arrêter. L'état-major américain a bien été pris au dépourvu. Les Japonais ont réussi un exploit, mais leur coup d'éclat n'est pas une victoire stratégique. Le bombardement de Pearl Harbor a inévitablement entraîné l'entrée en guerre des États-Unis, dans le Pacifique et en Europe.

Les Japonais ont décidé d'affronter un géant qui gardait les yeux tournés vers l'Europe et hésitait à entrer dans le camp des belligérants. L'histoire de notre planète en a été bouleversée.

2. Que savait-on de la Shoah à Washington et que pouvaient faire les Américains pour arrêter l'extermination des Juifs ? Voilà deux questions qu'aujourd'hui encore on ne cesse pas de poser. La réponse met en accusation Roosevelt. Oui, le président des États-Unis n'ignorait pas que des millions de Juifs étaient massacrés dans les camps d'extermination nazis. Non, il n'a rien fait pour les sauver. Une accusation terrible, une tache indélébile sur le bilan de la présidence et sur le rôle des États-Unis pendant la Seconde Guerre mondiale.

Hier comme aujourd'hui, la très grande majorité des Juifs américains votaient pour les candidats démocrates. Franklin Roosevelt pouvait compter sur leur indéfectible soutien. Ils lui étaient reconnaissants de dénoncer les crimes nazis dès l'accession au pouvoir de Hitler, et plus encore lorsque l'Europe prenait feu et flamme. Mais son administration, en particulier le département d'État, était beaucoup plus réticente. Elle ne voulait surtout pas ouvrir les portes de l'Amérique aux innombrables candidats à l'immigration. Elle mettait systématiquement des bâtons dans les roues de la présidence et ne manquait pas d'appliquer avec une rigueur coupable les lois sur l'immigration. Ni Eleanor Roosevelt, très impliquée dans la défense des opprimés, ni Franklin Roosevelt ne sont parvenus à bousculer les préjugés, les mauvaises volontés, les arrière-pensées.

Et puis, une fois entrés dans le conflit mondial, les États-Unis ont consacré toutes leurs forces, et toutes leurs pensées, à la lutte contre l'Allemagne et le Japon. Le but, c'était la victoire. En août 1942, Gerhart Riegner, délégué du Congrès juif mondial dont le siège est à Genève, fait savoir à Londres et à Washington ce que signifie « la solution finale ». Le 22 août, Roosevelt déclare au cours d'une conférence de presse : « La communication que je viens de recevoir [...] donne lieu de craindre que, la défaite approchant, le régime d'occupation ne devienne encore plus barbare et plus impitoyable et n'aille même jusqu'à l'extermination de certaines populations. » Qui sont ces populations ? Pourquoi ne pas les nommer ? Le président redoutait-il d'être accusé de faire « la guerre des Juifs » ?

Le 8 décembre, le président a reçu une délégation de Juifs américains. Roosevelt fait alors une promesse : « Nous ferons tout ce qui est en notre pouvoir pour aider votre peuple dans ces moments tragiques. » Les journaux américains et anglais publient alors des articles sur l'extermination des Juifs. Peu après, la Grande-Bretagne et les États-Unis font une déclaration commune sur les crimes de guerre... sans mentionner le martyre juif. Même silence, un an plus tard en novembre 1943, dans la déclaration commune avec l'Union soviétique, avec, toutefois, un complément sur les Juifs que Roosevelt fait ajouter en mars 1944. Protestations, interventions, manifestations n'ont aucunement secoué l'inertie.

Mais en janvier 1944, Henry Morgenthau, le secrétaire au Trésor, convainc le président qu'il est urgent de dénoncer « l'assassinat des Juifs » et de créer un Bureau des réfugiés de guerre. Il faut contrecarrer les plans nazis qui visent à « l'extermination des Juifs ». Cette initiative, il faut en souligner l'importance. Mais c'est une initiative tardive et sans effets. Que pourraient faire les États-Unis ? Ouvrir leurs frontières aux réfugiés ne sert à rien, car les Juifs qui n'ont pas été exterminés ne peuvent pas quitter l'Europe, et les services américains de l'immigration continuent de veiller attentivement sur l'application des lois. Bombarder les camps d'extermination, maintenant que l'aviation alliée peut les atteindre, que les bombardiers lourds, les chasseurs-bombardiers décollent d'Italie du Nord et atteignent Auschwitz-Birkenau ? Ce serait courir le risque de tuer les Juifs qui y sont internés. Détruire les voies ferrées qui conduisent aux camps de la mort leurs sinistres convois ? Elles sont aussitôt reconstruites – la déportation des Juifs hongrois au printemps de 1944 en témoigne. Consacrer une part de l'effort militaire à la libération des camps ? Ce serait détourner les moyens matériels des armées et retarder la victoire finale qui, elle seule, mettra fin au calvaire des Juifs. Faut-il rappeler qu'en 1944, le débarquement allié en Normandie et des combats acharnés dans le Pacifique requièrent toutes les forces humaines, tous les matériels pour vaincre l'Allemagne et le Japon ?

Somme toute, la pression des Juifs américains a été longtemps insuffisante. Ils redoutaient, à tort ou à raison, l'antisémitisme ambiant. Au sein du mouvement sioniste, ils étaient eux-mêmes divisés. Fallait-il militer en priorité pour la création d'un État d'Israël ? Quant à Roosevelt, il est le chef d'une nation en guerre, une guerre mondiale, qui doit donner la victoire aux démocraties. Rien ni personne ne saurait le distraire de la lutte contre l'ennemi en Europe et en Asie. Gagner la guerre, c'est le but unique, le but qui l'emporte sur toute autre considération. Et puis, leader politique d'une démocratie, il tient compte des composantes diverses de son électorat. Il ne veut surtout pas que le conflit mondial devienne pour les Américains « la guerre des Juifs ». Il pense vraisemblablement que les Juifs seront sauvés par la victoire sur le nazisme. À condition que, d'ici là, ils ne soient pas tous exterminés.

3. Les relations entre les États-Unis de Franklin Roosevelt et l'Union soviétique de Joseph Staline reposent sur une collaboration particulièrement ambiguë. En un mot, le président des États-Unis est accusé de naïveté et de n'avoir rien compris à la vision du monde que défendait le dictateur soviétique.

On l'a dit et répété, Roosevelt est la victime d'une grande illusion. Il croit que les États-Unis et l'Union soviétique resteront sinon des amis, du moins des alliés de bon aloi. Les armées soviétiques sont indispensables pour vaincre l'Allemagne nazie. L'URSS ne peut pas être mise de côté pour dessiner le monde de l'après-guerre, le retour de la paix, la stabilité des relations internationales. De toutes ses forces, Roosevelt veut éviter le piège dans lequel est tombé Woodrow Wilson. Dans cette perspective, il poursuit la chimère de l'amitié américano-soviétique. Les grands procès de Moscou, la guerre russo-finlandaise, la dictature stalinienne, oubliés. Les États-Unis fournissent à l'URSS une aide matérielle. À Moscou Washington propose une amitié solide, durable, fondée sur des intérêts communs. Pour Roosevelt, Staline est un brave homme que la préparation et la conduite de la guerre contre l'Allemagne de Hitler ont contraint à prendre des mesures rigoureuses. Mais ces mesures ne sont-elles que « rigoureuses » ? L'adjectif est bien faible, quand on songe à la brutalité du stalinisme, aux assassinats collectifs qui ont été commis en son nom.

La paix revenue, Staline marchera, croit-on, d'un pas décidé, vers la démocratie. Les illusions de Roosevelt ont duré moins longtemps que les illusions de l'opinion américaine. Ne sont-elles pas responsables des décisions que les Trois Grands ont prises lors de la conférence de Yalta ?

Roosevelt tient à rencontrer lui-même les chefs de la coalition. Avec Winston Churchill, les liens sont plutôt amicaux, encore que les États-Unis n'approuvent pas toutes les ambitions de l'Empire britannique. Avec Staline, une première entrevue a pour cadre Téhéran, du 28 novembre au 1er décembre 1943. La deuxième et dernière entrevue, c'est à Yalta qu'elle se tient du 4 au 11 février 1945 - deux mois avant que la mort n'emporte le président des États-Unis.

Roosevelt a souhaité cette réunion. Sans doute dès 1944, pour soutenir sa quatrième candidature à la présidence. En 1945, pour préparer le monde de l'après-guerre. Il n'a pas ménagé pas sa peine pour rencontrer Staline qui, lui, refuse de quitter le territoire soviétique. En pleine guerre, il a entrepris un voyage particulièrement difficile, encore plus difficile quand on garde à l'esprit le handicap physique de Roosevelt. Pour se rendre en Crimée, Roosevelt traverse l'Atlantique jusqu'aux Canaries. Il est ensuite hissé sur un DC 3, et son avion est accompagné par cinq chasseurs P38, à 2 000 mètres d'altitude. Il termine son périple de 12 000 kilomètres en un transport automobile de cinq heures sur les routes de Crimée. À 63 ans, alors qu'il s'affaiblit de jour en jour, il a voulu aller au-devant de Staline pour que l'après-guerre soit pacifique, pour que l'Union soviétique et les États-Unis resserrent leur alliance. Churchill a fait un voyage moins long, mais très éprouvant. Quant à Staline, il vient de Moscou, à 1 500 kilomètres, en un train spécialement aménagé ; il arrive au rendez-vous avec un jour de retard. Des détails pour l'Histoire, mais combien révélateurs des intentions des uns et des autres.

Au terme de négociations ininterrompues, Roosevelt obtient que l'URSS signe une déclaration sur l'Europe libérée. Les frontières de la Pologne seront déplacées vers l'ouest, au bénéfice de l'URSS, mais en principe des élections libres détermineront le régime politique. L'URSS adhérera à l'Organisation des Nations unies, cette formule nouvelle de la Société des Nations. C'est peut-être à quoi tient le plus le successeur de Wilson. En contrepartie, l'URSS obtiendra deux autres sièges (pour la Biélorussie et l'Ukraine) dans l'assemblée générale. Ses troupes combattront les Japonais, après des années de neutralité, trois mois après la capitulation des armées allemandes. Les États baltes ne recouvreront pas leur indépendance. L'Allemagne sera divisée en zones d'occupation - en quatre zones, puisque la France occupera une zone prise sur les deux zones anglo-américaines.

Ce n'est pas le partage du monde, contrairement à la légende. Ce n'est pas non plus la soumission de Roosevelt aux volontés de Staline, si l'on se souvient que l'Armée rouge est alors à 60 kilomètres de Berlin et qu'elle a libéré la quasi-totalité de l'Europe centrale et orientale. Roosevelt sait ce qu'il fait. Son état physique ne l'empêche pas de participer pleinement aux négociations. Il fait ce qu'il peut, compte tenu de la situation militaire en Europe et en Extrême-Orient. Une fois de plus, Roosevelt défend un wilsonisme frappé au coin du réalisme. La déclaration sur l'Europe libérée, la confirmation de la charte de l'Atlantique et de la déclaration des Nations unies, c'est, pensent les Américains, le témoignage de « leur détermination à bâtir, en coopération avec d'autres nations pacifiques, un ordre mondial régi par la loi, dédié à la paix, à la sécurité, à la liberté et au bien-être général de toute l'humanité ». Wilson aurait applaudi des deux mains. Mais qu'en pense Staline qui, lui, ambitionne de dominer l'Europe centrale et orientale, peut-être encore d'imposer au monde la pensée marxiste et surtout la domination soviétique ?

À son retour aux États-Unis, Roosevelt a bien compris que l'entente avec l'URSS est très fragile et le restera. Il nourrit peu d'illusions. L'après-guerre n'instaurera pas la paix éternelle et universelle. Il faudra que les démocraties résistent aux ambitions de l'Union soviétique. Peut-être l'arme atomique, que les Américains sont sur le point de tester, fera-t-elle peur et servira-t-elle paradoxalement à construire un monde apaisé. Quoi qu'il en soit, de Pearl Harbor à Alamogordo, Roosevelt a fait franchir à son pays une incommensurable distance. Les événements de 1944 et 1945 ont dissipé les illusions de 1942. Roosevelt n'était pas un rêveur.

13

Les Rosenberg, des « espions atomiques » ?

New York, le 17 juillet 1950, à 20 heures. Des agents du FBI pénètrent dans l'appartement de Julius et Ethel Rosenberg. Michael, l'aîné des deux enfants, écoute un feuilleton à la radio. Robby, le plus jeune, dort. Leurs parents vaquent à leurs occupations quotidiennes. Les policiers perquisitionnent sans ménagement les chambres et la salle de séjour. Ils vident les tiroirs. Ils s'emparent des photos de famille, d'une montre en or, du chéquier, de la déclaration des revenus, de la machine à écrire et des certificats de naissance. « Avez-vous un mandat d'arrêt ? » crie Ethel. Réponse brutale : Mme Rosenberg ferait mieux « de se tenir tranquille et de rester dans la chambre avec [ses] enfants ». Menottes aux poignets, Julius est emmené dans les locaux du FBI. Là, il apprend qu'on l'accuse d'avoir espionné en faveur de l'Union soviétique. Pour recouvrer la liberté provisoire, il devrait verser une caution de 100 000 dollars. L'affaire Rosenberg vient de commencer, comme un roman de série noire.

L'enquête du FBI

Julius clame son innocence. Ethel convoque chez elle des journalistes et des photographes. Elle les reçoit dans sa cuisine, devant son évier, le torchon à la main. « Avez-vous jamais soupçonné les activités subversives de votre mari ? » lui demande-t-on. « Jamais au cours de mes onze années de mariage. » « Avez-vous assisté à des réunions communistes ou signé des pétitions communistes ? » « Aucun de nous deux n'a été communiste. » Non, elle n'a jamais voté pour un candidat communiste. Non, son mari n'est pas coupable. Julius Rosenberg, un « espion atomique » (pour reprendre les titres des journaux) ? C'est une fable.

Elle répètera ses propos aux jurés de la chambre d'accusation, le *grand jury* devant lequel elle comparaît le 7 août. Elle reconnaît, toutefois, qu'elle a signé une pétition en faveur d'un candidat communiste. Ce n'est pas un crime, mais une contradiction avec ses propos antérieurs. Le 11 août, nouvelle convocation devant le *grand jury*. Mêmes questions, mêmes réponses. À la sortie de l'audition, elle est arrêtée à son tour par deux agents du FBI. Elle aussi est accusée d'avoir espionné. Elle aussi est soumise à une caution de 100 000 dollars. Elle n'a pas eu le temps de prendre les dispositions nécessaires pour assurer la garde de ses fils. Des bureaux du FBI, elle les appelle au téléphone. À Michael qui vient d'avoir 7 ans, elle annonce la nouvelle : « Tu te souviens de ce qui est arrivé à papa ? » Les époux Rosenberg ne seront plus jamais relâchés.

Leur arrestation résulte d'un vaste coup de filet, décidé par le directeur du FBI, J. Edgar Hoover. Le 3 février 1950, Klaus Fuchs vient, en effet, d'avouer au MI5, l'agence du contre-espionnage britannique, qu'il espionne pour l'Union soviétique depuis une décennie. Fuchs est un physicien atomiste d'origine allemande. Il a quitté l'Allemagne nazie en 1933, soutenu sa thèse de doctorat à Bristol et enseigné à l'université de Birmingham. Naturalisé britannique en 1942, il fait partie de la délégation scientifique que la Grande-Bretagne a dépêchée aux États-Unis pour mener à bien les recherches sur la bombe atomique. À New York d'abord, à Los Alamos (Nouveau-Mexique) ensuite, Fuchs accède aux secrets les plus jalousement gardés. Il côtoie des physiciens de réputation mondiale comme Robert Oppenheimer, Edward Teller, Leo Szilard, Enrico Fermi et Niels Bohr. À tous il inspire la confiance la plus totale. Personne ne s'étonne, bien au contraire, qu'il soit présent à Alamogordo, le 16 juillet 1945, lorsque la première bombe atomique est expérimentée. Toutes les enquêtes de sécurité lui ont décerné des brevets de patriotisme. Après la fin de la guerre, Fuchs retourne en Angleterre. Ses collègues éprouvent à son égard respect et admiration. Il entrera sans doute à la Royal Society, pense-t-on. Il occupera, bien évidemment, la chaire la plus prestigieuse de physique mathématique. Il poursuivra - comment en serait-il autrement ? - une brillante carrière en Grande-Bretagne et dans le reste du monde.

Or, en 1949, le FBI apprend que Fuchs transmettait à Moscou des informations sur les recherches de Los Alamos. Le MI5 est alerté. Pressé de questions, Fuchs ne tarde pas à « craquer ». Oui, il fait partie d'un réseau. Quels sont ses contacts aux États-Unis ? Fuchs donne le nom de « Raymond », un courrier qui maintenait la liaison avec les services soviétiques. Le FBI parvient à résoudre l'énigme. « Raymond », c'est Harry Gold qui reconnaît les faits le 23 mai 1950. Hoover veut aller plus loin. L'opinion publique exige qu'on lui révèle tous les détails. Elle attend qu'on lui livre les secrets de l'espionnage atomique aux États-Unis. Elle demande que le FBI soit à la hauteur de sa mission. C'est pourquoi Gold est interrogé sans relâche. Il ne tarde pas à parler. Il parle de Fuchs, de deux « contacts », « d'un soldat marié, sans enfants » qu'il a rencontré à Albuquerque en 1945 et qui lui a livré des informations sur les recherches de Los Alamos. Le FBI consulte sa collection de photos des soldats qui ont été stationnés dans la cité des savants et qui sont impliqués dans le vol de petites quantités d'uranium. Sur l'une de ces photos, Gold reconnaît David Greenglass.

Le 15 juin, Greenglass est convoqué dans les bureaux du FBI. Il admet immédiatement qu'il a été stationné à Los Alamos. Il a transmis des informations à Gold. Il a aussi renseigné son beau-frère, Julius Rosenberg, avec la complicité de sa femme, Ruth. Hoover et le FBI auraient-ils mis la main sur un véritable et dangereux réseau ? Le lendemain, le FBI interroge Rosenberg, qui nie avec vigueur. Il n'a rien demandé à David. David ment. À peine a-t-il quitté les bureaux du FBI, Rosenberg prend un avocat, Me Emanuel Bloch. L'avocat et son client conviennent d'une tactique : si le FBI pose des questions sur les convictions politiques de Rosenberg, Julius refusera de répondre. Il invoquera le cinquième amendement à la Constitution qui dispose que « nul ne sera tenu de témoigner contre lui-même dans une affaire criminelle ». C'est le temps du maccarthysme qui crée l'angoisse dans l'opinion américaine et voit partout des communistes. Il vaut mieux ne pas trop parler. Mais ne pas répondre aux questions, n'est-ce pas laisser croire qu'on cache quelque chose, en un mot qu'on est coupable ?

Julius sait qu'il est surveillé. Il sait aussi que son beau-frère continue d'être interrogé et pourrait bien livrer d'autres révélations. L'étau se resserre. De son côté, Hoover perd patience. Il constate que des amis de Rosenberg et de Greenglass quittent précipitamment les États-Unis et vont se réfugier à l'étranger, notamment au Mexique. Hoover craint qu'Irving Saypol, le procureur fédéral du district de New York, se saisisse de l'affaire et qu'il annonce, avant le directeur du FBI, la découverte d'un réseau d'espionnage. Saypol priverait alors Hoover de tirer un bénéfice politique du coup de filet. Hoover prend les devants. Il fait arrêter Rosenberg à la mi-juillet. Et pour démontrer son efficacité, le FBI ordonne l'enlèvement au Mexique de Morton Sobell, un proche des Rosenberg, qui a pris la fuite et que le FBI accuse, lui aussi, d'avoir espionné au profit des Soviétiques. Sobell est inculpé le 18 août, une semaine après Ethel.

Le procès

Commence alors l'instruction du procès des Rosenberg et du procès de Sobell. Pendant cette période de sept mois, les « espions atomiques » ne font pas les gros titres de la presse. Le FBI travaille avec discrétion, acharnement et minutie. De son côté, Saypol affûte son réquisitoire. Les avocats de la défense mettent au point, chacun de son côté, leur stratégie et leurs plaidoiries. Le procès s'ouvre à New York devant le tribunal fédéral, le 6 mars 1951. Il dure trois semaines. Les débats sont présidés par le juge Irving Kaufman.

On découvre alors la personnalité des accusés. Les Rosenberg sont des Juifs de New York. Ils appartiennent à un milieu modeste. Leur appartement dans le Lower East Side compte trois petites pièces ; le loyer est de 51 dollars, « une somme astronomique », précise Julius. En dix ans, Ethel a dépensé en tout et pour tout 300 dollars pour ses vêtements. S'ils ont transmis des informations à l'URSS, ils n'ont pas fait fortune ; leurs motivations n'ont rien à voir avec l'argent. Malgré ses moyens plus que limités, Julius a suivi des études d'électricité au City College. Il a obtenu un diplôme d'ingénieur. Comme la nature lui a donné une fort belle voix, Ethel aurait aimé devenir cantatrice ou actrice. Elle a dû se contenter d'apprendre la sténodactylographie. L'un et l'autre sont des parents attentionnés, qui adorent leurs enfants.

La vie, toutefois, leur a réservé de mauvaises surprises. La crise économique des années trente est une longue épreuve. Depuis l'automne de 1940, Julius travaille dans le service des transmissions de l'armée. Il y devient inspecteur des ingénieurs. Mais au début de 1945, l'armée le licencie au motif qu'il a adhéré au parti communiste six ans auparavant et qu'il n'en a pas fait état. Il trouve alors un emploi dans le domaine de la radiophonie. Il gagne de l'argent ; puis, l'entreprise bat de l'aile et Julius se retrouve au chômage. En 1946, il s'associe avec son beau-frère, David Greenglass, et l'un de ses voisins pour créer une entreprise de mécanique. Les affaires vont mal. Greenglass et Rosenberg ne s'entendent pas. Les disputes sont fréquentes entre les deux hommes, entre les deux épouses, entre les deux familles. L'argent manque. En 1950, Julius rachète les parts de David pour 1 000 dollars - qu'il ne possèdent même pas. De son côté, Ethel est de santé précaire. Elle souffre du dos. Elle suit une psychothérapie. Bref, une vie banale, médiocre ; une famille comme des millions d'autres ; des individus sans relief qui passent inaperçus dans la foule de New York.

Si l'on s'en tient au compte rendu du procès, les opinions politiques des Rosenberg sont enveloppées d'un épais mystère. Julius défend sans réserve la Constitution et la Déclaration des droits qui la complète. Il est prêt à se battre pour les États-Unis. « Je pense, ajoute-t-il, que le gouvernement soviétique a amélioré le sort des opprimés et fait de nombreux progrès pour éliminer l'analphabétisme. Il a beaucoup reconstruit et créé de nouvelles ressources. Je pense également qu'ils ont énormément contribué à détruire la bête hitlérienne, qui a tué six millions de mes coreligionnaires et cela me tient beaucoup à cœur. » Hier comme aujourd'hui, ces propos sont fort discutables. Ils témoignent de la naïveté de Julius ou d'une regrettable désinformation. Pourquoi cette référence à l'extermination des Juifs qu'on n'appelait pas encore la Shoah ? Les Rosenberg sont juifs, comme plusieurs accusés, comme les avocats, comme le procureur fédéral et le président du tribunal. On n'oubliera pas que, déjà en 1951, New York est la plus grande ville juive dans le monde.

De son côté, Ethel pourrait aisément apitoyer le jury. Elle est à la fois une épouse dévouée, une mère que la prison a séparée de ses enfants, une sœur accusée par son frère qui a avoué ses activités d'espion. Elle semble, pourtant, présenter à ses interlocuteurs un tout autre personnage, distant, froid, vaguement méprisant, voire autoritaire. Elle aussi invoque le cinquième amendement. Elle tâche de confirmer le témoignage de son mari. Elle s'embrouille dans ses explications. Serait-elle une espionne de haute volée, la Mata Hari de l'après-guerre ? Certainement non. Ethel Rosenberg ressemble, trait pour trait, à une Américaine moyenne de 36 ans, fille d'immigrés pauvres. Ce n'est pas une *passionaria*.

À mesure que le procès avance, les charges qui pèsent sur les époux Rosenberg s'alourdissent. Les témoins défilent à la barre. Voici David et Ruth Greenglass, Max Elitcher qui fut un compagnon d'études de Julius et reste l'un de ses amis, Harry Gold, puis des experts scientifiques, enfin la redoutable Elizabeth Bentley, *la reine espionne rouge*, une communiste repentie, qui dans tous les procès témoigne contre des communistes. Les uns après les autres, ils renforcent l'accusation. Oui, à la fin de 1944, Rosenberg a demandé à son beau-frère de lui transmettre des informations sur les activités de Los Alamos. Il les a fait taper à la machine par Ethel, les a envoyées à ses honorables correspondants, parmi lesquels le consul soviétique Anatoli Yakovlev. Oui, Rosenberg, a dirigé un réseau d'espionnage, puisqu'il a donné à Greenglass un signe de reconnaissance, la moitié du couvercle en carton d'une boîte de Jell-O (une gélatine sucrée) pour entrer en contact avec Gold. Oui, certains des renseignements transmis par Rosenberg, comme le croquis des lentilles à implosion de type sphérique, constituent *le secret de la bombe atomique*. Voilà qui explique, dit-on, les progrès étonnants de la science soviétique.

Rosenberg réfute, tant bien que mal, ces accusations. Mais la défense commet trois erreurs. Emanuel Bloch ne conteste pas l'accusation d'espionnage qui pèse sur Gold et Greenglass. Il reconnaît que l'un et l'autre ont fait ce dont on les accuse. La défense ne parvient pas à affaiblir, moins encore à démolir les dépositions des témoins à charge. Un photographe révèle, par exemple, qu'en mai-juin 1950, les Rosenberg ont commandé des photos d'identité, sans doute pour les apposer sur leurs passeports, donc pour prendre le large après le premier interrogatoire de Julius et avant son arrestation. Ni les avocats ni les accusés ne parviennent à donner une explication crédible. Enfin, le recours systématique de Julius et d'Ethel au cinquième amendement provoque un malaise, quand ce n'est pas un doute sur leur sincérité.

Le 28 mars à 16 h 43, le jury se retire pour délibérer. Suivant le droit américain, aucun magistrat ne siège aux côtés des douze jurés. Leur mission est de prononcer, à l'unanimité, la culpabilité ou l'innocence. Au juge qui préside les débats de fixer la peine. La délibération prend fin le 29 mars à 11 heures. Le jury déclare coupables Sobell et les Rosenberg. Le 5 avril, dernier réquisitoire et dernières plaidoiries à propos de la peine qui sera infligée aux condamnés. Puis, le juge Kaufman rend son verdict :

> Votre crime est pire qu'un meurtre. En commettant un meurtre, le criminel ne tue que sa victime. La proche famille est accablée par le chagrin et, lorsque justice est faite, le chapitre est clos. Mais dans votre cas, en plaçant dans les mains des Russes la bombe A, des années avant que, selon nos meilleurs savants, la Russie puisse perfectionner la bombe, vous avez par votre conduite [...] provoqué l'agression communiste en Corée, et la mort de plus de 50 000 personnes. Qui sait si des millions d'autres innocents ne paieront pas le prix de votre trahison. À la vérité [...], vous avez sans doute changé le cours de l'Histoire aux dépens de notre pays. [...] Il est évident que Julius Rosenberg a été le moteur de la conspiration. Mais que l'on ne se trompe pas sur le rôle que sa femme, Ethel Rosenberg, a tenu dans la conspiration ! Elle ne l'a pas détourné de poursuivre son ignoble besogne : elle l'a encouragé et aidé. Elle était une femme mûre, de trois ans ou presque son aînée, de sept ans ou presque plus âgée que son frère. Elle a été à part entière une partenaire du crime.

Et Kaufman continue implacablement :

> Les accusés Julius et Ethel Rosenberg ont mis leur dévouement à leur cause au-dessus de leur sécurité personnelle. Ils savaient qu'ils sacrifiaient leurs propres enfants, si leurs forfaits venaient à être découverts. Cela ne les a pas détournés de leur route. L'amour pour leur cause a dominé leur vie ; il a surpassé l'amour pour leurs enfants. [...] Pour le crime dont

vous avez été reconnus coupables, la Cour vous condamne à la peine capitale.

Quant à Morton Sobell, il est condamné à trente ans de prison pour complicité. Le procès est terminé. L'affaire commence.

Le débat public

Personne ne conteste alors la sentence, sauf le *Daily Worker*, l'organe du parti communiste américain, qui, le 6 avril, s'insurge contre la peine de mort, pas contre la culpabilité des Rosenberg. Le silence sur l'affaire règne aux États-Unis comme à l'étranger. Les avocats de la défense déposent des recours auprès de la cour d'appel, puis auprès de la Cour suprême. Ils implorent la grâce présidentielle. Ils recommencent leurs démarches, dès qu'un fait nouveau redonne l'espoir. C'est le long cheminement de la justice américaine. Emanuel Bloch poursuit le combat sans aucun soutien politique, dans l'indifférence générale. Pourtant, au début de l'été, il parvient à convaincre les journalistes du *National Guardian*, un hebdomadaire progressiste, de l'innocence de ses clients. Le 15 août 1951, paraît un éditorial qui a pour titre « La condamnation des Rosenberg. S'agit-il de l'affaire Dreyfus dans l'Amérique de la guerre froide ? » Suit une enquête qui emplira les colonnes de sept numéros successifs. Voilà qui éveille la curiosité de quelques-uns sur les bizarreries du procès. Pas de révélations. Toujours peu d'intérêt dans l'opinion pour une affaire, relativement obscure, et pour des condamnés sans relief.

En novembre est créé un Comité de défense des Rosenberg. Il publie son premier appel en janvier 1952. Il soutient que les Rosenberg sont innocents, que le procès s'est déroulé dans des conditions détestables, qu'il faut le recommencer. Le comité accueille à bras ouverts celles et ceux qui partagent cette conviction, qui éprouvent de la sympathie pour les condamnés parce qu'ils sont juifs, qui combattent en toutes circonstances les menaces qui pèseraient sur les libertés publiques et individuelles, qui militent contre la peine de mort. Une minorité. Le comité réunit à New York, en avril 1952, quatre-vingt-cinq sympathisants, mais une pétition en faveur des Rosenberg recueille, malgré tout, 85 000 signatures. En vain. La Cour d'appel refuse de réviser le procès. Quant au président Harry Truman, pourquoi gracierait-il les condamnés, puisque les autorités judiciaires ne le demandent pas ?

Soudain, en novembre et décembre 1952, les adhésions au comité se multiplient. L'argent afflue. Des comités surgissent en Angleterre, en France, en Autriche, en Allemagne, en Israël, en Suisse, en Australie, en Nouvelle-Zélande, dans les démocraties dites populaires. Le monde découvre les Rosenberg. Il prend fait et cause pour eux. Ils sont innocents, c'est certain. L'Amérique est coupable, c'est aussi certain. Que se passe-t-il ? Les communistes sont entrés en campagne. Leurs motivations ne laissent aucun doute. Un procès retentissant vient de commencer en Tchécoslovaquie. Il aboutira, dans les premiers jours décembre, à la condamnation à mort et à l'exécution immédiate de Rudolf Slansky et de quelques autres. Les condamnés sont accusés de cosmopolitisme. Ils sont presque tous juifs. Comme le sont, peu de semaines après, les médecins qui auraient fomenté « le complot des blouses blanches » pour assassiner Staline. Bien sûr, personne au-delà du Rideau de fer ne parle d'antisémitisme. L'hostilité aux Juifs est impensable, assure-t-on, dans un régime marxiste-léniniste. En revanche, il faut combattre l'affreux capitalisme qui règne aux États-Unis. Il faut aussi combattre le sionisme. Surtout, depuis que l'Union soviétique a rompu avec l'État d'Israël. Car le sionisme n'est qu'un avatar de l'impérialisme américain, du colonialisme et de l'exploitation de l'homme par l'homme. Les communistes français sont chargés de mener le mouvement. C'est dans cette optique que Jacques Duclos, l'un des dirigeants du parti communiste français, apporte dans *L'Humanité* une précision fort utile : « La condamnation des espions atomiques Julius et Ethel Rosenberg est un exemple d'antisémitisme, tandis que l'exécution de huit Juifs en Tchécoslovaquie la semaine dernière n'en est pas un. » Une révélation indispensable. Une affirmation qui laisse pantois.

Dès lors, la France et son puissant parti communiste prennent la tête de la croisade. Howard Fast, un romancier américain, juif et communiste, donne le ton dans un article que publie *L'Humanité*. Les Rosenberg, écrit-il, sont des « boucs émissaires ». S'ils sont exécutés, ce sera « un meurtre rituel ». Les mots ont leur importance. Ils renvoient aux violences passées de l'antijudaïsme, les violences du Moyen Âge et des Temps modernes. Pour Fast, les États-Unis sont, aussi et surtout, les héritiers du tsarisme d'hier.

Le MRAP (Mouvement contre le racisme, l'antisémitisme et pour la paix), proche du parti communiste, et le Comité pour la défense des Rosenberg servent de relais. Ils mettent sur pied un grand meeting, en janvier 1953, au Vél' d'Hiv, un lieu hautement symbolique, onze ans après la rafle de 13 000 Juifs à Paris, huit ans après la libération d'Auschwitz. Une brochure, tirée à 30 000 exemplaires, a pour titre « Une nouvelle affaire Dreyfus - l'affaire Rosenberg ». Rappelle-t-on que le juge Kaufman, que le procureur fédéral et son principal assistant, Roy Cohn, sont eux-mêmes juifs ? Peu importe. Si l'on en croit les nouveaux défenseurs des Rosenberg, l'intransigeance, le patriotisme borné des Américains confirme que les États-Unis vivent à l'heure de l'antisémitisme. Les Américains ont peur. Ils croient découvrir, partout, des espions juifs, des traîtres communistes. Ils pataugent dans l'obsession. Les États-Unis sont les dignes successeurs de l'Allemagne nazie.

Les autres quotidiens français, les hebdomadaires et les périodiques emboîtent le pas. Sans approfondir leurs enquêtes. Ils croient bien faire en posant des questions à la justice américaine, en dénonçant ce qu'ils considèrent comme les obscurités de la procédure, en lançant des appels à la clémence. Ils font, inconsciemment ou non, le jeu du communisme. Lorsque le nouveau président des États-Unis, Dwight Eisenhower, rejette la demande de grâce le 11 février 1953, la colère éclate. Désormais, c'est certain, les États-Unis n'ont plus rien à envier aux régimes les plus sanguinaires. La bonne justice est à l'est de l'Europe. La tyrannie, le pire des obscurantismes, de l'autre côté de l'Atlantique. Dans *France Observateur* du 19 février 1953, Claude Bourdet, un résistant de la première heure, un journaliste de talent, n'hésite pas à écrire :

> [Les Rosenberg] sont offerts par un peuple en holocauste au mythe de la haine, comme d'autres malheureux Juifs aussi ont été ou vont être sacrifiés au mythe identique et contraire en vigueur dans l'autre moitié du monde. Ici et là, l'antisémitisme n'est peut-être pas une raison, mais une circonstance, un accessoire du crime d'État : il est certain que si les victimes n'avaient pas été juives, elles s'en seraient mieux tirées.

D'autres arguments, plus rationnels, sont avancés. Les preuves de la culpabilité des Rosenberg ne sont pas convaincantes. Les condamnés doivent bénéficier du doute et surtout ne méritent pas la peine de mort. Dans les colonnes du *Figaro*, Thierry Maulnier puis Rémy Roure expriment l'idée que les États-Unis commettraient une faute grave s'ils faisaient des Rosenberg des martyrs. Les communistes, argumente Maulnier, savent qu'ils n'ont pas les moyens de contraindre le président des États-Unis. Ils souhaitent, au contraire, le forcer à refuser la grâce. *Le Populaire*, l'organe du parti socialiste, renchérit : « En rejetant la demande de grâce des époux Rosenberg, Eisenhower a fourni deux martyrs de plus à la propagande stalinienne. » Les appels affluent de tous les milieux. Le pape Pie XII fait savoir, par deux fois, qu'il souhaite intercéder en faveur des Rosenberg. De semaine en semaine, les personnalités du monde politique, religieux, culturel qui demandent que les Rosenberg ne soient pas exécutés sont de plus en plus nombreuses. Les pétitionnaires viennent désormais de tous les milieux, de toutes les sensibilités. Ils ne contestent pas la culpabilité des Rosenberg. Ils sont hostiles à la peine de mort, et plus encore à l'emploi de la chaise électrique.

L'exécution des Rosenberg

Chacune des démarches judiciaires est désormais suivie avec attention. Le juge a fixé au 9 mars 1953 la nouvelle date de l'exécution, mais la cour d'appel impose un délai pour que la Cour suprême se prononce encore une fois. Le 25 mai, la Cour suprême refuse qu'un nouveau procès soit instruit. L'execution doit avoir lieu le 15 juin. Six jours auparavant, la cour d'appel accepte d'entendre Me Bloch et rejette, le 11, une demande de sursis. Confirmation de la Cour suprême. Le 16 juin, en l'absence de ses collègues, le juge William Douglas accorde un sursis. Réunie en urgence, la Cour suprême invalide la décision de Douglas. Le 19 juin, le président Eisenhower refuse, une seconde fois, de gracier les condamnés. Dans la soirée, Julius et Ethel sont exécutés.

Ces rebondissements, l'incertitude, l'espoir et la désillusion, « le supplice par l'espérance » suscitent, partout dans le monde, de vives protestations. De France, 80 000 cartes postales sont expédiées à la Maison-Blanche. Une manifestation rassemble plusieurs milliers de personnes sur la place de la Concorde. La presse accorde une place grandissante à l'affaire et continue de diffuser les arguments qui plaident contre l'exécution. Des lettres échangées en prison entre Julius et Ethel, éditées avec soin, paraissent chez Gallimard. Elles visent à montrer que les Rosenberg sont des Américains ordinaires et qu'ils sont innocents, qu'ils ne sont que des victimes de la chasse aux sorcières. Elles remportent un grand succès de librairie.

Au lendemain de la mort des Rosenberg, l'antiaméricanisme bat son plein, au point que l'ambassadeur des États-Unis à Paris s'en inquiète. Les services d'information de l'ambassade font de leur mieux pour expliquer ce qu'a été l'affaire, comment la justice américaine fonctionne, les preuves qui démontrent que les Rosenberg sont coupables. Peine perdue ! *L'Humanité* publie une caricature qui montre Eisenhower souriant de toutes ses dents, chaque dent remplacée par une chaise électrique. Les autres journaux de la presse parisienne dénoncent, à leur tour, la condamnation, les procédures, « les pharisiens de la chaise électrique ». Jean-Paul Sartre pousse l'antiaméricanisme jusqu'à son terme ultime. Tous les Américains, écrit-il dans *Libération* du 22 juin 1953, portent une responsabilité. Ils ne sont pas dignes de conduire le monde occidental : « Attention, l'Amérique a la rage. Tranchons tous les liens qui nous rattachent à elle, sinon nous serons à notre tour mordus et enragés. »

Trois quarts de siècle plus tard, que conclure ? Les Rosenberg étaient-ils coupables ou innocents ? Les règles de la procédure judiciaire ont été respectées. Devant un jury normalement constitué, des débats publics et contradictoires ont permis aux accusés et aux accusateurs d'exprimer leurs points de vue. Me Emanuel Bloch a, d'ailleurs, rendu hommage au tribunal. La défense a saisi la justice fédérale comme il se doit, aux différents niveaux. La cour d'appel et la Cour suprême se sont prononcées à plusieurs reprises. Le président des États-Unis n'a pas manqué de rappeler que « les Rosenberg ont bénéficié de toutes les garanties que la justice américaine peut assurer [...], que leur procès et la longue série d'appels constituent la mesure de justice la plus complète et le processus légal le plus convenable ». Or, poursuit Eisenhower, « au cours des innombrables complications et des multiples aspects techniques de cette affaire, aucun juge n'a jamais exprimé aucun doute quant au fait que les Rosenberg aient commis des actes d'espionnage de la plus extrême gravité ». Cette conviction, l'immense majorité des Américains la partage.

Mais comment oublier que le maccarthysme sévit alors aux États-Unis ? La chasse aux sorcières « rouges » a commencé dès 1946. Elle continue jusqu'au milieu des années 1950. La première expérience atomique des Soviétiques en août 1949, la victoire de Mao Tsé Toung en Chine, le déclenchement de la guerre de Corée en juin 1950, les périls et les crises de la guerre froide ne font qu'accroître les peurs et les fantasmes. Dans cette atmosphère, un procès parfaitement serein est impossible. Il ne fait aucun doute que les juges, à quelque niveau que ce soit, n'ont pas conspiré contre le droit. Ils n'ont pas décidé, tous ensemble, de bafouer les fondements de la justice. Peut-être sont-ils sensibles à l'air du temps. Auraient-ils montré la même détermination dix ans plus tôt ou dix ans plus tard ? Certainement non.

Reste une question, fondamentale elle aussi. Les Rosenberg étaient-ils coupables ? Julius a menti à plusieurs reprises. Il a caché son appartenance à des organisations communistes. Il a pris soin, avant et pendant le procès, de s'abriter derrière le cinquième amendement qui, rappelons-le, protège et crée le soupçon. Ce qui est troublant n'est pas qu'il ait milité dans les rangs communistes. C'est qu'il ait nié ses activités politiques. C'est aussi qu'il ait cessé de militer au début des années 1940, à la différence de ses amis, de David et de Ruth Greenglass – comme s'il cherchait à passer inaperçu, à se créer une nouvelle virginité. À son beau-frère, il dit alors qu'il a « mieux à faire », que ses contacts lui « ouvrent de nouvelles perspectives ». Un ancien dirigeant du *Daily Worker*, le quotidien communiste, témoigne : « L'abonnement des Rosenberg à notre journal a été résilié, et leur nom a disparu des listes. L'ordre d'effacer toute trace de leur présence au Parti est venu de très haut, du comité central. » Et l'ancien rédacteur en chef du quotidien communiste de préciser : « Tout militant qui commençait à espionner au profit de l'URSS rompait immédiatement avec le Parti. C'était, cependant, un phénomène assez rare. Pour l'essentiel, les Russes recrutaient leurs espions en dehors du Parti. »

Les derniers moments

Les convictions de Julius sont à la fois simples et solides. En 1950, il croit dur comme fer que les États-Unis vont tomber dans le fascisme, que la troisième guerre mondiale éclatera bientôt, que l'Amérique finira par devenir une république soviétique, qu'il sera libéré après quatre ou cinq ans d'emprisonnement. Il faut tenir bon.

Ethel partage les convictions de son mari. De sa prison, elle écrit : « Attendez et tremblez, maîtres d'aujourd'hui. Vous paierez vos infamies. L'orage monte et vous n'aurez pas le temps de fuir. » Ce qui ne signifie pas qu'elle ne souffre pas d'être séparée de ses enfants et de son mari, qu'elle ne subit pas les douleurs de l'enfermement et de la condamnation à mort. Mais l'un et l'autre, en bons communistes, ne veulent pas nuire au Parti, donc ne veulent pas avouer quoi que ce soit. Ils attendent leur salut d'un mouvement populaire, d'une protestation mondiale à laquelle la justice américaine ne pourra pas résister. Leur obstination repose sur d'inébranlables certitudes.

Le FBI savait en 1951 que Julius s'était confié à un camarade de prison. L'homme transmettait ses conversations aux policiers. Julius lui a dit qu'il s'apprêtait à fuir en juillet 1950, lorsque les agents du FBI sont venus l'arrêter. Hoover et ses subordonnés ont ainsi acquis la confirmation que Rosenberg occupait une place primordiale dans les réseaux d'espionnage de l'URSS. S'il craquait, il livrerait les noms de ses complices. C'est dans ce but que le FBI a décidé d'arrêter Ethel et l'a fait condamner. Le FBI a élaboré et appliqué une stratégie hasardeuse, qui n'a pas donné les résultats espérés. Jusqu'au dernier moment, y compris dans la chambre d'exécution, les Rosenberg pouvaient avouer. Des questions précises leur seraient alors posées. Leur peine serait immédiatement commuée. Une seule question concernerait Ethel : était-elle au courant des activités de son mari ? Pour le Bureau, en effet, Ethel n'est pas coupable. Elle sert de « levier » pour obtenir les aveux de Julius. Apprenant la mort des deux condamnés, un agent du FBI a fait cette remarque : « Nous ne voulions pas qu'ils meurent. Nous voulions qu'ils parlent. »

Est-ce à dire que Julius n'a pas transmis des secrets qui touchent à la fabrication de la bombe atomique ? Les mémoires de l'ancien cadre du KGB Pavel Soudoplatov, parus en 1994, apportent beaucoup de renseignements. Les Soviétiques ont recueilli une masse d'informations sur les recherches atomiques aux États-Unis. Non pas de Julius Rosenberg, mais d'une cohorte de physiciens de grand talent comme Robert Oppenheimer, Niels Bohr et Enrico Fermi. Ces savants n'espionnaient pas au profit de l'URSS. Ils collaboraient, en temps de guerre, avec l'alliée des États-Unis. Ils souhaitaient, pour préparer et conforter la paix de demain, que les secrets atomiques fussent partagés. Les Rosenberg n'appartenaient pas à la catégorie des « sources importantes ». « Il me vint à l'esprit, écrit Soudoplatov, qu'ils avaient peut-être été mêlés à quelque opération de nos services, mais ils n'avaient tenu aucun rôle important dans mes réseaux s'occupant de l'énergie atomique. » Peut-être, mais selon certains experts, le croquis qu'a transmis David Greenglass ne manque pas d'intérêt pour les Soviétiques. La preuve, c'est que la commission de l'énergie atomique jugeait en 1951 que les inculpés avaient sans doute livré à leurs « correspondants » les principes fondamentaux de la bombe atomique.

Il n'empêche que les Rosenberg n'auraient pas dû être exécutés. Klaus Fuchs a subi neuf ans d'emprisonnement, mais il a fini ses jours en République démocratique allemande, comblé d'honneurs par le régime communiste. David Greenglass a été libéré après dix ans de réclusion ; Morton Sobell, après dix-neuf ans. Plus encore que son époux, Ethel aurait dû échapper à la chaise électrique. Le FBI savait qu'elle était innocente, au pire qu'elle était vaguement complice. L'un et l'autre ont été les victimes d'une vaste opération politique qui les a dépassés. Le mouvement communiste réclamait des martyrs pour dissimuler les crimes qu'il commettait à l'ombre de l'Union soviétique. Le FBI attendait des aveux, en vain. Les Américains faisaient confiance à leurs institutions. L'opinion internationale, ignorante et manipulée comme il arrive souvent, ne saisissait pas l'enjeu de l'affaire. Elle se laissait aller à sa bienveillance habituelle quand elle n'est pas directement concernée. Julius et Ethel Rosenberg sont morts avec la conviction qu'ils servaient Staline, le mouvement communiste et la paix dans le monde. Décidément, personne ne sort grandi de cette dramatique affaire.

14

Le maccarthysme

Wheeling est une petite ville de la Virginie-Occidentale. Le 9 février 1950, le club des femmes républicaines reçoit un obscur sénateur du Wisconsin. Son nom ? Joseph McCarthy. Il vient pour célébrer l'anniversaire de la naissance du président Abraham Lincoln. En quelques mots, l'orateur crée, pourtant, un traumatisme chez ses auditeurs. Il annonce une nouvelle terriblement inquiétante. La guerre froide bat son plein, dit-il. Le communisme ne cesse pas de gagner du terrain. Le monde libre recule. L'Amérique n'a pas su se montrer digne de sa mission. Elle porte une lourde responsabilité. Des traîtres minent sa volonté de résistance. Où sont-ils ? Qui sont-ils ?

Agitant un papier dans sa main, McCarthy s'écrie : « Je ne vais pas perdre mon temps à nommer tous ceux qui, au département d'État, sont membres du parti communiste ou appartiennent à un réseau d'espionnage. J'ai entre mes mains une liste de deux cent cinq noms, qui a été portée à la connaissance du secrétaire d'État. » La politique étrangère des États-Unis serait donc préparée, mise en forme et exécutée par deux cent cinq communistes. À vrai dire, le nombre que donne McCarthy a varié. Les témoins n'ont pas retenu un seul chiffre, mais plusieurs. L'enregistrement du discours a été effacé par erreur. McCarthy lui-même a dénoncé, ici et là, tantôt deux cent cinq, tantôt cinquante-sept communistes. Peu importe.

L'ennemi est dans la place. Il faut le débusquer et mener contre lui la croisade avec la plus grande énergie.

La presse rapporte, en gros titres, le discours du sénateur. Elle analyse ses révélations. D'est en ouest, les Américains apprennent la terrible nouvelle. La démocratie est plus que menacée. McCarthy vient de déclencher un traumatisme national. Un célèbre caricaturiste, Herblock, invente un mot qui fait recette : « le maccarthysme ». C'est l'équivalent de « la chasse aux sorcières » qui avait sévi dans la Nouvelle-Angleterre du XVIIe siècle.

Joseph McCarthy et les origines du maccarthysme

Le sénateur du Wisconsin, dont peu d'Américains, en dehors de son État, connaissaient l'existence, devient du jour au lendemain une vedette de l'actualité. Les Américains découvrent cette personnalité attachante et odieuse, toujours complexe. McCarthy est né le 14 novembre 1908 dans une famille pauvre, catholique et d'origine irlandaise. À 14 ans, il quitte l'école pour élever des poulets. Son entreprise fait faillite. Le jeune homme décide de gérer une épicerie. Mais l'ambition le tenaille. Il reprend ses études et, à force de ténacité, il est admis à l'université Marquette de Milwaukee. En 1935, il obtient le diplôme d'avocat. Pourtant, le barreau lui rapporte moins que le poker. Quoi qu'il en soit, ce qui l'attire, c'est la politique. En 1939, il réussit à se faire élire juge de la 10e circonscription du Wisconsin.

Puis, la guerre éclate. McCarthy est mobilisé ; il accède au grade de sous-lieutenant. Malheureusement ou heureusement pour lui, il n'a pas l'occasion de participer à la bataille. Stationné sur un îlot du Pacifique, il se distrait en mitraillant les noix de coco. Démobilisé, il retourne à la vie politique. En 1946, il est élu à l'un des deux sièges de sénateur de l'État du Wisconsin. Pour cet homme de 38 ans, c'est la gloire. Il vient d'atteindre les sommets de la vie politique.

Sa biographie, il est vrai, n'est pas dépourvue d'ambiguïtés. Démocrate, indépendant, finalement républicain, McCarthy exprime des opinions politiques qu'on peut qualifier de fluctuantes. On ne sait toujours pas pourquoi il est passé d'un parti à l'autre. Jovial, bagarreur, blagueur, buveur, joueur, bon vivant, il est d'un abord sympathique. Il aime qu'on l'aime. Sa culture politique est fort limitée : il défend le peuple, la liberté, l'Amérique. C'est l'idéologie populiste qui anime le Wisconsin depuis un demi-siècle. McCarthy est aussi un politicien roublard qui n'hésite pas à recourir à des trucs, voire à des truquages. Son adversaire de 1939 avait 66 ans, mais Joe proclame qu'il en a 73 et même 89. La guerre qu'il n'a pas vraiment faite, il l'invente. Il raconte qu'il a été simple soldat, qu'il s'est élevé par son courage jusqu'au grade d'officier, qu'il a réussi des exploits dans la guerre aérienne derrière sa mitrailleuse. Lorsqu'il exerçait les fonctions de juge, il avait acquis la réputation de prononcer un peu vite les divorces - par corruption ? Peut-être. Candidat au Sénat en 1946, il aurait reçu le soutien des communistes - par opportunisme ? McCarthy sait mentir, affabuler et mener campagne. Tout le Wisconsin connaît son sourire, ses blagues, ses poignées de main. Toujours prêt à prendre un verre ou deux, à séduire ou à livrer bataille, Joe est un politicien comme beaucoup d'autres.

Le nouveau sénateur passe pour être libéral. Mais ses positions n'ont rien de remarquable, ni dans le domaine de la politique étrangère ni dans celui de la politique intérieure. Il n'émerge pas de l'obscurité. Et c'est ce qui l'inquiète, car son mandat vient à expiration en 1952. Pour être réélu, il devrait se signaler à l'attention de ses électeurs. Des amis lui conseillent de mener campagne contre les infiltrations communistes. Bonne idée ! Quelques jours plus tard, il prononce son discours de Wheeling. Reconnaissons que McCarthy ne manque pas de franchise. Il a le courage de son opportunisme. En avril 1950, un journaliste lui demande depuis combien de temps il a découvert le danger du communisme. Réponse : « Depuis deux mois et demi. » La vérité, c'est qu'il s'est emparé d'un thème qui inquiétait les Américains depuis la fin de la guerre. Le maccarthysme, McCarthy ne l'a pas inventé. Il existait déjà avant les révélations de Wheeling.

Les origines du maccarthysme, il faut les faire remonter à 1946. Le 25 novembre de cette année-là, le président Harry Truman a mis sur pied une commission temporaire, chargée d'enquêter sur la loyauté des fonctionnaires fédéraux. La loyauté, rien n'est plus vague. Mais sont considérés comme déloyaux les partisans du totalitarisme, du fascisme, du communisme et tous ceux qui prêchent la subversion du régime démocratique. À partir de 1947, les administrations reçoivent la consigne d'interroger leurs employés et de renvoyer éventuellement les *security risks*, c'est-à-dire ceux qui, par leurs opinions, sinon par leurs activités, menacent la sécurité des États-Unis. L'Attorney General établit la liste des organisations subversives, dont les membres et les amis sont suspects. Le FBI recueille des renseignements et les transmet à la commission de contrôle de chaque administration. En 1951, le gouvernement fédéral aggrave la mesure : plus besoin d'apporter des preuves ; de simples doutes suffisent pour entraîner la révocation d'un fonctionnaire. De 1947 à 1954, 1 054 fonctionnaires ont été révoqués. Ils étaient accusés d'appartenir à des organisations subversives, ou bien de se livrer à l'immoralité sexuelle comme l'homosexualité, ou bien encore d'avoir pris de la drogue. Certains se sont abrités derrière le cinquième amendement de la Constitution, qui autorise tout Américain à garder le silence si son propre témoignage peut l'accuser. Un signe de culpabilité, selon l'administration. Le chiffre que McCarthy a cité provient de ces enquêtes. C'est le secrétaire d'État qui a révélé en 1946 que 284 dossiers avaient été étudiés et que 79 fonctionnaires du département d'État avaient dû quitter leurs fonctions. Conclusion de McCarthy : 284 moins 79, il reste 205 « communistes ». C'est encore le département d'État qui a annoncé en 1948 que sur 108 dossiers récemment examinés, 51 avaient entraîné des démissions ou des révocations. Conséquence évidente pour McCarthy : 108 moins 51, il reste 57 suspects qui adhèrent au parti communiste et sont encore en place.

En un mot, sans le vouloir, Truman a tenu le rôle de l'apprenti sorcier. Il a voulu rassurer l'opinion sur sa vigilance ; il lui a fait peur. Les forces qu'il a mises en mouvement l'ont rapidement dépassé. Le Congrès non plus n'est pas resté inactif. Les circonstances politiques provoquent l'inquiétude. Les législateurs tâchent de rassurer.

De 1947 à 1949, les républicains détiennent la majorité dans les deux assemblées fédérales. Ils font le nécessaire pour embarrasser l'héritier de Roosevelt, ce président démocrate qu'ils détestent. Le Sénat enquête par l'intermédiaire de sa commission sur la sécurité intérieure. La Chambre des représentants est encore plus efficace. Depuis 1938, elle a créé une commission sur les activités anti-américaines (House Committee on Un-American

Activities, HUAC) pour combattre les influences nazies, fascistes et communistes aux États-Unis. En 1947, HUAC mène une vaste enquête sur les milieux du cinéma. Elle convoque le tout-Hollywood, un bon moyen pour que les médias parlent des membres de la commission - une publicité efficace et gratuite. Les stars défilent. Gary Cooper jure qu'il a refusé des scénarios imprégnés d'idées communistes. Mais il a oublié les auteurs et les titres. Adolphe Menjou est plus ferme. Sa définition du communiste mérite de passer à la postérité : « Un homme qui assiste à une réunion avec Paul Robeson, et qui applaudit. » Lela Rogers jure ses grands dieux, au nom de sa fille Ginger, qu'elle a toujours été très prudente dans le choix des rôles. Walt Disney défend Mickey, bec et ongles, contre les séductions du communisme. Ronald Reagan, qui préside le syndicat des acteurs, jure qu'il restera vigilant. HUAC a promis de nommer soixante-dix-neuf personnalités qui sont liées au parti communiste. En fin de compte, elle en cite une quinzaine. Parmi les plus célèbres, Edward Dmytryk, Lester Cole, Dalton Trumbo, Ring Lardner qui ont, l'un après l'autre, refusé, à l'abri du cinquième amendement, de dire s'ils ont été ou sont encore membres du parti communiste. HUAC les fera condamner à des peines de prison.

Tout compte fait, le bilan de la commission est plutôt maigre. HUAC n'a rien découvert. Son prestige s'affaiblit de jour en jour. Reste que l'affaire Alger Hiss a profondément troublé l'opinion américaine. Voilà un brillant étudiant de Harvard, un diplomate qui a conseillé Roosevelt et Truman et qui a espionné au profit de l'Union soviétique. L'enquête, puis le procès bouleversent l'opinion. Hiss était à Yalta. Il occupait une place au premier rang des diplomates américains. Il a trahi son pays, au profit des ambitions de Staline. Comment était-ce possible ? La culpabilité de Hiss, c'est aussi celle des élites dirigeantes. La preuve est faite qu'un complot puissant menace la sécurité des États-Unis. Il faut le combattre en prenant appui sur les forces saines de la nation. McCarthy prononce son discours de Wheeling dix-neuf jours après la condamnation d'Alger Hiss. Ce n'est pas un hasard.

L'inquisition à l'américaine

De 1950 à 1954, l'inquisition atteint son paroxysme. À Washington où sévissent commissions et sous-commissions d'enquête. Dans les États où les assemblées législatives et le pouvoir exécutif ne veulent surtout pas être accusés d'être *soft on communism*. Dans le secteur privé aussi, où aucune entreprise ne tient à noircir son image de marque en employant « des compagnons de route », des sympathisants ou, pire encore, des membres du parti communiste. C'est à la fois une épidémie et une croisade : rien ni personne n'y échappe. Des listes noires circulent. Il ne faut surtout pas embaucher ou maintenir dans leur emploi ceux qui y figurent. Des listes grises citent des cas douteux, dont il est prudent d'éviter le contact. Beaucoup échappent à l'ostracisme en « donnant » des confrères, des camarades, voire des amis et des parents. Malheur à celui ou à celle qui ont été dénoncés ! Même si l'on démontre qu'on n'a jamais appartenu à une organisation communiste ou proche du parti, qu'on a vaillamment défendu le pays contre les nazis et les Japonais, la calomnie laisse des traces. La délation devient un instrument de défense. Toutes les lâchetés sont possibles.

La pollution du vocabulaire trahit l'atmosphère de l'époque. Un libéral, c'est « un compagnon de route ».

Un « compagnon de route », c'est un communiste. Un communiste, c'est un espion à la solde de l'Union soviétique. Avez-vous, un jour plus ou moins lointain, déclaré que vous souhaitiez des réformes sociales et politiques ? Avez-vous trop ouvertement défendu le principe de l'égalité raciale ? Vos mœurs ne sont-elles pas conformes à ce qu'il est convenu d'appeler la normale ? Vous voilà suspect, donc condamnable et, bientôt, condamné. Êtes-vous de nationalité étrangère ? La moindre critique envers les États-Unis vous transforme en ennemi de la république. Êtes-vous acteur ? Les films dans lesquels vous avez joué témoignent de votre patriotisme ou de votre penchant pour la subversion. Auteur ? Vos œuvres font l'objet d'une analyse pointilleuse, et peuvent entraîner le retrait de votre passeport comme ce fut le cas pour Arthur Miller. Enseignant ? Prenez garde au contenu de vos cours ou à la nature de vos recherches. Le FBI ne manque pas d'informateurs. Son directeur, J. Edgar Hoover, animé d'un patriotisme sincère et d'une regrettable étroitesse d'esprit, a fait du Bureau une redoutable machine de guerre. Des communistes repentis, des obsédés de la dénonciation, des organisations patriotiques lui prêtent main-forte.

Il n'est pas facile d'établir le bilan chiffré du maccarthysme. Mis à part les Rosenberg, aucun inculpé n'a été condamné à mort. Certaines mesures se sont heurtées à l'opposition des tribunaux ou bien ne visaient qu'à intimider. La résistance à l'intolérance s'est organisée lentement et a recouru au pouvoir judiciaire avec efficacité. Sur les cent trente mesures d'expulsion qui ont frappé des étrangers, vingt-six ont été appliquées. En revanche, plusieurs milliers de fonctionnaires ont préféré démissionner plutôt que de subir les interrogatoires des commissions d'enquête. Un millier d'entre eux ont été révoqués. Des ouvriers, des enseignants, des employés d'entreprises privées ont perdu leur emploi.

On devine les conséquences d'un chômage imposé : impossible de se faire embaucher ailleurs, la misère, la marginalisation. Comment mesurer les cicatrices que la chasse aux sorcières a pu laisser sur les individus, leurs souffrances morales autant que matérielles, la peur de tous les jours ? Les administrations dites sensibles, comme le département d'État, le département de la Défense, la commission de l'énergie atomique, sont les premières à subir les effets du maccarthysme. L'enseignement supérieur et secondaire, aussi. Le monde de la radio et de la télévision n'échappe pas aux enquêteurs. Celui du cinéma, non plus. Charlie Chaplin, victime d'une odieuse campagne de presse, d'autant plus violente qu'il a conservé des amitiés jugées coupables et qu'après un séjour de quarante et un ans aux États-Unis, il n'a pas adopté la nationalité américaine, décide en 1952 de s'installer en Suisse. Jules Dassin se réfugie en France ; Joseph Losey en Grande-Bretagne.

McCarthy domine ce fatras d'enquêtes. Drapé dans son rôle de procureur général, il incarne la croisade. Il le fait d'autant plus vigoureusement que, dans un premier temps, la Maison-Blanche et des sénateurs l'ont mis au défi de prouver ses accusations. Loin de reculer, il accuse ses accusateurs. Les élections législatives de 1950 lui donnent raison. Il s'attire la sympathie de millions de petites gens. Il sait aussi plaire aux journalistes, en livrant au bon moment des informations qui font de bons papiers, en tenant conférence de presse sur conférence de presse. Une rumeur fait un gros titre, et tant pis si elle n'est pas confirmée ! Elle a eu le mérite de faire vendre. Qui lira le démenti, qu'on fera paraître en page 16 ou 25 ? Conséquence inévitable, que de vies gâchées ou perturbées, que de carrières ruinées !

McCarthy n'a pas manqué d'appuis politiques. Les démocrates conservateurs sont animés comme les républicains par le même anticommunisme. Les libéraux ne veulent pas qu'on les confonde avec les « compagnons de route ». Lorsque les républicains retrouvent la majorité au Congrès, McCarthy est promu président d'une commission et d'une sous-commission. Il dispose maintenant d'une tribune officielle et des moyens nécessaires pour poursuivre sa mission. Il triomphe. À ses côtés, des collaborateurs dévoués, comme Roy Cohn. La chasse aux traîtres est ouverte. Dean Acheson, qui fut secrétaire d'État de 1949 à 1953, l'ami d'Alger Hiss, est particulièrement visé. Owen Lattimore, un expert dans les affaires de l'Extrême-Orient, est accusé à lui tout seul d'avoir « perdu » la Chine. Pire encore, McCarthy s'en prend au général George C. Marshall, l'organisateur de la victoire de 1941 à 1945, secrétaire d'État de 1947 à 1949, secrétaire à la Défense de 1949 à 1951, l'inventeur du plan qui porte son nom et permit à l'Europe démocratique de repartir du bon pied. Marshall fut « le patron » d'Eisenhower qui ne le défend pas. Bien sûr, Marshall et Acheson ne sont pas accusés d'être communistes, mais leurs faiblesses, leur incompétence politique auraient fait le jeu du communisme.

En avril 1953, deux collaborateurs de McCarthy partent en guerre contre les services culturels américains à l'étranger. Un voyage de dix jours les conduit dans neuf villes européennes. À leur retour, ils déclarent que les bibliothèques des services culturels doivent être expurgées, que des ouvrages communistes encombrent les rayons et qu'il faut les brûler de toute urgence. La Voix de l'Amérique, la seule station de radio que gère une autorité fédérale, n'est pas épargnée. McCarthy s'en prend à l'armée. Il dénonce la promotion d'un officier dentiste qui n'a pas voulu avouer qu'il éprouve des sympathies pour le communisme. Il convoque devant sa commission le secrétaire à l'Armée. C'est une confrontation dramatique au printemps de 1954, et télévisée : 25 jours d'auditions, 180 heures d'antenne, 20 millions de spectateurs.

Mais ce que les médias ont contribué à faire, ils le défont maintenant. McCarthy donne l'image d'un homme odieux, qui interrompt brutalement, manifeste une agressivité intempestive et attaque, en l'occurrence, l'armée, les institutions les plus vénérables de la nation. La fin est proche. Ses adversaires, longtemps intimidés et silencieux, osent se regrouper. En décembre 1954, le Sénat condamne l'attitude de McCarthy. Rongé par l'alcoolisme et la maladie, persuadé qu'il a été trahi par les siens, il meurt le 2 mai 1957. Oublié, comme on oublie un cauchemar, il laisse son nom à l'intolérance.

À la recherche d'une explication

Comment expliquer ce triste épisode de l'histoire des États-Unis ? La guerre froide a été pour les Américains un profond traumatisme. Ils étaient entrés dans le conflit mondial avec hésitation, non point qu'ils aient éprouvé de la sympathie pour le régime nazi ou pour les impérialistes japonais, mais tout simplement parce qu'ils espéraient rester à l'écart. Et parce que leur intervention en 1917-1918 n'avait pas donné les résultats qu'ils en espéraient. L'isolationnisme, toutefois, est mort à Pearl Harbor. Dès lors, les États-Unis se sont battus sans ménager leurs efforts. En poursuivant un objectif : créer un monde nouveau qui réponde à leur philosophie politique et à leurs intérêts matériels, un monde de paix et de prospérité qui serait fondé sur la sécurité collective, sur l'Organisation des Nations unies. Ces espoirs ont été déçus. Dans les dernières semaines de sa vie, Franklin Roosevelt a compris que Staline ne se laisserait pas séduire, qu'il n'abandonnerait aucune de ses ambitions. Harry Truman, inexpérimenté, plein de bon sens malgré tout, a compris à son tour qu'il fallait faire face aux ambitions soviétiques. Non, la Pologne ne choisirait pas son régime politique. Non, l'Union soviétique ne renoncerait pas à étendre son glacis défensif. Non, le mouvement communiste ne choisirait pas la voie de la démocratie à l'occidentale. Oui, il faudrait que les États-Unis tiennent dans le monde la place que la France et la Grande-Bretagne avaient longtemps occupée, qu'ils contribuent à relever l'Europe occidentale et occupent enfin le rôle international à la mesure de leur puissance. Finies, les illusions. Les tristes réalités de l'après-guerre créent l'angoisse quotidienne. Et puis, viennent « les chocs ». En 1948, c'est « le coup de Prague », suivi par le blocus de Berlin. En 1949, Mao Tsé Toung proclame la République populaire de Chine. L'année suivante, les Nord-Coréens franchissent le 38e parallèle et combattent pour réunifier, sous leur férule, la Corée. Si encore les Américains détenaient le monopole de l'arme atomique... En 1949, les Soviétiques font exploser leur première bombe A. Désormais, les deux super Grands s'engagent dans une lutte sans merci pour mettre au point une bombe thermonucléaire, pour fabriquer encore plus d'armements, pour améliorer les capacités de leur défense. Que de bouleversements depuis la capitulation de l'Allemagne !

Pour une poignée d'Américains, l'URSS ne fait que réagir aux provocations des États-Unis. Si l'Amérique cédait davantage, l'Union soviétique demanderait moins. Ce sont les nouveaux *appeasers* qui pensent suivre la politique de Roosevelt. Pour la majorité des Américains, Truman fait ce qu'il doit faire. Le président a raison de ne pas suivre les erreurs de Munich. Des milieux influents réclament davantage. Yalta ne symbolise pas à leurs yeux le partage du monde - au demeurant, un partage tout à fait mythique. Yalta, ce serait la conférence au cours de laquelle un Roosevelt vieilli, malade et naïf, aurait trop cédé sans rien recevoir. Si Roosevelt a cédé, c'est qu'il était mal conseillé ou que ses conseillers nourrissaient de noirs desseins, contraires à l'intérêt des États-Unis. Les responsabilités, il faut les chercher au sein du département d'État et dans tous les organismes qui se préoccupent des problèmes internationaux. Si les communistes ont pris le pouvoir à Pékin, c'est bien que les experts américains ont été des incapables. Ou des traîtres. Si les Soviétiques sont parvenus à fabriquer la bombe atomique, c'est qu'ils ont volé le secret aux Américains, grâce à leurs espions. Il y aurait donc une conspiration contre les intérêts des États-Unis. Il est impératif d'en démasquer les auteurs et les acteurs. Ce sont, vraisemblablement, des communistes et des sympathisants du communisme.

Pourtant, les effectifs du parti communiste aux États-Unis sont très faibles, à peine 43 000 membres en 1951, 25 000 en 1953 - y compris les agents infiltrés du FBI. L'influence réelle du parti est plus forte que ne l'indique le nombre de militants, répond Hoover. Le noyautage accroît les possibilités d'action. Les sympathisants ont infiltré les syndicats, l'enseignement, les milieux intellectuels, les médias ; ils sont souvent étrangers et juifs. Cette conviction est répandue. William O. Douglas, l'un des juges libéraux de la Cour suprême, comparait le parti communiste américain « à la plus efficace des cinquièmes colonnes ». Il est vrai que, dans les années trente, les États-Unis ont été traversés par un courant de sympathie pour l'Union soviétique, qu'entre les libéraux et « les compagnons de route », des liens se sont noués, que l'alliance de guerre a fait de l'amitié entre l'URSS et les États-Unis une nécessité politique et une référence quotidienne.

Mais, dans le même temps, la crainte du communisme n'a jamais disparu. Une crainte ancienne, puisqu'elle a donné en 1919-1920 la peur des « rouges », un maccarthysme avant la lettre. Une crainte constante, puisque, d'après les sondages, une majorité d'Américains se sont longtemps débattus dans un dilemme. Le communisme est-il une force politique comme les autres ou bien est-ce l'instrument de l'expansionnisme soviétique ? Pour les partisans de McCarthy, le dilemme est tranché.

La législation témoigne de cet état d'esprit. En 1940, la loi Smith vise à combattre les publications, les groupes, les conspirations qui cherchent, recommandent ou encouragent le renversement par la force du gouvernement des États-Unis. En 1950, la loi McCarran, adoptée malgré le veto du président Truman, a pour but de lutter contre la « conspiration communiste mondiale ». Elle exige des organisations communistes ou proches des communistes qu'elles viennent se déclarer auprès d'un organisme officiel. En 1954, une nouvelle loi met le parti communiste hors la loi. Il est vrai que les textes de 1950 et de 1954 sont inapplicables. La Cour suprême ne tarde pas à les annuler. Mais la loi de 1940, elle, a entraîné des inculpations et des condamnations.

Le maccarthysme, c'est aussi l'arme des républicains pour abattre les démocrates. Lorsque McCarthy dénonce en 1953 les « vingt années de trahison », il attaque la présidence de Roosevelt et celle de Truman. Le New Deal aurait ouvert l'Amérique aux idées socialistes ; la Seconde Guerre mondiale, à la pénétration soviétique partout dans le monde. Les démocrates portent la responsabilité du désastre. Le salut viendra des républicains. Le principal instigateur, le principal bénéficiaire du maccarthysme, c'est le parti républicain. Là se trouvent les raisons du succès et de l'échec de McCarthy. Il ne présente pas un programme qui puisse inspirer un mouvement de masse. McCarthy s'adresse à l'électorat du parti républicain et plus particulièrement aux travailleurs manuels, aux catholiques, aux personnes âgées, aux pauvres blancs, aux Américains les moins instruits. Son discours, c'est celui d'un démagogue. Il dit que les grandes villes de l'Est sont pourries, que l'*establishment* intellectuel de la côte Est est corrompu, que la démocratie parlementaire ne vaut rien si elle n'exprime pas la volonté du peuple. Ce qu'ajoute McCarthy, avec la force que l'on sait, c'est que le monde libre est menacé par le communisme international, à l'intérieur comme à l'extérieur des États-Unis, que les démocrates, par leur passivité et leurs erreurs, sont les complices de la subversion. De quoi provoquer les passions, l'hystérie, l'irrationnel. McCarthy lui-même ne cherche pas à s'emparer du pouvoir. Il n'est pas Hitler. Il tâche de préparer la victoire des républicains, et la sienne en priorité. Un jeune représentant de la Californie, Richard M. Nixon, accède au premier plan de l'actualité. En 1950, il est élu sénateur. Deux ans plus, tard, Dwight Eisenhower en fait le vice-président des États-Unis. En ce sens, McCarthy a besoin de Nixon, et Nixon se sert de lui. Jusqu'au jour où McCarthy n'est plus utile et devient même franchement encombrant.

C'est qu'en 1954, un an après la mort de Staline et la signature d'un armistice en Corée, les Américains sont un peu moins angoissés ou un peu plus habitués à vivre dans un monde dangereux. La détente pointe à l'horizon. Un républicain, Dwight Eisenhower, a été élu président des États-Unis. Au Congrès, les républicains détiennent de nouveau la majorité. Dans ces circonstances nouvelles, le style débraillé du sénateur du Wisconsin détonne. Il est temps de se débarrasser de cette baudruche terrifiante qu'on a gonflée pour vaincre l'adversaire politique. La stupéfiante enquête sur la sacro-sainte armée fournit un excellent prétexte pour écarter McCarthy.

Il n'empêche que le maccarthysme a survécu à McCarthy. Pendant une bonne quinzaine d'années, sans jamais revêtir la même brutalité. Son influence, on la retrouve dans cette obsession du communisme ou bien dans cette politique dépourvue de souplesse qui aboutira à la guerre du Vietnam et à la reconnaissance, bien tardive, de la République populaire de Chine. Tout compte fait, l'histoire de ces tristes années souligne la fragilité du régime démocratique aux États-Unis comme ailleurs. Elle souligne aussi les dangers de la démagogie. Mais si la volonté nationale se manifeste, si les institutions politiques et judiciaires fonctionnent correctement, si les principes fondamentaux de la Constitution sont respectés, le danger ne tarde pas à disparaître. Une démocratie guérit de ses maladies honteuses, à condition de s'en donner la peine.

15

La peine de mort

Dans le monde occidental, les États-Unis font scandale. Comment une société démocratique, qui place au-dessus de tout la défense des droits de l'homme, la dignité humaine, une bonne et vraie justice, peut-elle recourir au XXIe siècle à la peine de mort ? Pourquoi les Américains n'ont-ils pas suivi l'exemple des Européens, qui, les uns après les autres, sont passés dans le camp des abolitionnistes ? Pour répondre à ces questions, il faut interroger l'histoire, les milieux politiques, religieux et universitaires. Et surtout ne pas oublier que le débat est vif, qu'aucune conclusion n'est définitive et que l'Amérique des cinquante États n'est pas homogène.

Le poids de l'histoire

Les Américains n'ont évidemment pas inventé la peine de mort. Ils en ont hérité. Les colons du XVIIe siècle transportaient avec eux les pratiques de la métropole, de cette Angleterre qu'ils avaient fuie pour des raisons religieuses ou tout simplement pour chercher fortune de l'autre côté de l'Atlantique. Le châtiment traditionnel, ils n'en contestaient nullement la nécessité ni la légitimité. La preuve, c'est que dès 1608, dans la colonie de Virginie qui vient de naître, George Kendall est fusillé pour avoir espionné en faveur des Espagnols. Les Virginiens punissent alors les crimes contre la propriété, les infractions sur le commerce du tabac, les vols de chevaux et même de cochons. Ils condamnent à mort les esclaves qui tenteraient de fuir, qui auraient détruit les récoltes de blé ou les produits manufacturés. Les puritains du Massachusetts nourrissent d'autres motivations. Ils se réfèrent à l'Ancien Testament. « Œil pour œil ; dent pour dent ». Ils appliquent le verset de la Genèse : « Qui verse le sang de l'homme, par l'homme aura son sang versé. Car à l'image de Dieu l'homme a été fait. » La loi mosaïque définit trente-six crimes qui entraînent la condamnation à mort. Dans l'Épître aux Romains, Paul met en garde les « rebelles » et les menace : « Crains, si tu fais le mal ; car ce n'est pas pour rien qu'elle (l'autorité) porte le glaive ; elle est un instrument de Dieu pour faire justice et châtier qui fait le mal. » La liste des crimes qui entraînent la peine de mort est impressionnante : l'idolâtrie, la sorcellerie, le blasphème, l'assassinat, le meurtre, l'empoisonnement, la zoophilie, la sodomie, l'adultère, le vol, le faux témoignage, sans oublier la conspiration et la rébellion. En Angleterre, on y ajoutait le vol simple, par effraction ou avec coups et blessures.

La Pennsylvanie, en revanche, fait exception. Elle a été fondée par le quaker William Penn. La peine de mort n'y sera appliquée que pour les meurtres et la trahison. Londres exige plus de sévérité. La Pennsylvanie finit par céder. Plus tard, elle choisira l'abolition. Reste que, d'une colonie à l'autre, à l'exception de la Pennsylvanie, l'application des principes est variable, même si partout la peine de mort ne cesse pas d'être le châtiment suprême. L'exécution d'un condamné est un événement public. Elle attire la foule qui veut assister à l'exécution du pécheur, à ses dernières paroles. C'est un spectacle moral, public et gratuit. Il n'empêche que les mœurs évoluent. Il arrive qu'une condamnation à mort ne soit pas suivie par l'exécution du condamné. Le pouvoir exécutif dispose du droit de grâce. Les condamnés sont alors conduits à l'échafaud, exposés la corde au cou pendant un temps, puis détenus temporairement ou libérés. À moins qu'ils ne bénéficient, en Nouvelle-Angleterre, du « statut ecclésiastique ». Une sorte de sursis, avec une marque gravée sur le corps pour que la récidive entraîne une véritable condamnation.

Dès le milieu du XVIIe siècle, les dissidents les plus radicaux du protestantisme militent pour l'abolition, partielle ou totale. Ils prennent leur inspiration dans l'ouvrage de Cesare Beccaria. Dans cette perspective, l'État n'a aucun droit sur la vie des individus ; de plus, l'exécution d'un condamné offre un spectacle brutal, provoque une douleur intense, tandis que l'emprisonnement donne au condamné le temps de comprendre la gravité de sa faute et de faire pénitence. En un mot, la prison est une punition plus cruelle, surtout plus efficace que le gibet. Conséquence de cette réflexion : dès 1778, Thomas Jefferson propose à la Virginie de limiter la peine de mort à deux crimes : la trahison et le meurtre ; donc de mettre en place la notion de proportionnalité de la peine. La proposition est repoussée, parce que les Virginiens sont alors très sensibles aux vols de chevaux. Il n'empêche qu'après l'adoption de la Constitution fédérale en 1787, les dix amendements du *Bill of Rights* complètent le texte fondamental. Le cinquième amendement dispose que « nul ne sera mis en jugement pour un crime capital ou autrement infamant, si ce n'est sur déclaration de mise en accusation ou actes d'accusation présentés par un grand jury. [...] Nul ne pourra pour un même délit être deux fois menacé dans sa vie ou dans son corps. Nul ne sera tenu de témoigner contre lui-même dans une affaire criminelle. Nul ne sera privé de vie, de liberté ou de propriété sans procédure légale régulière ». Le sixième amendement précise que « dans toutes les poursuites criminelles, l'accusé aura le droit d'être jugé promptement et publiquement par un jury impartial de l'État et du district où le crime aura été commis ». Enfin, le huitième amendement interdit « les châtiments cruels et inhabituels ».

Est-ce assez pour abolir la peine de mort ? Certainement non. D'ailleurs, les Américains de la fin du XVIIIe siècle n'y songent pas. Pour eux, la pendaison n'est pas un châtiment « inhabituel » ; il n'est pas non plus un traitement « cruel ». Reste la référence au dixième amendement : « Les pouvoirs qui ne sont pas délégués aux États-Unis par la Constitution, ni refusés par elle aux États, sont réservés aux États respectivement et au peuple. » Or, la Constitution ne mentionne pas la peine de mort. Le *Bill of Rights* non plus. C'est donc à chacun des États d'en décider. Une disposition capitale qu'il ne faut jamais perdre de vue. Une fois encore, la Pennsylvanie occupe les avant-postes de l'abolitionnisme en adoptant « la loi des brouettes ». Elle décide que le vol et la sodomie n'entraîneront pas la condamnation à mort. Le coupable sera condamné à des travaux forcés dans les rues de Philadelphie et des villes voisines qu'il devra nettoyer. De plus, les meurtres sont classés en deux catégories : les *first-degree murders* ou les crimes avec préméditation, et les *second-degree murders*, les meurtres sans préméditation qu'il ne faut pas confondre avec les homicides involontaires.

Puis, la Virginie décide à son tour de voter une proposition qui ressemble à celle que Jefferson avait soutenue. Le Kentucky reprend, mot pour mot, le texte de Jefferson – la réforme ne concerne pas les esclaves. Ailleurs, la peine capitale est appliquée moins souvent qu'en Angleterre, surtout s'il s'agit d'autres crimes que les crimes de sang. Le mouvement est en marche. L'indépendance a métamorphosé les colons. Ils étaient des Anglais expatriés. Ils sont maintenant des Américains, soucieux de bâtir une nation nouvelle et de répondre à leur « destinée manifeste ». Héritiers de la philosophie des Lumières, ils croient dans le progrès. L'homme peut changer l'homme. Dans cette perspective, la peine de mort ne serait plus que l'ultime recours, la sanction qu'on impose quand toutes les autres ont échoué ou semblent insuffisantes. De la fin du XVIIIe siècle à 1972, voilà le débat qui divise les Américains. Les abolitionnistes remportent des victoires et subissent des défaites. Gouverneurs, législateurs, juges, opinion publique, médias tiennent le rôle principal. Chaque État réagit à sa manière. Les différences et les variations proviennent des circonstances politiques, de l'orientation des assemblées législatives, des faits divers qui troublent la vie quotidienne des États. Les exécutions publiques sont de moins en moins fréquentes, de plus en plus souvent interdites.

Au XIXe et au XXe siècle

Trois arguments, propres au XIXe siècle, interviennent dans le débat. La presse populaire connaît son premier essor. Les journalistes rapportent les événements, racontent les circonstances du crime, rédigent les comptes rendus des audiences judiciaires, analysent le verdict du jury. L'exécution perd sa valeur de témoignage. D'ailleurs, rien ne prouve que l'exécution publique dissuade, qu'elle fasse peur et qu'elle contribue à limiter le nombre des crimes. Enfin, l'accroissement spectaculaire de la population urbaine rend peu souhaitables les grands rassemblements au pied de l'échafaud. La pendaison devant des milliers de spectateurs peut déclencher des mouvements de foule incontrôlables. Il vaut mieux renoncer à ce spectacle cruel. Mais si l'exécution donne lieu à un spectacle privé, pourquoi pas ? Les abolitionnistes n'en continuent pas moins de poursuivre leur croisade.

De plus, des inventions contribuent à affaiblir leur argumentation. L'une et l'autre visent à atténuer la douleur du condamné à mort. C'est que, faute de bourreaux professionnels qui soient assez nombreux, nombre d'exécutions ressemblent à de véritables boucheries. La corde est trop courte ou trop longue. Des exécutions sont ratées. On raconte l'histoire d'un condamné à mort qui, dans l'État du Mississippi, fut enterré après son exécution. Il frappa dans le couvercle de son cercueil pour signaler qu'il n'était pas mort. On le sortit de terre et on l'exécuta une seconde fois pour de bon. L'administration d'un anesthésiant supprimerait la douleur. Le chloroforme est connu. Il pourrait endormir le condamné et rendre acceptables les douleurs de l'exécution. Cette solution ne convainc pas. Il faut néanmoins éviter « les châtiments cruels ». La guillotine ? Impossible ; le jaillissement du sang répugnerait aux spectateurs. Pourquoi ne pas faire appel aux découvertes les plus récentes, par exemple à l'électricité ? Thomas Edison a popularisé l'usage de l'électricité, mais il est hostile à la peine de mort. Voilà, pourtant, qui ne coûtera pas cher. C'est un procédé qui convient à une nation moderne, ouverte sur le progrès scientifique, désireuse de tuer proprement. Il suffira d'actionner une manette. Les bourreaux ne pourront plus commettre d'erreurs ; les condamnés mourront immédiatement. Un dentiste de Buffalo a fait des expériences sur des chiens. Conclusion favorable.

Le 6 août 1890, dans l'État de New York, William Kemmler est assis sur un fauteuil de dentiste, en présence d'une vingtaine de témoins, des médecins, des politiques, des journalistes. Deux décharges sont nécessaires, 17 secondes d'abord, une minute ensuite. Le condamné est plongé dans les flammes. Il faudra deux autres décharges pour achever l'exécution. Le dentiste expérimentateur est ravi : « Nous avons atteint un niveau supérieur de civilisation », déclare-t-il. Autre opinion, celle d'un médecin légiste : « Je préfèrerais voir dix pendaisons plutôt qu'une seule exécution comme celle-là. » Il est vrai que le recours au courant continu (que défend Edison) n'a pas donné, c'est le moins qu'on puisse constater, les résultats attendus. Mieux vaut le courant alternatif que promeut Westinghouse.

New York fait des émules sans tarder. L'Ohio, le Massachusetts, la Virginie, la Caroline du Nord, le Kentucky, la Caroline du Sud adoptent, à leur tour, la chaise électrique. Sept autres États suivent l'exemple en 1913. Au total, vingt-six États, plus l'État fédéral, se rallient au nouveau mode d'exécution. La chaise électrique ne provoque pas d'épanchement de sang. Elle est utilisée à l'intérieur de la prison, loin des regards. Les photographies sont interdites. Elle assure « une mort scientifique ». Elle peut être remplacée, si l'État en prend la décision, par le gaz asphyxiant, comme au Nevada, en Californie, au Colorado, en Arizona, dans le Wyoming ou en Oregon. D'autres États préfèrent conserver la pendaison. L'Utah, l'Idaho, l'Oklahoma, le Nevada offrent au condamné la possibilité de choisir la fusillade, dont se chargent des volontaires.

Les partisans de la peine de mort continuent de l'emporter sur les abolitionnistes. De 1918 à 1959, on dénombre plus de 5 000 exécutions. Les statistiques officielles montrent que de 1930 (elles n'existent pas avant cette date) à 1967, 3 859 condamnés à mort ont été exécutés. Parmi eux, 54 % sont des Noirs, 45 % des Blancs, 32 % sont des femmes. Le détail est encore plus révélateur. Les États du Sud ont procédé aux trois cinquièmes des exécutions. En tête, la Géorgie (366), puis l'État de New York (329), le Texas (297), la Californie (292), la Caroline du Nord (263). Sur les 455 violeurs que les États ont mis à mort, 90 % sont des Noirs. C'est que la ségrégation raciale règne dans les États du Sud et dans la capitale fédérale. La peur des Noirs envahit la société. Les Blancs redoutent que des Noirs violent des Blanches, qu'ils fomentent des émeutes et s'en prennent à leurs voisins. À telle enseigne qu'en Alabama, neuf jeunes Noirs, âgés de 13 à 21 ans, nés dans un autre État, sont accusés d'avoir violé deux jeunes filles blanches. Ce sont les Scottsboro Boys. Ils sont jugés en toute hâte et condamnés à mort en 1931. La Cour suprême les sauve, car ils n'avaient pas les moyens de recourir à l'aide d'un avocat et tout prévenu a droit à un défenseur.

Il faut ajouter que dans les années vingt, la prohibition des boissons alcoolisées a provoqué l'essor du gangstérisme. La répression doit être impitoyable. La répression politique aussi qui condamne à mort deux anarchistes, Sacco et Vanzetti, et provoque peu de protestations aux États-Unis. De nouveaux modes d'exécution rassurent les hésitants, confortent les partisans de la peine de mort et atténuent l'intensité du débat. La science a gagné la bataille. Elle prouve, croit-on, que pour faire peur, il faut tuer les criminels, que la chaise électrique, que les chambres à gaz, voire les progrès dans les techniques de pendaison donnent la mort en douceur. À l'étranger, en revanche, la chaise électrique devient le symbole d'une

Amérique cruelle, insensible, violente, qui ne serait pas digne d'exercer le *leadership* du monde libre - encore que bon nombre des dénonciateurs de la malignité américaine, communistes, tiers-mondistes, champions du totalitarisme, soient les suppôts du crime politique, du moment qu'il régente « le paradis du socialisme ».

Pourtant, il ne faut pas croire que les partisans de l'abolition restent impuissants ou muets. Des ouvrages, des articles de revues, des discours réclament l'abolition à cor et à cri. Les abolitionnistes font référence aux Écritures saintes, eux aussi, et plus précisément au sixième commandement (« Tu ne tueras point »). Ils ne cessent pas d'insister sur l'inefficacité de la peine de mort. Non, soutiennent-ils, elle n'est pas dissuasive, alors que la prison prive de la liberté.

Des États européens ont pris le chemin de l'abolition, totale ou partielle. Ils offrent des exemples à méditer. Tout homme, concluent-ils, est doté de raison et du sens moral. Il peut être éduqué, donc sauvé. Voilà des opinions qui ne manquent pas d'influer sur la société. Surtout après 1820. Des propositions d'abolition complète ou partielle sont soumises aux assemblées législatives des États. En 1846, le Michigan franchit le pas. Le Rhode Island suit l'exemple, tout comme le Wisconsin. Après la guerre de Sécession, le Maine, l'Iowa et le Colorado rejoignent les États précurseurs. Il est vrai que dans ces trois États, l'assemblée législative revient sur sa décision, rétablit la peine de mort et la supprime de nouveau. C'est aussi le cas de l'Arizona et de l'Oregon qui abolissent, puis rétablissent la peine capitale. Au XXe siècle, le Minnesota, le Vermont, l'Iowa, la Virginie occidentale, le Dakota du Nord, Hawaii et l'Alaska (dans les deux cas, avant même de devenir des États), le District de Columbia rejoignent le camp des États abolitionnistes.

Il ne faut donc pas sous-estimer l'abolitionnisme. C'est un courant de pensée qui n'a jamais disparu. Il repose sur des convictions morales et politiques que confortent les *Réflexions sur la peine capitale* d'Albert Camus ou les *Réflexions sur la potence* d'Arthur Koestler - deux ouvrages qui ont un grand retentissement au milieu du XXe siècle. Mais l'affaire Caryl Chessman tient, elle, une place encore plus importante. Arrêté en 1948, Chessman est condamné à mort en Californie. Huit fois de suite, il obtient un sursis à exécution. Pendant douze ans, il survit dans les couloirs de la mort, ce qui ne s'était encore jamais vu. Il publie des livres qui remportent un grand succès et font de lui une victime du système. Le gouverneur de la Californie, Edmund G. Brown, lui-même partisan de l'abolition, est, pourtant, contraint par la Constitution de son État d'appliquer la loi. Chessman est exécuté le 2 mai 1960.

Les milieux religieux expriment maintenant de vigoureuses critiques contre la peine de mort. Au sein d'une nation prospère et relativement tranquille, les Américains des années 1950 ne ressentent plus le poids de l'insécurité. En 1966, il n'y a plus que 42 % des personnes interrogées pour approuver la peine de mort. Les abolitionnistes ont enfin obtenu un moratoire. L'abolition semble toute proche. Elle est quasiment de fait. Il suffirait de peu pour qu'elle soit de droit. C'est à la Cour suprême de se prononcer.

La peine de mort devant la Cour suprême

Dans la Constitution, la Cour suprême incarne le troisième pouvoir. Elle jouit d'un prestige considérable. Les neuf juges qui la composent sont nommés par le président des États-Unis et confirmés par le Sénat. La Cour a marqué de ses arrêts la vie économique, sociale et politique du pays. Or, sur la peine de mort, les *justices* (c'est ainsi que l'on désigne les neuf juges) tardent à se prononcer. Les avocats évoquent-ils le huitième amendement ? Sollicitent-ils l'opinion de la Cour sur la chaise électrique, sur les gaz asphyxiants, sur la fusillade ? Les juges répondent que le châtiment est nouveau, donc inhabituel et qu'ils ne peuvent pourtant pas le qualifier de cruel, puisqu'il vise à une application moins barbare de la peine de mort. Les condamnations à mort qui continuent de frapper les Noirs dans le Sud pour des viols ou pour des cambriolages ne témoignent-elles pas d'un racisme indéfendable ? Réponse identique. Le huitième amendement instaure le principe de la proportionnalité de la peine, exige que les sanctions soient conformes aux lois, interdit les méthodes hors du commun. Or, la peine de mort est légale dans les États qui y recourent.

Toutefois, la Cour intervient pour condamner la peine capitale, si le condamné n'a pas pu bénéficier de l'appui d'un avocat. Elle insiste sur « l'évolution des critères de la bienséance », ce qui revient à dire que chaque époque témoigne de ses sentiments, de ses convictions, que la Cour doit humer l'air du temps, sans céder aux pressions de l'opinion publique. Mais elle ne saurait accepter que le Congrès vote l'abolition, puisqu'il n'en a pas la compétence. Le Congrès vote les lois qui s'appliquent dans tous les États de l'Union, alors que la peine de mort relève de chacun des États. Reste le quatorzième amendement à la Constitution, adopté en 1868 : il comporte un passage d'une importance décisive : « Aucun État ne pourra priver une personne de sa vie, de sa liberté ou de sa propriété sans garanties légales suffisantes. » Si les jurys rendent des verdicts différents, si un meurtrier est condamné ici à la peine de mort et là à la prison, peut-on alors parler de « la protection égale des lois » ? Dans ces conditions, le condamné à mort aura été la victime « d'un châtiment cruel et inhabituel ». C'est pourquoi, en 1967, un moratoire sur les exécutions est décidé. Il reste en vigueur tant que les juges n'ont pas terminé leur réflexion.

En 1972, la Cour réclame que les lois sur la peine de mort répondent aux exigences des huitième et quatorzième amendements, que les lois soient équilibrées et non discriminatoires. En un mot, la peine de mort n'est pas abolie. La législation doit être améliorée. Libre aux États de choisir, à condition qu'ils tiennent compte des exigences de la Cour et de la Constitution. Quant à l'opinion publique, elle est divisée. Les partisans de la peine de mort sont à peine plus nombreux que les adversaires. Mais à mesure que les années passent, les premiers gagnent du terrain sur les seconds. Le nombre des condamnés à mort augmente. Ils peuplent les couloirs de la mort. Au terme d'interminables procédures, les condamnés sauront s'ils échapperont ou non à la peine capitale.

Dans les États, les élus entendent le message de leurs électeurs. Ils sont nombreux, ceux qui affirment que bien des crimes seraient évités si la peine de mort exerçait un effet dissuasif. Une trentaine d'États, plus l'État fédéral, rétablissent alors la peine capitale, après avoir tenu compte des recommandations de la Cour suprême. Le 2 juillet 1976, les juges se soumettent à l'évidence : une nette majorité des États souhaite conserver la peine de mort. Ce qui prouve que « l'évolution des critères de bienséance » ne va pas dans le sens de l'abolition. Par cinq voix contre quatre, les juges confirment que la peine de mort est conforme à la Constitution, à condition qu'un premier jury ait voté la culpabilité de l'inculpé, et qu'un second jury ait défini les circonstances aggravantes. Elle rejette la condamnation automatique. Gary Gilmore a commis deux assassinats dans l'Utah. Il est condamné à mort et, persuadé qu'il a bénéficié d'un procès équitable, il refuse de faire appel. Aucune objection de la part de la Cour suprême. Le 17 janvier 1977, comme Gilmore l'a souhaité, il est fusillé. La peine de mort est de retour. L'abolition est reportée, dans un avenir incertain qui sera façonné suivant la composition de la Cour. Mais le débat n'est pas terminé. Il continue d'agiter les campagnes électorales. Il divise l'opinion publique, comme l'avortement, les armes à feu et l'immigration clandestine.

Aujourd'hui

Depuis 1976, les États ont prononcé 7 800 condamnations à mort. Ils ont procédé à 1 500 exécutions. Au début de l'année 2020, les prisons américaines détenaient 2 656 condamnés à mort, dont 52 dans les prisons fédérales. Dans le courant de cette même année, 17 condamnés ont été exécutés, dont 3 au Texas, 1 en Géorgie, 1 dans le Tennessee, 1 en Alabama, 1 dans le Missouri et 10 par l'État fédéral sous la présidence de Donald Trump - 10 Blancs, 5 Noirs, 1 Hispanique, 1 Amérindien. En janvier 2021, pour la première fois depuis 1953, une femme, Lisa Montgomery a été exécutée. Elle avait commis un crime particulièrement horrible en 2004 sur une femme enceinte et sur le bébé qu'elle portait.

Il faut préciser que l'opinion publique est profondément traumatisée, lorsqu'elle prend connaissance des faits qui ont conduit à la condamnation à mort et à l'exécution. Deux exemples en témoignent. Le 14 juillet 2020, Daniel Lewis

Lee a été exécuté dans l'État d'Indiana pour avoir assassiné, vingt-quatre ans auparavant, un marchand d'armes, sa femme et leur fille de 8 ans. De sang froid, avant de jeter leurs corps dans un bayou de l'Arkansas. Tout cela pour voler de l'argent qui devait servir à établir une république réservée aux Blancs dans le nord-ouest des États-Unis. C'était un suprémaciste, un défenseur de la « race » blanche. Deux jours plus tard, Wesley Ira Parkey a été exécuté à son tour. Il avait été condamné à la peine capitale pour le viol et l'assassinat d'une jeune fille en 1998. Il avait découpé le cadavre à la scie mécanique. Et pour dissimuler son crime, il a battu à mort une femme de 80 ans, dont il a incendié la maison. Les avocats de l'un et de l'autre ont interjeté appel après appel. Tous les tribunaux compétents ont été successivement saisis. La justice fédérale a pris l'affaire en main, compte tenu de la gravité et de la nature même des crimes. La Cour suprême a été saisie en dernier recours. Les avocats des condamnés ont demandé le report de l'exécution. Pour Lee, au motif que l'injection mortelle de pentobarbital pourrait provoquer « une douleur extrême et une souffrance inutile pendant l'exécution ». Pour Purkey, en raison de son état mental proche de la démence. La Cour suprême a rejeté les deux appels, à la majorité de cinq voix contre quatre. La décision a été publiée, dans les deux affaires, à deux jours d'intervalle à 2 heures du matin. Six heures plus tard, les condamnés ont été attachés sur un brancard. Un conseiller spirituel était à leurs côtés. Comme prévu, de simples citoyens ont assisté, derrière une vitre, à leur exécution. Les derniers mots des condamnés ont été soigneusement rapportés par les médias. « J'ai fait bien des erreurs dans ma vie, mais je ne suis pas un meurtrier, a déclaré Lee. Vous allez tuer un innocent. » Innocent, certainement pas, mais la peine de mort était-elle justifiée ?

Deux autres condamnés ont été peu après exécutés, sous la présidence de Donald Trump. La Maison-Blanche voulait témoigner de sa détermination à combattre la criminalité la plus violente. Donald Trump voulait aussi agir brutalement, ne fût-ce que pour se démarquer de Joe Biden, son concurrent démocrate, hostile à la peine de mort.

Il n'empêche que, depuis dix-sept ans, il n'y avait eu aucune exécution relevant du pouvoir fédéral. En revanche, de 1977 à 2003, 852 condamnés à mort ont été exécutés – 71 dans la seule année 2002. Puis, les condamnations à mort ont été moins nombreuses ; le total des exécutions, aussi. En 2017, il y eut 23 exécutions, soit 50 % de moins qu'en 2010. En 2019, le nombre a encore baissé.

Le débat sur la peine de mort

Autre changement significatif : trente-deux États ont conservé la peine de mort dans leur législation, mais huit seulement y ont recours. Le Texas, l'Arkansas, l'Alabama et la Floride sont les États dans lesquels ont lieu la plupart des exécutions. Est-ce à dire que les États-Unis vont, dans les prochaines années, abolir la peine de mort ? Restera-t-elle légale et ne sera-t-elle plus appliquée ? Rien n'est moins certain. Le recours à la chaise électrique ou aux gaz fait partie du passé, même s'il n'a pas complètement disparu. Aujourd'hui, c'est par l'injection létale que le condamné à mort est exécuté, à moins qu'il ait choisi d'autres moyens que les États proposent. Dans six États (Alabama, Floride, Kentucky, Caroline du Sud, Tennessee et Virginie), le condamné peut préférer l'électrocution ; en

Arizona et Californie, le gaz ; en Utah, au Mississippi et en Oklahoma, la fusillade.

Vingt-deux États ont voté l'abolition ; vingt-huit n'ont pas renoncé à la peine de mort, même s'ils ne l'appliquent pas ou l'appliquent rarement. Au sein des assemblées législatives des États, le sujet provoque toujours des discussions passionnées. C'est que la décision dépend de la majorité, et la majorité fluctue d'une élection à l'autre. Pour ajouter à l'embrouillamini, les cours suprêmes des États interviennent, tantôt en faveur de la peine de mort, tantôt pour sa suppression. Les gouverneurs disposent, en général, du pouvoir de gracier un condamné à mort. Ils tiennent compte des opinions, souvent contradictoires, de leurs électeurs. Quant aux citoyens des États, ils peuvent aussi être consultés par référendum ou recourir à la procédure de l'initiative populaire, si la constitution de l'État le prévoit. La Cour suprême, qui demeure, au niveau fédéral, la dernière instance judiciaire à laquelle le condamné peut s'adresser, compte aujourd'hui une majorité de juges conservateurs. Leur raisonnement est strictement juridique : la Constitution prévoit la peine capitale ; si l'on retarde l'exécution sous prétexte que le produit mortel qui sera injecté provoque une insupportable douleur, jusqu'à quand l'exécution sera-t-elle reportée ? Avec quels effets sur le condamné ? N'est-ce pas contraire aux dispositions constitutionnelles ? De plus, si les fabricants du produit mortel cessent leurs activités pour satisfaire les abolitionnistes, ce sera, une fois de plus, à l'encontre des dispositions constitutionnelles. En un mot, il faut appliquer la Constitution ou la modifier.

Dans tous les cas, le condamné à mort attendra de longues années « dans les couloirs de la mort » que les recours devant les instances judiciaires soient épuisés et qu'en dernier ressort, la peine capitale soit commuée ou qu'elle soit exécutoire. Chaque État tient à ses traditions et surtout à sa liberté de choisir. Dans le Sud, le passé esclavagiste et le racisme ont laissé des traces. Ici et là, les avocats, surtout quand ils sont commis d'office, bâclent souvent leurs dossiers par incompétence ou parce qu'ils estiment être insuffisamment rémunérés. Les jurys populaires se laissent influencer par les médias. Les politiques, eux, cèdent aux pressions de la rue, et de leurs électeurs.

En Nouvelle-Angleterre, dans le New York, le Maryland, l'Illinois ou le Colorado, l'opinion est majoritairement convaincue que ce sont « les cowboys » du Texas ou les racistes du Sud qui continuent de tuer les assassins. Des États comme la Californie, la Pennsylvanie et l'Oregon ont instauré un moratoire : pas d'abolition pour le moment, pas d'exécutions. Mais le débat n'est pas clos. En 2015, par exemple, l'assemblée législative du Nebraska abolit la peine de mort. L'année suivante, un référendum populaire la rétablit. Conclusion : les législateurs de l'État n'ont pas respecté la volonté du peuple.

Depuis 1936, aucune exécution n'a été publique. Mais quelques personnes, notamment des journalistes ou des membres de la famille des victimes, peuvent assister, derrière une vitre, au triste spectacle d'un homme, rarement d'une femme, qu'on exécute. Timothy McVeigh, qui a commis l'attentat d'Oklahoma City en 1995 (168 morts et des centaines de blessés), a été exécuté devant 200 spectateurs. Un horrible spectacle qui ressemble à une vengeance. L'injection létale passe pour être plus « humaine » que l'électrocution ou la pendaison ; elle comprend trois produits : un anesthésiant, un paralysant et un produit mortel. Ce qui pose le problème de la production de ces produits, de leur efficacité. Les fabricants redoutent d'être mis au ban de la société par les abolitionnistes, tout en étant défendus par les partisans de la peine de mort. Leur identité est connue. Que risquent-ils ?

Bien entendu, d'un État à l'autre, l'application de la peine capitale varie. La Californie est l'État le plus peuplé des États-Unis. C'est là aussi que l'on compte le nombre le plus élevé de condamnés à mort, 700 d'après les statistiques les plus récentes. Mais depuis 1972, l'État n'a exécuté que 13 condamnés, et ne procède plus à aucune exécution depuis 2006. En revanche, le Texas a exécuté 500 condamnés dans les dernières années, ce qui correspond au tiers des exécutions dans l'ensemble du pays. Ici et là, les Noirs ont commis la moitié des homicides. Ils correspondent à 41 % des condamnés à mort. Une proportion nettement plus élevée que celle qui prévaut pour les Blancs, les Hispaniques et les Asiatiques. Enfin, les femmes comptent pour moins de 2 % des condamnés qui attendent dans les couloirs de la mort.

Au-delà de ces statistiques, il faut retenir que les abolitionnistes ne renoncent pas. Ils font valoir que la discrimination raciale imprime sa marque, de manière spectaculaire et indéfendable. Dans les ghettos noirs, le commerce des drogues et les activités criminelles ont proliféré. Les ghettos sont le théâtre privilégié de la violence. Les pauvres agressent et tuent des pauvres. Il n'empêche que les Noirs sont souvent les victimes de préjugés racistes. Ils passent pour des individus dangereux qui, à tout moment, pourraient tomber dans la criminalité. Ils représentent plus de la moitié des détenus dans les prisons américaines. Parmi les meurtriers, la moitié sont noirs. Ils ont commis leurs crimes au sein de la population noire, puisque 94 % des victimes noires ont été tuées par des Noirs, 87 % des victimes blanches par des Blancs.

Enfin, l'application de la peine de mort coûte cher. Un procès « capital » requiert de longues enquêtes, fait appel à de nombreux témoins, entraîne une procédure interminable. Les frais du procureur, le déplacement des témoins et des jurés, les honoraires des avocats, la tenue des procès et les appels qui suivront, autant de dépenses que doivent assumer les autorités locales, celles qui prennent en charge la procédure. Résultat : l'application de la peine de mort entraîne l'augmentation des impôts locaux. Le budget de tous les comtés en est affecté. Enfin, une autre interrogation, autrement plus grave et plus lancinante, est soulevée par les abolitionnistes. Des innocents ne risquent-ils pas d'être condamnés et exécutés ? La peine de mort fait courir à la société tout entière un danger irréparable et insupportable. D'ailleurs, le grand nombre de verdicts annulés en appel pour vices de procédure ou preuves insuffisantes souligne l'ampleur de la menace. En 1993, la sous-commission des droits civils et constitutionnels du Congrès a examiné quarante-huit cas de condamnés à mort qui ont finalement été libérés, après avoir été déclarés innocents. N'est-ce pas une conclusion inquiétante ? Le recours à l'ADN, la confiance dans les progrès de la science et dans ses applications technologiques éviteront-ils toutes les erreurs possibles ? Faut-il, en attendant que toutes les certitudes soient assurées, instaurer un moratoire ? Le cinéma s'est emparé du sujet. Clint Eastwood a réalisé un très beau film sur le sujet, *Jugé coupable* (1999).

Les sondages montrent que les Américains sont divisés : en 2019, 56 % d'entre eux approuvent la peine de mort pour les assassins. Mais 60 % admettent que l'on pourrait remplacer l'exécution par la prison à vie. Il n'en reste pas moins que les divisions politiques, que les convictions idéologiques, que les croyances religieuses tiennent une place primordiale. Les républicains sont, en général, plus favorables à la peine de mort que les démocrates. Les évangéliques et les fondamentalistes font référence à l'Ancien Testament et insistent sur la nécessité de la punition. Les Églises libérales, les catholiques et la grande majorité des Juifs penchent du côté de l'abolition. Tous se réfèrent aux textes bibliques en faisant le choix qui leur paraît le plus judicieux. Et puis, les partisans de la peine de mort ne manquent pas de souligner que la chaise électrique, les gaz asphyxiants, la pendaison et la fusillade appartiennent au passé, qu'aujourd'hui la pharmacologie tient une place primordiale, sinon unique. Selon eux, la peine de mort serait appliquée dans des conditions acceptables.

La peine de mort ne sera pas abolie par une simple décision de la Cour suprême. Son champ d'action est rétréci à mesure que les années passent. Elle continuera d'être défendue, même si et surtout si elle est appliquée de plus en plus rarement. Les abolitionnistes ne remporteront pas une victoire spectaculaire. Mais ils gagneront, peu à peu, du terrain. Il n'est pas exclu que dans les années prochaines, les États-Unis rejoignent les démocraties européennes, qu'ils cessent enfin de scandaliser leurs admirateurs.

16

De Gaulle et les États-Unis

De Gaulle aurait été le champion de l'antiaméricanisme. Les États-Unis n'auraient jamais cessé de nuire au Général, de comploter contre lui, de s'opposer à ses initiatives. Fantasmes ou réalités ?

Pendant la Seconde Guerre mondiale

En 1940, le général de Gaulle ne connaît pas les États-Unis. Mais il sait ce que les Américains ont apporté à la victoire de 1918. Dans le premier numéro de *Revue militaire française* (1934), il a publié un article sur « la mobilisation économique à l'étranger ». Il y examine la politique de la Belgique, de l'Italie et des États-Unis. Comment ces nations sont-elles passées de l'économie de paix à l'économie de guerre ? S'agissant des Américains, de Gaulle souligne que les responsables militaires et politiques ne craignent pas de reconnaître leurs erreurs, que les hommes d'affaires tiennent une place primordiale, que le pays manifeste son aptitude à l'innovation. Chemin faisant, il associe les critiques aux éloges. Le profit reste, écrit-il, le grand ressort de l'activité. Le dollar exerce sa toute-puissance. Les Américains cherchent avant tout à s'enrichir. Somme toute, voilà une société, dynamique et puissante, qui manque d'humanité, de générosité, de profondeur spirituelle.

Ce ne sont pas des vues originales. L'image des États-Unis en France s'est dégradée depuis que les combats ont pris fin. La querelle des dettes de guerre a créé frictions et malentendus. Du côté français, l'admiration est toujours teintée d'un certain mépris pour un monde avide, matérialiste, trop terre à terre qui ne comprend rien à l'idéalisme et aux souffrances de la vieille Europe.

Ce qui n'empêche pas de Gaulle, en 1940, de compter sur la force américaine pour combattre l'Allemagne. Le 12 janvier, il rappelle « l'importance capitale du concours des États-Unis ». Lorsque survient le temps de l'épreuve, il insiste, dans son discours du 18 juin, sur « l'immense industrie des États-Unis », puis dans ses discours immédiatement postérieurs sur « les gigantesques possibilités de l'industrie américaine », sur « les mille forces immenses matérielles et morales », sur d'« immenses fabrications d'armements ». L'adjectif « immense » revient fréquemment. Il l'emploie encore le 26 juin, après avoir entendu le message de Pétain : « Vous avez renoncé d'avance, déclare-t-il, aux ressources offertes par l'immense Amérique. » Et pourtant, cette indispensable Amérique n'a pas apporté à la France affaiblie, sur le point de céder, le concours qu'on attendait d'elle. Pire encore, elle ne rompt pas avec Vichy et va même jusqu'à y envoyer un ambassadeur. Cette contradiction fait conclure à de Gaulle en août 1940 : « En fin de compte, l'Angleterre est une île ; la France, le cap d'un continent ; l'Amérique, un autre monde. »

À Washington, rien n'est simple. Franklin Roosevelt et les principaux responsables politiques sont abasourdis par l'effondrement de la France. Ils pensaient que les armées de Joffre et de Foch restaient les plus fortes, qu'elles résisteraient comme vingt ans auparavant. La soudaineté de la défaite conduit à des conclusions qui ne varieront pas.

La France n'est plus une grande puissance. Elle ne tiendra plus le rang qu'elle occupait jusqu'alors. Puisqu'elle a concédé la victoire à l'Allemagne, elle pourrait bien se résigner à d'autres concessions qui mettraient en danger la sécurité des États-Unis. Par exemple, si elle livrait à Hitler sa superbe flotte, si elle lui donnait un accès libre à son empire.

Roosevelt suit une politique réaliste. Il ne cache pas son soutien, de plus en plus marqué, à la Grande-Bretagne et tient, malgré tout, à garder son influence sur Vichy. Puisque son pays n'a pas abandonné sa neutralité, il tente de jouer sur les deux tableaux.

Quant à de Gaulle, il ne le connaît pas. Il commence à peine à entendre parler de lui. Ses interlocuteurs, qu'il s'agisse d'Alexis Leger ou de Camille Chautemps, en font un portrait peu favorable, voire hostile. L'opinion ? Elle est aussi traumatisée par « la pauvre France ». Des voix s'élèvent pour applaudir la France libre. Mais elles sont encore minoritaires dans un pays qui s'accroche à l'isolationnisme et ne comprend vraiment bien en Europe que l'Angleterre.

Suivent des événements qui ne font que conforter les premières impressions. L'échec de l'expédition anglo-gaulliste sur Dakar en septembre 1940, l'affaire de Saint-Pierre-et-Miquelon en décembre 1941 renforcent la méfiance de Roosevelt à l'égard de De Gaulle et l'incitent à penser que le général ne parle pas au nom de tous les Français, ni même au nom des Français hostiles à l'Allemagne. De là, sa décision de ne pas mettre au courant de Gaulle du prochain débarquement allié en Afrique du Nord et cet arrangement cynique, baptisé « expédient temporaire », avec Darlan – l'amiral, rappelons-le, était par hasard présent à Alger au moment du débarquement anglo-américain.

Les lendemains du débarquement anglo-américain en Afrique du Nord

Ainsi, une partie croissante de l'opinion américaine, surtout dans les milieux progressistes, ne suit plus le président. Elle proteste avec vigueur contre les décisions de Washington. Elle relève en Algérie comme au Maroc toutes les atteintes aux libertés et à la démocratie. Elle soutient, dans sa majorité, le général de Gaulle. À l'endroit de la question française, les Américains expriment des sentiments très variés, souvent contradictoires, de moins en moins conformes à ceux de la Maison-Blanche et du département d'État. Cette division, on la retrouve parmi les Français d'Amérique - une petite colonie, bruyante et agitée - et parmi les Français exilés aux États-Unis. Voilà qui brouille encore un peu plus les idées.

Inlassablement, de Gaulle poursuit ses objectifs. Il faut obtenir au mieux la reconnaissance du Comité national français, au minimum l'aide matérielle des États-Unis dans le cadre de la loi du prêt-bail. Il faut surtout que Washington admette que de Gaulle parle au nom des Français, qu'il est la voix de la Résistance, qu'il ne nourrit pas d'ambitions dictatoriales. Les relations des États-Unis avec Vichy ? De Gaulle ne reste pas insensible aux motivations américaines. Il souhaite surtout rencontrer Roosevelt.

La première entrevue entre les deux hommes a lieu à Anfa, dans la banlieue de Casablanca, le 22 janvier 1943. L'embrouillamini d'Alger n'est pas dissipé, loin de là. De Gaulle et Roosevelt restent « dans une certaine imprécision à propos de l'affaire française ». Leurs impressions ne convergent pas. À son aide de camp, de Gaulle fait cette confidence : « J'ai rencontré aujourd'hui un grand homme d'État. Je crois que nous nous sommes bien entendus et compris. » Autre confidence, celle de Roosevelt à son fils Elliott : « De Gaulle est décidé à instaurer la dictature en France. Il n'y a pas d'homme en qui j'aie moins confiance. »

Les interminables négociations franco-françaises au printemps de 1943, la très timide reconnaissance diplomatique du Comité français de libération nationale, la menace de faire fonctionner sur le territoire français une administration militaire (l'AMGOT) une fois réussi le débarquement en Normandie ne font pas disparaître l'entêtement de Roosevelt, mais accentuent encore la popularité de De Gaulle aux États-Unis. Enfin, le 6 juillet 1944, pour la première fois, de Gaulle pose le pied sur le sol américain. Il est reçu à la Maison-Blanche où Roosevelt lui décrit ses projets avec enthousiasme, en « artiste », en « séducteur ». Roosevelt n'écoute pas de Gaulle. Il le charme, tout en conservant ses préjugés. Après cette conversation brillante, un peu décevante il est vrai, de Gaulle passe par New York. Il y rencontre une autre Amérique, celle « des manifestations populaires », celle du maire Fiorello La Guardia, « tout bouillonnant d'amitié », celle des Français qui maintenant l'accueillent avec une « extrême chaleur ». Bref, plus que jamais l'Amérique révèle sa complexité.

De Gaulle face à Truman

La deuxième visite aux États-Unis conduit le président du Gouvernement provisoire de la République française à rencontrer le président Harry Truman, les 22, 23 et 25 août 1945.

La France n'a été invitée ni à Yalta ni à Potsdam. Un siège permanent au Conseil de sécurité de l'ONU lui est attribué grâce à l'insistance de la Grande-Bretagne. Elle aura une zone d'occupation en Allemagne, signera la capitulation de l'Allemagne et celle du Japon. Elle est sur le point de reconquérir son « rang ». Restent les problèmes de l'après-guerre, qu'il faudra traiter avec Truman, Staline et Attlee. De Gaulle connaît un peu mieux les États-Unis. Les Américains ont pris la mesure du chef de la France libérée.

Le 12 avril 1945, Franklin Roosevelt meurt soudainement. Son vice-président lui succède, conformément à la Constitution. À 61 ans, Harry Truman est peu connu dans son pays. Sa carrière politique l'a conduit du Missouri au Sénat. « Godillot » du parti démocrate, honnête, sérieux, loyal, confiné dans des tâches subalternes jusqu'au moment où il préside une commission sénatoriale chargée de surveiller les dépenses de guerre du gouvernement fédéral, il ne fait de l'ombre à personne. Voilà un Américain ordinaire qui, du jour au lendemain, fait face à des problèmes extraordinaires. La guerre en Europe touche à sa fin. Il faudra songer au rétablissement de la paix, à la reconstruction du Vieux Continent, aux relations, complexes et de plus en plus difficiles, avec les Soviétiques. La guerre du Pacifique, elle, entre à peine dans sa phase finale. Comment contraindre le Japon à admettre sa défaite ? Dans un avenir très proche, l'économie et la société des États-Unis feront face aux conséquences du conflit.

Truman n'a aucune expérience du pouvoir exécutif. Roosevelt ne l'a tenu au courant de rien, et il ne connaît aucun des grands de la planète. Et pourtant, le nouveau président ne tarde pas à se hisser à la hauteur de sa tâche. Profondément croyant, travailleur acharné, il sait analyser une situation et écouter ses conseillers. Lorsque l'heure de la décision arrive, il ne fuit pas ses responsabilités.

Le 22 août 1945, le général de Gaulle arrive à Washington. Sept heures d'entretiens suivront jusqu'au 24 août. L'atmosphère est chaleureuse. Truman n'exerce pas la même fascination que Roosevelt sur l'esprit du général. Mais lui, il prête attention aux déclarations de son visiteur. De nouveau, l'accueil de la population est enthousiaste. New York déchaîne « l'ouragan de son amitié ». Le défilé dans la ville est « triomphal ». Réceptions, banquets, discours se succèdent. À Chicago, c'est le même succès. Le nouveau président ne partage pas les *a priori* de son prédécesseur. « Sous des manières simples, écrit de Gaulle, [il] se montrait très positif. [...] quelqu'un qui, sans doute, n'annonçait pas de miracles, mais sur qui, dans les cas graves, on pourrait certainement compter. » Truman a gardé d'excellents souvenirs de son séjour en France pendant la Grande Guerre. Il n'a pas comme Roosevelt bataillé avec de Gaulle. Il n'a pas conclu, de manière définitive, que la France ne serait plus jamais une grande puissance. La France, pense-t-il, est indispensable à l'équilibre de l'Europe. Sa présence en Afrique, dans les Antilles et en Asie du Sud-Est peut rendre des services.

Certes, la France, soucieuse de reprendre son « rang », mène la vie dure aux États-Unis et à la Grande-Bretagne. De Gaulle livre à Truman le fond de sa pensée - du moins, les grandes lignes de sa politique étrangère. La Première Armée française a occupé Stuttgart contrairement aux accords interalliés et n'évacue la ville qu'à la fin de juin. Paris revendique la Vallée d'Aoste, s'indigne des menées américaines dans le lointain îlot de Clipperton, proteste avec vigueur contre les Britanniques et leur attitude en Syrie et au Liban, exprime à haute voix ses inquiétudes et sa désapprobation à l'égard de la politique allemande des Alliés. Certes, la France, grâce au siège permanent qu'elle occupe au Conseil de sécurité de l'ONU, aurait pu, si elle l'avait voulu, être l'une des puissances invitantes de la conférence de San Francisco. Dans le même temps, elle demande aux Américains des armements, une aide alimentaire et matérielle, des crédits pour compenser la fin du prêt-bail.

De Gaulle ne manque pas de rappeler que s'il échoue dans sa tâche, ce sont les communistes qui lui succèderont. Il parle de l'Allemagne, en particulier de la fin du Reich, du régime international qu'il conviendrait d'imposer à la Ruhr, des besoins spécifiques et urgents de la France, de l'équilibre européen, du Levant, de l'Indochine. Le nouveau président des États-Unis ne partage pas les idées de son visiteur sur l'Allemagne, mais il promet le concours américain à l'économie française ; il laisse carte blanche à la France en Indochine. « Nous nous séparâmes en bons termes, conclut de Gaulle. [...] Les entretiens de Washington avaient montré, s'il en était besoin, que l'Amérique suivait une route qui n'était pas la nôtre. Du moins, Harry Truman et moi-même nous étions-nous franchement expliqués. » Bref cette visite officielle, suivie par l'accueil enthousiaste de New York, ravit le général.

Ce fut la seule rencontre avec Harry Truman, qui exerça ses fonctions jusqu'en janvier 1953. Les États-Unis eurent bien d'autres problèmes à affronter : le plan Marshall, le blocus de Berlin, le traité de l'Atlantique nord, la guerre de Corée, la reconversion économique de son pays, le maccarthysme. Dans ses mémoires, Truman ne mentionne pas sa rencontre avec de Gaulle ni la création de la Ve République. Il meurt le 26 décembre 1972.

La traversée du désert

De janvier 1946 à mai 1958, de Gaulle n'exerce plus de fonctions officielles. En avril 1947, il fonde le Rassemblement du peuple français (RPF). De discours en discours, il évoque à plusieurs reprises les États-Unis et leur politique étrangère. À Strasbourg, par exemple, le 6 avril 1947, il exalte l'amitié entre Français et Américains : « Une pareille similitude d'idéal dans nos deux peuples a créé une sorte de lien moral vraiment exceptionnel, qu'aucune vicissitude n'a pu rompre. » Le 24 avril 1947, il approuve sans réserve la doctrine Truman. Le plan Marshall ? « Il y a là une initiative clairvoyante et dont on peut espérer qu'elle sera féconde, précisément parce qu'elle engage l'Europe à la solidarité. » Le combat contre « les séparatistes », entendons les communistes, contre la menace soviétique ne peut être mené et gagné qu'avec l'appui des États-Unis qui disposent de leur puissance intacte. « Il n'y a pas dans le monde un homme libre qui ne tienne pour salutaire cette volonté américaine. » Le Pacte atlantique signé le 4 avril 1949 ? Il « a par lui-même la valeur d'une méritoire et salutaire manifestation d'intention de la part des États-Unis et de la nôtre », à condition que cette défense commune soit définie d'« une manière claire et effective ». L'indépendance de la France reste, malgré tout, l'objectif principal, car « dans les rapports à établir entre les deux côtés de l'Atlantique, il doit absolument s'agir de coopération et non point de dépendance, sous peine de tout compromettre pour le malheur général ».

Rien d'étonnant si de Gaulle prend parti contre le projet d'une Communauté européenne de défense. L'idée, pourtant, est française. Elle répond au souhait des États-Unis de réarmer l'Allemagne de l'Ouest, alors que la guerre de Corée bat son plein. « Pêle-mêle avec l'Allemagne et l'Italie vaincues, s'exclame de Gaulle, la France doit verser ses hommes, ses armes, son argent dans un mélange apatride. Cet abaissement lui est infligé, au nom de l'égalité des droits, pour que l'Allemagne soit réputée n'avoir pas d'armes tout en refaisant des forces militaires. Bien entendu, la France, entre toutes les grandes nations qui ont aujourd'hui une armée, est la seule qui perde la sienne. » Autant dire que le pays est trop faible pour échapper à l'abaissement. Il convient de remédier à cette faiblesse avant même de s'en prendre aux États-Unis.

De 1952 à 1958, le général de Gaulle écrit ses *Mémoires de guerre* qui paraissent en 1954 (premier tome), en 1956 (deuxième tome) et en 1959 (troisième tome). Ce n'est pas seulement un ouvrage d'historien. Ce sont des actes politiques, dans la mesure où de Gaulle révèle, *a posteriori*, ce que furent ses attitudes, ses réactions, ses observations. Il livre de remarquables portraits de Roosevelt et de Truman. Il fait connaître ou rappelle ce que furent ses démêlés avec le gouvernement des États-Unis. Il diffuse le mythe de Yalta, « partage du monde ». Ce n'est pas seulement une « certaine idée de la France » qui s'en dégage, mais aussi une certaine idée de l'Amérique qui ne saurait susciter l'admiration des Français. Il y a là la source d'un antiaméricanisme gaulliste qui perdurera et s'accentuera encore à la fin des années soixante.

Dans le même temps, les esprits ont évolué de l'autre côté de l'Atlantique. La France y apparaît comme l'homme malade de l'Europe. Son implication puis sa défaite en Indochine, les opérations militaires en Algérie n'annoncent rien de bon. La faiblesse de ses institutions politiques et de ses gouvernements, son aventurisme qui éclate dans l'expédition de Suez inquiètent les Américains. Dans ce panorama, de Gaulle n'est pas le sauveur ou le recours. Il pourrait menacer la démocratie et surtout l'alliance avec les États-Unis. Les forces politiques qui le ramènent au pouvoir en mai 1958 ne sont-elles pas dangereuses ? Que sera l'attitude de cet allié, ô combien incommode, sur les relations transatlantiques ? John Foster Dulles, le secrétaire d'État, et son frère Allen qui dirige la CIA, observent que « la situation est terriblement explosive. »

Le président Charles de Gaulle

Les craintes sont rapidement dissipées. Mais l'ambiguïté subsiste. Dulles accourt à Paris. « En ce moment critique, lui dit de Gaulle le 5 juillet 1958, il n'y a rien de plus important pour le peuple français que de lui faire croire que la France est une grande puissance. » Washington suit le conseil. Dès lors, la France semble à Washington « plus forte, plus constructive et stable ». Elle est dirigée par « un homme providentiel ». La presse américaine chante les louanges de De Gaulle. Dulles lui-même a assuré le général que « l'esprit de la France est aussi celui de la civilisation occidentale ». Il propose des mesures concrètes. L'OTAN recourra, comme promis, à l'arme nucléaire pour défendre le territoire français. Les Américains installeront des têtes nucléaires tactiques en France et entraîneront l'armée française à leur utilisation. En contrepartie, la France renoncera à se doter d'une force atomique.

Proposition rejetée. Il n'est pas question que la France renonce à l'armement atomique. Le 17 septembre 1958, de Gaulle avance une nouvelle idée, celle d'un directoire à trois. La Grande-Bretagne, les États-Unis et la France se concerteraient pour décider des questions politiques et stratégiques de dimensions mondiales. Les secrets atomiques seraient partagés ; les commandements, combinés. L'offre est repoussée. Suit alors, en mars 1959, une décision française qui surprend les Américains : la flotte de la Méditerranée ne dépendra plus du commandement intégré et aucun armement nucléaire étranger ne pourra être installé sur le sol français. « Mon dessein, explique de Gaulle, consiste donc à dégager la France, non pas de l'Alliance atlantique que j'entends maintenir, mais de l'intégration réalisée par l'OTAN sous commandement américain. »

Cela ne signifie pas que les deux nations oublient leur amitié « vieille de deux cents ans ». Tout au contraire. Le président Eisenhower est reçu, à bras ouverts, et par la population et par le général de Gaulle, au début de septembre 1959. Le 22 avril 1960, de Gaulle se rend aux États-Unis pour y faire un séjour (la troisième de ses visites) d'une semaine. C'est « le grand tumulte de l'enthousiasme américain, [...] un déchaînement d'acclamations, de sirènes et d'orchestre ». Le discours au Congrès est très chaleureusement applaudi. De Gaulle rappelle avec force que « la France, pour sa part, a choisi d'être du côté des peuples libres, elle a choisi d'être avec les Américains. » Elle a aussi choisi d'encourager les États-Unis à la fermeté, par exemple dans l'affaire de l'U2 abattu par les Soviétiques (Eisenhower semblait prêt à présenter ses excuses à Khrouchtchev), plus tard lors de la construction du mur de Berlin. Et puis, à mesure que la guerre d'Algérie approche de son terme, maintenant que la France a procédé à l'explosion de sa première bombe atomique, que la perspective d'une guerre en Europe s'éloigne, que de Gaulle resserre ses liens avec l'Allemagne de Konrad Adenauer, que les États-Unis abandonnent la doctrine des représailles massives pour adopter celle de la réponse graduée, les attitudes des uns et des autres changent - pour le moins, elles évoluent.

Entre de Gaulle et Eisenhower, aucune ombre n'a noirci le tableau. Les deux hommes ont les relations de deux camarades de combat.

De Gaulle et Kennedy

Avec John F. Kennedy, l'atmosphère est différente. Le « jeune homme » intrigue, séduit, inquiète de Gaulle par ses initiatives. Le héros de la Seconde Guerre mondiale inspire le respect, voire l'admiration et, de plus en plus, l'incompréhension du nouveau président. Kennedy accède à la présidence des États-Unis le 20 janvier 1961. À 43 ans, après avoir siégé à la Chambre des représentants de 1947 à 1953, puis au Sénat à partir de 1953, il est le plus jeune des présidents élus. Son programme électoral sur le plan international reste vague. Deux certitudes, toutefois, s'en dégagent. Le monde est dangereux - qui en douterait ? L'Union soviétique incarne le communisme envahissant, contraire aux idéaux démocratiques. La mission des États-Unis est de défendre la liberté, partout dans le monde, en Amérique latine comme dans l'Asie du Sud-Est ou au Moyen-Orient et, bien entendu, en Europe qui demeure le centre des préoccupations américaines. À tout instant, le combat idéologique peut déboucher sur un conflit nucléaire.

De Gaulle ne connaît pas Kennedy. Peut-être aurait-il préféré que Nixon, le républicain, l'héritier d'Eisenhower, fût élu. Il est surpris par la jeunesse de ce « novice [...] encore un peu tâtonnant et foisonnant ». Kennedy, lui, sollicite les conseils de De Gaulle. C'est que le président des États-Unis admire le héros de la France libre, à ses yeux une figure légendaire, le vieil oncle qui donnera des conseils, suivis ou non. Parce qu'il ne comprend pas le français, son épouse Jacqueline, de lointaine origine française, ancienne étudiante à la Sorbonne, lui a traduit des passages des *Mémoires de guerre*. À la Maison-Blanche, la France conserve sa réputation de nation cultivée, raffinée, traditionnellement amie des États-Unis. Hervé Alphand, l'ambassadeur de France à Washington, connaît le nouveau président « depuis bien des mois ». En février 1961, Jacques Chaban-Delmas, alors président de l'Assemblée nationale, remplit une double mission à Washington : répondre à l'invitation du Congrès, prendre contact avec « ce jeune homme » qui gouverne les États-Unis.

On comprend pourquoi la visite des Kennedy à Paris, du 31 mai au 2 juin 1961, est une réussite parfaite. L'accueil des Français est enthousiaste. Jacqueline est ovationnée, au point que son mari se présente, dans sa conférence de presse, comme « le type qui accompagne Jacqueline Kennedy ». En termes mesurés, de Gaulle reflète l'atmosphère : « Formant avec son épouse brillante et cultivée un couple rempli de charme, [il] reçoit un accueil sympathique au plus haut degré. Les réceptions officielles dans la capitale et à Versailles revêtent le plus grand éclat ». Voilà pour les démonstrations d'amitié. Sur le fond, c'est-à-dire dans les conversations politiques, un fossé sépare Paris et Washington.

Les deux chefs d'État font un large tour d'horizon. Kennedy souhaite que les Nations unies prennent la direction militaire et administrative du Congo-Léopoldville (l'ex-Congo belge). De Gaulle s'y oppose. Kennedy propose que l'OTASE (Organisation du traité de l'Asie du Sud-Est) assure son protectorat sur le Laos. De Gaulle rejette l'idée. Kennedy annonce son intention de renforcer la présence militaire des États-Unis au Vietnam du Sud. De Gaulle le met en garde : « Je vous prédis que vous irez vous enlisant pas à pas dans un bourbier militaire et politique sans fond, malgré les pertes et les dépenses que vous pourrez y prodiguer. » Kennedy, en route pour Vienne où il rencontrera Khrouchtchev, manifeste son inquiétude à propos du statut de Berlin. De Gaulle l'encourage à la fermeté et maintiendra cette attitude après la construction du Mur, alors que les États-Unis pencheront pour une politique plus souple, voire plus incertaine.

Le jugement de De Gaulle ? « J'ai eu affaire à un homme que sa valeur, son âge, sa juste ambition, chargent de vastes espoirs. Il m'a semblé sur le point de prendre son essor pour monter haut, comme un oiseau de grande envergure bat des ailes à l'appel des cimes. » Le jugement de Kennedy ? « J'ai trouvé dans le général de Gaulle un conseiller avisé pour l'avenir et un guide éclairé pour l'histoire qu'il a contribué à faire [...] Je ne pourrais avoir une confiance plus grande en qui que ce soit. » De belles paroles qui dissimulent bien des équivoques.

Le deuxième épisode n'est pas moins connu que le premier. Fidel Castro, c'est obsession de Kennedy. Il est vrai que Cuba, à 150 kilomètres des côtes de Floride, fait partie de « l'arrière-cour » des États-Unis. L'île pourrait devenir un tremplin pour la subversion communiste en Amérique latine et, qui sait ?, une base de lancement des fusées soviétiques. Dès son accession à la présidence, Kennedy autorise les anti-castristes, entraînés par la CIA, à débarquer dans la baie des Cochons. Échec retentissant d'avril 1961. Un an et demi plus tard, les Américains découvrent que les Soviétiques s'apprêtent à installer sur le territoire cubain des rampes de lancement qui menaceront bon nombre de villes des États-Unis. Kennedy multiplie les réunions de crise, dans le plus grand secret, sans consulter ses alliés. En fin de compte, le président décide de mettre en place un blocus maritime autour de Cuba. Dean Acheson, l'ancien secrétaire d'État de Truman et le conseiller spécial de Kennedy, part pour l'Europe pour informer Paris, Bonn et Londres. De Gaulle le reçoit à l'Élysée le 22 octobre 1962. La France soutient sans hésitation les États-Unis. De Gaulle ne souhaite pas voir les photographies et les cartes que son visiteur a apportées pour appuyer sa démonstration. « La parole du président des États-Unis me suffit. [...] Nous sommes à vos côtés », aurait-il déclaré. Superbe réponse, preuve irréfutable de l'amitié, inébranlable, entre les États-Unis et la France.

Au même moment, les deux chefs d'État bataillent avec rudesse sur l'avenir économique, militaire et politique de l'Europe. Le conflit résulte de deux conceptions opposées. Pour de Gaulle, la France a recouvré son indépendance, son « rang ». Elle souhaite mettre en œuvre « une concertation étroite avec Washington, mais [...] ce que fait la France, elle le fait de son propre chef ». Il n'est pas question que sa sécurité dépende des autres, fussent-ils des alliés, voire des amis. Et de Gaulle d'ajouter : « L'Europe (doit avoir) sa défense propre, fondée sur la défense des nations qui la composent, et alliée de l'Amérique. Pour cela, il faut que les Américains ne viennent pas nous empêcher, avec une organisation comme l'OTAN, de faire l'Europe ». Kennedy comprend mal le sentiment national de De Gaulle, qu'il qualifierait volontiers d'exacerbé et d'archaïque. À ses yeux, la division de l'Europe occidentale explique sa faiblesse. Il faut pousser à l'unification, donc faire entrer la Grande-Bretagne. Mais il est impératif d'éviter la prolifération nucléaire. Si les États-Unis livrent du matériel stratégique à la France qui vient de procéder au premier essai de son armement atomique, l'Allemagne de l'Ouest réclamera le même traitement. Du coup, la dissuasion perdra de son efficacité, puisqu'elle ne reposera plus sur la seule Amérique. Il est vrai que Kennedy vient de substituer à la doctrine des représailles massives celle de la réponse graduée qui n'est pas faite pour rassurer les Européens.

Le 4 juillet 1962, le président des États-Unis propose à l'Europe occidentale un *partnership*, l'interdépendance entre les États-Unis et la Communauté européenne, qui serait élargie au Royaume-Uni. Le « grand dessein » reste flou. Il n'y aura pas de nouvelles institutions. Ce sera une méthode de travail, une atmosphère, une récompense à l'élargissement de la Communauté. Les États-Unis y gagneront un marché plus étendu pour leur commerce, donc une amélioration de leur balance des paiements déficitaire. Dans le même temps, la défense de l'Europe serait conçue dans un cadre euro-atlantique, sous autorité américaine, et non plus dans des cadres nationaux. Ce serait une force multilatérale au sein de l'OTAN. En résumé, le *partnership* économique permet aux États-Unis d'échapper aux conséquences néfastes de l'élargissement du Marché commun et de maintenir un *leadership* politique et nucléaire. Les États-Unis équilibreraient leur faiblesse économique par leur force nucléaire.

Le coup de tonnerre éclate le 14 janvier 1963. Le général de Gaulle dénonce « la nature, la structure, la conjoncture, qui sont propres à l'Angleterre ». Le Royaume-Uni n'est donc pas prêt à entrer dans le Marché commun. La force multilatérale ne convient pas pour assurer la défense de la France qui entend « se doter d'une force atomique qui lui soit propre ». La position de la France est d'autant plus forte qu'elle est sur le point de signer avec la République fédérale d'Allemagne un traité qui scelle leur réconciliation. Bref, les Britanniques voudraient passer pour des Européens convaincus, alors que, dans le même temps, ils négocient séparément, dans le cadre de leur « relation spéciale », des accords militaires avec les États-Unis. Décidément, il n'est pas possible de leur faire confiance. Le grand dessein conduit à une impasse.

Enfin, les contemporains gardent l'image des funérailles de John Kennedy. Dès qu'il apprend la tragique nouvelle, de Gaulle décide d'assister aux obsèques. En uniforme, dominant de sa grande taille le reste des chefs d'État et de gouvernement, il marche au premier rang. « *It's a tragedy*, dit-il aux collaborateurs du président, je ne fais qu'exécuter le vœu de tous les Français. L'émotion est intense partout en France, surtout chez le petit peuple. » Jacqueline Kennedy, « l'Andromaque d'un jour », lui offre une marguerite blanche qu'il conservera jusqu'à son retour à l'Élysée. Et, dans ses *Mémoires d'espoir*, il conclut : « Sans le crime qui le tua, il aurait pu avoir le temps d'imprimer sa marque à l'époque. »

Il serait inconvenant d'émettre le moindre doute sur la sincérité du général de Gaulle. Mais comment ne pas rappeler qu'il n'a rencontré Kennedy qu'une seule fois, à Paris en 1961, que les deux hommes n'ont eu qu'une seule conversation téléphonique ? Invité à plusieurs reprises à Washington, de Gaulle a repoussé à mars 1964 son déplacement outre-Atlantique, alors que le Premier ministre britannique, Harold Macmillan, a rencontré sept fois John Kennedy pendant sa présidence. Voilà une preuve supplémentaire de cette mésentente cordiale qui a rapproché et éloigné ces deux personnalités.

De Gaulle face aux États-Unis

C'est que l'on éprouve des difficultés à comprendre qu'alliance ne signifie pas dépendance. La France insiste pour défendre, coûte que coûte, son indépendance militaire. En juin 1963, les flottes de la Manche et de l'Atlantique quittent, à leur tour, le commandement intégré de l'OTAN. Déjà se profile la décision spectaculaire de février 1966 : le retrait de toutes les forces françaises du commandement intégré, la fermeture de toutes les bases étrangères sur le territoire national. À cela s'ajoute la définition d'une doctrine atomique qui aboutira à prévoir une défense « tous azimuts ». Il est vrai qu'au moment de la deuxième crise de Cuba (octobre 1962), de Gaulle ne marchande pas son soutien, que la France coopère dans certains domaines avec l'OTAN et reste membre à part entière du Conseil de l'Atlantique nord.

L'obsession de l'indépendance politique n'est pas moins vive. Lorsque Kennedy propose, en juillet 1962, un *partnership* avec une Europe qui accueillerait la Grande-Bretagne et resterait étroitement alliée aux États-Unis dans le cadre de l'OTAN, de Gaulle dit non au *partnership*, non à la Grande-Bretagne, non à la fourniture de missiles Polaris qui lierait la France à l'Amérique.

Surgit alors une proposition française qui choque profondément les Américains. Le 4 février 1965, de Gaulle dénonce la suprématie du dollar : « La convention qui attribue au dollar une valeur transcendante comme monnaie internationale ne repose plus sur sa base initiale, savoir la possession par l'Amérique de la plus grande partie de l'or du monde. » En conséquence, l'Amérique paie ses dettes en émettant des billets. Elle vit et prospère grâce au déficit de sa balance des paiements. De là l'idée d'échanger contre de l'or les dollars de la Banque de France. Pour Washington, c'est un crime de lèse-majesté. L'exemple ne sera pas suivi par les autres États.

L'indépendance économique et technologique s'inscrit dans la même démarche. La construction d'un avion supersonique, le *Concorde*, l'adoption du procédé SECAM pour la télévision en couleurs, le lancement du sous-marin nucléaire *Le Redoutable* en 1967, le plan Calcul pour la production d'ordinateurs, la construction du Mirage IV et des missiles balistiques pour servir « la force de frappe », le contrôle des investissements étrangers, à la fois souhaités et redoutés, autant de mesures qui relèvent de la volonté de conserver et d'accroître la liberté de manœuvre de la France.

Il est vrai que l'année 1964 marque le début d'une nouvelle étape dans les relations franco-américaines. Kennedy vient d'être assassiné. Le nouveau président, Lyndon Johnson, se désintéresse de l'Europe. Il se préoccupe avant tout du Vietnam, de cette guerre dans laquelle les États-Unis s'enferrent de plus en plus, du Proche et du Moyen-Orient. Entre Johnson et de Gaulle, aucun point commun, aucune affinité, une totale incompréhension. La France, elle, en a terminé avec les guerres coloniales. Membre de la Communauté européenne, elle en assure le *leadership* avec l'appui de l'Allemagne de l'Ouest. De Gaulle peut donner libre cours à son refus des blocs et des hégémonies. Sans aucun doute, il reste fidèle aux valeurs du monde libre, mais s'il doit préserver l'indépendance de la France, s'il veut que son pays tienne son « rang » dans le monde en dépit de ses forces limitées, c'est avant tout contre les États-Unis qu'il prendra position. Le glissement vers une forme d'antiaméricanisme est visible.

Maintenant, la politique étrangère, elle aussi, se veut « tous azimuts ». L'Europe de l'Atlantique à l'Oural, juge le Général, forme un ensemble que les idéologies divisent artificiellement. En 1966, de Gaulle se rend en Union soviétique pour signer des accords commerciaux et économiques, scientifiques et technologiques. Une commission permanente franco-soviétique est instaurée ; un téléphone rouge, installé comme celui qui relie Washington et Moscou. Le voici en Pologne (1967), en Roumanie (1968) pour dénoncer « les deux blocs opposés ». Il tente, en vain, de fédérer les États d'Europe et rejette, une deuxième fois en 1967, l'entrée de la Grande-Bretagne dans la Communauté. Après avoir reconnu la République populaire de Chine en 1964 (et suscité des réactions hostiles aux États-Unis comme en Union soviétique), il continue à condamner la guerre américaine au Vietnam. Il prend parti, dans le discours de Phom Penh de 1966, pour l'indépendance des peuples d'Indochine.

Ce n'est pas tout. En 1964, il entreprend un vaste périple en Amérique latine, pour exalter les liens qui unissent les peuples latins. Trois ans plus tard, il lance, du haut du balcon de l'hôtel de ville de Montréal, son « Vive le Québec libre » qui fait scandale dans le reste du Canada et aux États-Unis. Enfin, en 1967, lors de la guerre des Six Jours, il abandonne l'alliance de la France avec l'État d'Israël et prononce en novembre une phrase sur le peuple juif qu'on peut estimer à la limite de l'antisémitisme.

Ces démonstrations de l'indépendance nationale n'ont pas donné des résultats positifs. La France n'a plus les moyens de ses ambitions. Elle possède, en revanche, un pouvoir de nuisance, une sorte d'autorité verbale qui ravit ou agace. Quoi qu'il en soit, les événements de mai 1968 démontrent que l'autorité du général de Gaulle en France même s'est beaucoup affaiblie. À l'extérieur, les hôtes du président français restent convaincus que l'influence véritable est du côté des Américains et des Soviétiques. Les relations franco-américaines sont passées de l'amitié à l'acrimonie.

Dans les derniers mois de la présidence du général de Gaulle, l'atmosphère change une fois de plus. Richard Nixon, l'héritier d'Eisenhower, l'homme auquel de Gaulle a prédit un bel avenir quand les augures le classaient parmi les *has been*, entre à la Maison-Blanche. Une cinquième et dernière fois, de Gaulle se rend à Washington, cette fois pour l'enterrement d'Eisenhower. En mars 1969, il renouvelle l'adhésion de la France au Pacte atlantique. Serait-ce le début d'une nouvelle lune de miel ?

Un mois plus tard, le Général démissionne à la suite d'un référendum qu'il a perdu. Une nouvelle période commence, sans de Gaulle.

17

Jack et Jackie à l'Élysée

Le mercredi 31 mai 1961, Air Force One, l'un des Boeing 767-153 réservés au président des États-Unis, se pose sur l'aéroport d'Orly. À 10 h 10, la porte de la cabine s'ouvre. John Kennedy, 44 ans, descend la passerelle. Son éclatant sourire annonce une Amérique jeune, dynamique, certaine d'être le leader du monde libre et de défendre, partout dans le monde, les valeurs de la démocratie. À ses côtés, Jacqueline Kennedy, 31 ans, d'une beauté rayonnante, dont les journaux ne cessent pas de rappeler qu'elle a des origines françaises et qu'elle parle français. Le couple fait rêver les foules et ne ressemble pas aux dirigeants traditionnels de la vieille Europe.

Les Kennedy sont accueillis par le général de Gaulle, l'homme du 18 Juin, l'interlocuteur de Roosevelt, de Staline, de Churchill, le fondateur de la Ve République, une légende vivante, l'auteur des *Mémoires de guerre* qui ont fait le tour du monde, l'un de ces héros dont l'histoire garde la mémoire. Kennedy a rendez-vous à Vienne avec Khrouchtchev, le maître de l'Union soviétique. Il a voulu auparavant rencontrer de Gaulle pour faire sa connaissance, recueillir ses conseils, lui faire part de ses projets. « Il souhaite consacrer le plus de temps possible aux entretiens, écrit le directeur de cabinet du Général. Il est prêt, à cet égard, à séjourner à Paris trois jours pleins si cela est nécessaire. »

Autant dire que cette visite est à la fois médiatique et politique. Une fois les allocutions prononcées, les invités prennent la direction du palais des Affaires étrangères. Et trois jours durant, les Parisiens acclament le cortège, dès que l'occasion se présente, à tel point qu'il arrive que les voitures officielles ne puissent plus avancer. Jacqueline, qu'on appelle Jackie, vole la vedette à Jack, son époux, qui, le 2 juin, prononce la phrase historique, on l'a vu, l'une de ces « *jokes* », savamment préparées et apparemment improvisées, que l'on donne en pâture aux journalistes : « Je suis le type qui accompagne Jacqueline Kennedy à Paris, et j'en suis ravi. » De Gaulle lui-même fait part de son admiration : « [...] Il arrive à Paris, débordant de dynamisme, entouré par une atmosphère de vive curiosité, formant avec son épouse brillante et cultivée un couple rempli de charme. De la part du public, l'accueil est sympathique au plus haut degré. » C'est la grande fête de l'amitié franco-américaine. C'est aussi Hollywood à Paris.

Le 31 mai, un déjeuner à l'Élysée réunit, autour des deux chefs d'État, une quarantaine d'invités. À la droite du Général, Jackie, puis Michel Debré (le Premier ministre). À sa gauche, l'épouse de l'ambassadeur des États-Unis, puis Maurice Couve de Murville (le ministre des Affaires étrangères). En face, John Kennedy, aux côtés de Mme de Gaulle et de Mme Michel Debré. On découvre les noms de nos ambassadeurs à Washington, Charles Lucet, Hervé Alphand, de conseillers très proches de De Gaulle, Geoffroy de Courcel, Pierre Maillard, René Brouillet. André Malraux, qui vient de perdre ses deux fils dans un accident de voiture, est absent. Du côté américain, Theodore Sorensen, McGeorge Bundy, Paul Nitze, Kenneth O'Donnell, Timothy Reardon, Foy Kohler, Charles Bohlen, Pierre Salinger - les grands noms de l'équipe présidentielle. Dean

Rusk, le secrétaire d'État, ne figure pas parmi les convives. Le secrétaire à la Défense, Robert McNamara, non plus. Le menu, tel qu'il a été conservé, comprend un consommé madrilène, des suprêmes de turbot Régence, un caneton à la Voisin, des cœurs de laitues, un soufflé glacé moka, le tout accompagné d'un château Haut-Brion 1953, d'un château Mouton Rothschild 1953, d'un chambertin 1947 et d'un Bollinger 1949. Pas de fromages, en dépit des trois cent soixante-cinq variétés que produit notre pays. C'est que le général de Gaulle ne veut pas qu'on en serve pour ne pas prolonger un repas qui, malgré tout, a duré une heure trente. Ce que l'on a retenu de ce déjeuner, ce sont les échanges entre Jackie et le Général. La First Lady parle en français et surprend son interlocuteur par sa connaissance de l'Histoire. Il faut dire qu'elle a soigneusement préparé ses propos. Elle sait évoquer Louis XI, Louis XIV ou Napoléon. De Gaulle félicite le président des États-Unis, car, dit-il, Jackie connaît l'histoire de France mieux que beaucoup de Français. Il ne manque pas de répondre avec esprit aux questions de l'Américaine. Elle lui demande lequel de ses interlocuteurs les plus célèbres a manifesté le plus d'humour. Imperturbable, il répond : « Staline, Madame ».

Le jeudi 1er juin, une soirée est offerte par le général de Gaulle au président John Kennedy dans le théâtre Louis-XV de Versailles. À la demande de Jackie qui a fait savoir qu'elle « aimerait beaucoup pouvoir assister à une soirée au théâtre de Versailles comportant un court divertissement, si possible un ballet, (le président Kennedy aurait, en effet, du mal à suivre en français une pièce de théâtre). Son vœu serait que ce spectacle fût précédé ou suivi d'un souper au château de Versailles ». Le vœu est exaucé. Le dîner dans la galerie des Glaces commence à 22 h 15. Il réunit cent soixante-quatorze invités. Au menu, un velouté Sultane, une timbale de soles Joinville, un cœur de filet de Charolais renaissance, un chaud-froid de volailles, une salade de romaine à l'estragon, un parfait Viviane. Pour les vins, un riesling 1955, un château Cheval Blanc 1953, un Corton Grancey 1953, un Lanson 1952. Le dîner est suivi d'un ballet. Jackie, plus royale que jamais, entre dans le théâtre au bras du Général, « l'un des plus beaux spectacles que l'on pouvait imaginer, que de voir en même temps la jeunesse et la gloire », témoigne Valéry Giscard d'Estaing. Le balcon est occupé par les personnalités les plus importantes. Au rez-de-chaussée, les principaux acteurs des deux Républiques sont assis dans l'ordre protocolaire. André Malraux, présent cette fois-ci, est coincé entre la sœur et la belle-sœur de Jackie.

Outre ces deux évènements majeurs, d'autres réceptions ont été données en l'honneur des invités américains, par exemple à l'hôtel de ville de Paris, à l'Élysée une seconde fois. L'emploi du temps de Jack et de Jackie est extraordinairement chargé. À telle enseigne que le président des États-Unis, qui souffre du dos et a subi, quelques années auparavant, une opération terriblement risquée, n'a que peu de temps pour se reposer, se détendre et reprendre des forces. À vrai dire, son emploi du temps n'est pas identique à celui de son épouse.

Mme Kennedy a fait connaître ses souhaits. Elle voudrait visiter des expositions intéressantes de peinture et de meubles. Elle aimerait que, chez Mme Couve de Murville, elle puisse rencontrer « quelques-uns de nos écrivains et de nos artistes ». Il est de notoriété publique qu'elle éprouve une grande admiration pour André Malraux, non seulement pour l'auteur de *La Condition humaine*, mais aussi pour le commentateur des œuvres d'art. « Pourrais-je être assise à côté de lui, lors d'un dîner ? » demande-t-elle à Nicole Alphand, l'épouse de l'ambassadeur de France à Washington. Le deuil, dans lequel le ministre des Affaires culturelles est plongé, ne l'empêchera pas de servir de guide à Jackie. Il la conduit au musée du Louvre. Au musée du Jeu de Paume, il a fait rapprocher *L'Olympia* de Manet et *La Naissance de Vénus* de Bougereau pour que Jackie puisse admirer les deux nus ensemble. Il l'enchante en commentant les toiles de Renoir, de Cézanne, de Monet. Il l'emmène au château de la Malmaison. Elle admire le destin de Joséphine de Beauharnais. Elle sait et comprend que pour Malraux la culture contribue au rayonnement de la France. Alors, pourquoi ne pas créer aux États-Unis un secrétariat aux Affaires culturelles ? Pourquoi ne pas transformer la Maison-Blanche qui rivaliserait, d'une certaine manière, avec le château de Versailles ? Ne serait-il pas possible de prêter *La Joconde* à l'un des grands musées américains ? Que de projets naissent dans la tête de Jackie, à mesure qu'elle écoute avec attention, voire avec dévotion, les explications de Malraux ! L'écrivain l'a sans doute beaucoup plus impressionnée que le Général, impénétrable, distant, un peu froid, pour ne pas dire glacial.

Pendant ce temps, les deux chefs d'État évoquent les grands problèmes de notre planète. L'un et l'autre viennent de subir de dures épreuves. Inexpérimenté, mal conseillé, Kennedy est tombé dans le piège de Cuba. Il a soutenu, plus ou moins secrètement, l'expédition de la baie des Cochons, qui s'est terminée le 18 avril 1961, par un retentissant échec. Kennedy assume les conséquences. Pour reprendre en main une situation plus que troublée, il annonce le 25 mai que les États-Unis vont « mettre un homme sur la lune [...] avant la fin de la décennie ». De Gaulle a affronté, les 21 et 22 avril, le complot « d'un quarteron de généraux à la retraite » et a su le réprimer. De plus, depuis le 13 février 1960, la France, devenue une puissance atomique, « est plus forte et plus fière ». Ces péripéties passent au second plan, quand il s'agit de réfléchir aux conséquences de la guerre froide. Que sera le sort de Berlin, divisé en un secteur soviétique et un secteur occidental, quand l'URSS tente par tous les moyens d'écarter les Occidentaux ? Faut-il résister sans céder un pouce du terrain ou bien négocier ? En Indochine, les Français ont cédé la place aux Américains. La guérilla contre les communistes menace de devenir une véritable guerre, notamment au Laos. Ce qui entraîne un échange d'informations sur la rupture que l'on devine entre Pékin et Moscou. L'Amérique latine - un domaine dans lequel les États-Unis, et non la France, exercent leurs responsabilités -, l'Angola où les États-Unis entendent adopter une attitude « progressiste » figurent aussi à l'ordre du jour des conversations. Mais l'essentiel porte sur l'OTAN, sur son rôle, sur son organisation, sur la place de la France et des États-Unis. Pour Kennedy, la défense de l'Europe et celle des États-Unis sont indissociables. Pour de Gaulle, la défense du continent et plus particulièrement celle de la France ne doivent pas dépendre des États-Unis. Il faut, en conséquence, remanier l'organisation de l'OTAN, d'autant que les Soviétiques, poursuit le Général, ne sont pas persuadés que s'ils attaquent l'Europe occidentale, les États-Unis riposteront avec toutes leurs forces. De Gaulle résume sa position en ces termes : « Puisque personne ne peut être sûr plus longtemps que les États-Unis utiliseraient leurs armes nucléaires d'entrée en jeu, la sécurité de l'Europe doit être assurée par les pays européens, non pas sans les États-Unis, mais pas exclusivement par les États-Unis. »

Une divergence profonde, la naissance d'un malentendu qui marquera les années suivantes et aboutira notamment au retrait de la France des organes de commandement de l'OTAN et à l'évacuation des bases américaines. En un mot, les conversations de Paris ont été cordiales, voire chaleureuses. Elles n'ont nullement effacé les désaccords. La réussite médiatique de la visite de Jack et Jackie a dissimulé l'impossible entente entre la France de De Gaulle et les États-Unis de Kennedy.

18

Insolubles questions sur trois assassinats

Les *sixties* hantent les mémoires américaines. Ce fut la décennie des libérations. Les jeunes, les femmes, les minorités ethniques ont soudain senti le vent de la liberté. Les mœurs et les lois ont bouleversé les fondements de la société. Et pourtant, que de tragédies ! À commencer par la guerre du Vietnam dans laquelle sont engagés plus d'un demi-million de soldats américains et qui n'en finit pas de finir. La législation sur les droits civiques vise à supprimer la pauvreté, à faire disparaître les discriminations dans tous les secteurs de la société, à créer une société plus juste. Et pourtant, des manifestations violentes secouent les principales villes du pays. Les États-Unis traversent alors l'une des périodes les plus prometteuses et les plus dramatiques de leur histoire. Trois assassinats politiques bouleversent le pays, d'autant plus qu'ils ne sont ni complètement ni définitivement expliqués.

Des assassinats politiques, il y en a depuis la plus Haute Antiquité. Tous les pays en ont connu. Certains ont marqué les esprits. L'assassinat de l'archiduc d'Autriche-Hongrie, François-Ferdinand, a déclenché la Grande Guerre, quatre années de combats terriblement meurtriers et de profonds changements en Europe. On pourrait allonger la liste des morts qui ont changé le cours de l'histoire : Reynald Heydrich, Gandhi, Benigno Aquino, Itzhak Rabin, Rafik Hariri, Benazir Bhutto. Sans oublier les assassinats commis par les polices de Staline, par l'IRA irlandaise, par l'ETA basque, par les Brigades rouges. Depuis la Révolution, la France figure en bonne place dans ce bilan macabre. À la fin du XXe siècle, les disparitions de Robert Boulin, de Joseph Fontanet, de Michel Baroin n'ont pas été complètement élucidées. Sur notre sol, bon nombre d'étrangers, membres d'organisations ou de partis exilés, ont été abattus. Le moins que l'on puisse ajouter, c'est que l'assassinat politique fait, hélas !, partie de l'histoire politique de tous les pays.

Les États-Unis n'échappent pas à cette conclusion. D'après les comptages officiels, il y eut une cinquantaine d'assassinats politiques au XIXe siècle. Parmi les victimes d'attentats qui ont réussi ou non, on compte deux présidents, neuf gouverneurs, sept sénateurs fédéraux, neuf représentants, une quinzaine de législateurs d'États, onze juges. Le total est de trente-deux pour le XXe siècle, en oubliant les tentatives d'assassinat qui ont échoué. Pendant les *sixties*, des assassinats ont marqué les esprits. Par exemple, celui de Malcolm X, l'un des leaders de Nation of Islam, tué le 19 février 1965, ou bien celui de George Lincoln Rockwell, le chef du parti nazi américain, tué le 8 mars 1969. Trois assassinats, encore plus que les autres, ont bouleversé les Américains, et le reste du monde. Non seulement en raison de la personnalité, du rôle politique et social, de la célébrité des victimes ; mais aussi parce que les enquêtes n'ont peut-être pas définitivement établi qui étaient réellement les tueurs.

L'assassinat de John F. Kennedy

Le vendredi 22 novembre 1963, le président John Fitzgerald Kennedy traverse la ville de Dallas dans sa limousine. Il est venu au Texas pour préparer les élections présidentielles de 1964. Son déplacement relève de la communication politique. C'est pourquoi son épouse, Jacqueline, est assise à ses côtés. L'automobile est décapotée. Elle avance à petite vitesse. Il faut que le couple présidentiel salue les spectateurs et soit vu par tous. Assis sur les autres sièges de la voiture, le gouverneur du Texas, John Connally et son épouse. À 12 h 30, au coin d'Elm et de Houston Street, des coups de feu claquent. Le président est grièvement blessé. Le gouverneur est également touché. Le cortège accélère en direction de l'hôpital. À 13 heures, Kennedy est déclaré mort. Le vice-président, Lyndon Johnson, devient président des États-Unis. À 14 heures, un présumé coupable est arrêté. Il a pour nom Lee Harvey Oswald. Deux jours plus tard, le dimanche 24 novembre, à 11 h 21 au siège de la police municipale, Jack Ruby tire plusieurs coups de feu sur Oswald et l'assassine devant des millions de téléspectateurs.

John Kennedy est le quatrième président assassiné dans l'exercice de ses fonctions. Le 14 avril 1865, Abraham Lincoln a été abattu par John Wilkes Booth. L'assassin voulait venger les États du Sud, qui venaient de reconnaître leur défaite. Il avait longuement préparé son crime, réuni autour de lui des complices, organisé sa fuite et prévu des « planques ». Il envisageait qu'en même temps, des complices assassineraient le vice-président des États-Unis et le secrétaire d'État (troisième personnage de l'État fédéral à cette époque). La conspiration a échoué. Booth est tué par un soldat fédéral le 26 avril. Quatre complices sont arrêtés, puis pendus, y compris une femme ; les autres seront condamnés à la prison.

Seize ans plus tard, le 2 juillet 1881, James A. Garfield, président depuis quatre mois, est à son tour la victime d'un assassin. Deux balles l'ont atteint. Au terme d'une douloureuse agonie, il meurt le 19 septembre. L'assassin réclamait un poste que le président n'a pas eu le temps de lui accorder ou de lui refuser.

Le 5 septembre 1901, le président William McKinley est lui aussi atteint par deux balles. Il survit à l'attentat, mais la gangrène envahit les blessures. Il décède le 14 septembre. Son assassin a pour nom Leon Frank Czolgosz. Il est anarchiste. Il commet son crime pour mettre à exécution le programme des anarchistes. Il ne croit pas aux principes démocratiques. Il refuse toute autorité politique. Il sera exécuté.

À vrai dire, d'autres présidents ont été la cible d'attentats. Richard Lawrence a tenté d'assassiner Andrew Jackson en 1835, sous prétexte que le président des États-Unis l'avait empêché d'accéder au trône du Royaume-Uni. Il est interné jusqu'à sa mort dans un hôpital psychiatrique.

Le 15 février 1933, alors qu'il n'a pas encore pris ses fonctions, Franklin Roosevelt prononce un discours improvisé en Floride. À ses côtés, le maire de Chicago, Anton Czermak. Surgit un anarchiste italien, Joseph Zangara, qui fait feu, qui rate Roosevelt et tue Czermak. Les motivations de l'assassin ne sont pas claires. Sans doute sont-elles liées à la politique d'immigration dont Roosevelt n'est pourtant nullement responsable.

Dans les années cinquante, Harry Truman échappe à un attentat dont l'auteur condamnait la reconnaissance de l'indépendance de Porto Rico.

En 1981, John Hinckley espère qu'en visant Ronald Reagan, il attirera l'attention de l'actrice Jody Foster. Il ne fait que blesser le président.

L'assassinat de Kennedy provoque un traumatisme national et international. D'autant plus que l'assassin présumé est lui-même assassiné. La succession époustouflante des événements crée la consternation, la colère et le désir, bien compréhensible, de savoir. Qui est le meurtrier ? A-t-il agi seul ? Quels sont ses mobiles ? Pourquoi a-t-il été tué par Ruby ? Kennedy qui a conduit ses concitoyens vers « de nouvelles frontières », stoppé l'installation à Cuba de fusées soviétiques, tenu la dragée haute à Khrouchtchev, entrepris de réformer la société de son pays, l'homme qui séduisait par son sourire, son humour, son charme personnel, qui passait pour être le bon fils, le bon frère, le bon mari, le bon père, peut-il être abattu dans une rue du Texas sans que les Américains et leurs amis dans le monde se sentent orphelins ?

« L'une des tâches les plus urgentes auxquelles j'eus à faire face dès mon entrée en fonction, écrit Lyndon Johnson, fut de garantir au pays que nous faisions l'impossible pour découvrir la vérité quant au meurtre du président Kennedy. John Kennedy avait été assassiné et une nation affligée, troublée, indignée ; elle voulait connaître exactement les faits. » C'est que, au lendemain du crime, les rumeurs les plus folles circulent. Comment y mettre fin ? Le président confie alors à Earl Warren, le Chief Justice de la Cour suprême, la présidence d'une commission qui réunit deux sénateurs, deux représentants, l'ancien directeur de la CIA et un banquier, John McCloy, qui fut aussi haut fonctionnaire. La commission s'entoure de nombreux adjoints, interroge des centaines de témoins, fait appel à des experts en empreintes digitales et en balistique, à des médecins, à des ingénieurs du textile pour vérifier les traces vestimentaires. Le 24 septembre 1964, sept semaines avant les élections présidentielles, elle remet son rapport, soit 888 pages et 26 volumes d'annexes. Voici les principales conclusions :

Les coups de feu qui ont tué le président Kennedy et blessé le gouverneur Connally ont été tirés de la fenêtre du sixième étage (le cinquième étage si l'on compte à la française) de l'angle sud-est du Dépôt des livres scolaires du Texas. [...] La balle, presque intacte, trouvée au Parkland Memorial Hospital sur la civière du gouverneur Connally, et les fragments des deux balles trouvées sur le siège avant de la limousine présidentielle ont été tirées par un fusil Mannlicher-Carcano de 6,5 mm qu'on a retrouvé au sixième étage du Dépôt des livres scolaires. [...] La nature des blessures par balles du président Kennedy et du gouverneur Connally, la position de l'automobile au moment où les coups de feu ont été tirés établissent que les coups de feu sont partis de l'arrière et au-dessus de la limousine présidentielle et qu'ils ont frappé le président et le gouverneur de la manière suivante : a) le président Kennedy a été atteint par une balle qui est entrée dans la nuque et est sortie dans la partie basse du cou. [...] Le président a été touché une deuxième fois par une balle qui est entrée dans la partie arrière droite de la tête et a causé une blessure étendue et mortelle ; b) le gouverneur Connally a été atteint par une balle qui est entrée du côté droit de son dos, a traversé de haut en bas la partie droite de sa poitrine et est sortie en dessous de son mamelon droit. La balle a alors traversé son poignet droit et pénétré dans sa cuisse gauche où elle a causé une blessure superficielle. [...] Trois coups de feu ont été tirés. [...] Les coups de feu qui ont tué le président Kennedy et blessé le gouverneur Connally ont été tirés par Lee Harvey Oswald. [...] Sur la base du témoignage des experts et après analyse des films de l'assassinat, la commission a conclu qu'un tireur possédant les qualités de Lee Harvey Oswald pouvait avoir tiré les coups de feu avec le fusil qui a été utilisé pour l'assassinat pendant le temps de la fusillade. [...] La commission n'a trouvé aucune preuve permettant d'affirmer que Lee Harvey Oswald et Jack Ruby faisaient partie d'un complot d'origine nationale ou

> étrangère, en vue d'assassiner le président Kennedy. [...] Sur la base des preuves qui ont été recueillies par la commission, elle conclut qu'Oswald a agi seul.

Pour résumer, la commission Warren attribue la responsabilité du meurtre à un seul assassin. Elle juge que Ruby, l'assassin d'Oswald, a lui aussi agi seul. L'un et l'autre seraient des esprits dérangés. Quels que soient les liens de l'un et de l'autre avec des organisations politiques ou « le syndicat du crime », l'explication rationnelle de leur geste tient dans leur personnalité. Oswald explique Oswald. Ruby explique Ruby. Les deux hommes ne se connaissaient pas.

Les conclusions du rapport convainquent la très grande majorité des Américains. Puis, une première vague de contestataires, entre 1964 et 1968, ébranle les piliers de la certitude. Une autre lecture des documents et des témoignages ne serait-elle pas possible ? Aurait-on, volontairement ou non, dissimulé la vérité ? Les contestataires interrogent des témoins que la commission n'aurait pas interrogés. Ils accumulent les détails et les questions. Ils soutiennent que le FBI n'a pas dit tout ce qu'il savait. Ils protestent avec force contre l'interdiction de visionner le film d'Abraham Zapruder, un cinéaste amateur. Son film, maladroitement tourné, permet de reconstituer, tant bien que mal, la séquence des événements. Ils ne croient pas à la thèse de « la balle magique », cette balle qui aurait traversé le cou de Kennedy, puis le thorax, le poignet et la cuisse de Connally, et qui aurait fini sa course, presque intacte. Ils calculent, avec la précision d'experts scientifiques, le temps qu'il faut pour charger, viser et tirer avec un Mannlicher-Carcano. Ils font observer que, contrairement aux affirmations de la commission, Oswald n'a jamais passé pour être un tireur d'élite. Finalement, ils introduisent le doute dans bien des esprits. Les officiels peuvent mentir ; la CIA et le FBI, dissimuler leurs activités coupables. Conclusion : il y a eu un complot à Dallas. On a caché la vérité aux Américains. Un mensonge d'État ? Qui est vraiment l'assassin ? A-t-il eu des complices ? Qui sont ses commanditaires ?

En 1976, la Chambre des représentants désigne à son tour une commission d'enquête, non seulement sur l'assassinat de Kennedy, mais aussi sur celui de Martin Luther King. Le rapport est remis le 2 janvier 1979. Les conclusions ne sont pas fracassantes. « Lee Harvey Oswald a tiré trois coups de feu sur le président Kennedy. [...] Le président Kennedy a été atteint par deux coups de fusil qui ont été tirés derrière lui. » La commission adopte la thèse de « la balle magique ». Toutefois, elle conclut que la balle perdue, celle qui n'a atteint aucune des deux victimes, n'a pas été la troisième, mais la première. Une révélation, toutefois : la commission a écouté l'enregistrement, sur la radio d'un policier motocycliste, des coups de feu. Sa conclusion : « Des preuves acoustiques et scientifiques établissent une probabilité élevée que deux tireurs ont tiré sur le président Kennedy. [...] La commission estime que le président Kennedy a été probablement assassiné à la suite d'une conspiration. » La commission met hors de cause les autorités soviétiques et cubaines, les groupes anticastristes, « le syndicat du crime », le Secret Service (chargé de la protection du président), le FBI et la CIA. Alors, qui d'autre ? Quoi qu'il en soit, elle entretient les doutes sur l'interprétation qu'a donnée la commission Warren, sans apporter la moindre réponse.

Le rapport Warren tombe dans les oubliettes de l'histoire. De nouveau, les détectives amateurs s'en donnent à cœur joie. Même si l'Académie nationale des sciences détruit la confiance que la commission avait mise dans les écoutes téléphoniques. C'est que la personnalité d'Oswald reste mystérieuse. À 24 ans, cet homme a un passé troublé et troublant. Il s'est engagé dans les marines. Il s'y est fait remarquer par son intérêt pour Karl Marx. De quoi surprendre. Démobilisé, il se réfugie à Moscou, renonce à la nationalité américaine, travaille à Minsk dans une usine de matériel de radio. Il épouse Marina Prusakova, dont l'oncle sert dans les services de renseignement soviétiques. En juin 1962, le voilà de retour aux États-Unis. Il se sépare de sa femme. Il vit entre La Nouvelle-Orléans et Dallas à la recherche d'un emploi. Il noue des liens étroits avec George de Mohrenschildt, un agent de la CIA. Il affiche des sympathies pour Fidel Castro. Dans le même temps, il entretient des contacts avec des groupes anti-castristes. Son fusil, il l'a acheté par correspondance. Oswald reste un mystère. Est-il un agent de la CIA, des services soviétiques, du FBI ? Tout cela à la fois ?

Mêmes incertitudes sur Jack Ruby. Gangster au petit pied, minable truand, proxénète, fournisseur de renseignements à la police municipale et fédérale, lui aussi fréquente la mafia. Ses motivations ? Il n'a pas cessé de dire qu'il avait tiré sur Oswald pour éviter à Jacky Kennedy la douleur du procès public de l'assassin. Son procès a été bâclé. Il attend un second procès, quand il meurt d'un cancer dans sa prison en 1967. Alors, faut-il incriminer la mafia ? Ses intérêts financiers à Cuba étaient considérables. L'arrivée au pouvoir de Fidel Castro lui a causé un préjudice incalculable. « Les parrains » souhaitaient-ils que les États-Unis renversent le dictateur cubain ? Ont-ils été déçus par la nouvelle politique de Kennedy, un rapprochement prudent et progressif avec La Havane ? Ont-ils craint une détente entre les deux pays ? Et pourtant, la CIA a tenté, à de multiples reprises, d'assassiner Castro. Impossible de démêler l'écheveau de cet embrouillamini.

Reste qu'aujourd'hui, la filière que privilégient la plupart des auteurs met en cause les adversaires cubains de Castro, des groupuscules d'extrême droite, des membres de la mafia. Le rapport de 1979 accorde 4 pages à l'hypothèse d'un complot soviétique ; 26 pages au complot cubain ; 96 pages au complot anticastriste. Les Cubains hostiles à Castro haïssaient Kennedy, depuis qu'il les avait abandonnés après l'échec du débarquement dans la baie des Cochons en avril 1961. Ils concluent qu'ils ont été trahis. La solution de la crise des missiles en octobre 1962 les déçoit profondément. Elle démontre à leurs yeux que les États-Unis n'ont pas l'intention de libérer Cuba par la force, qu'ils ont accepté des négociations avec l'URSS, qu'ils ont plongé dans une insupportable compromission. Des signes troublants confirment leurs craintes. Les Américains ferment les camps dans lesquels les anticastristes suivaient un entraînement militaire. Ils vont même jusqu'à confisquer les armes que détiennent les ennemis de Castro. L'assassinat de Kennedy ouvrira, croient-ils, une voie nouvelle, la perspective d'entrer en vainqueurs dans La Havane libérée. Quant aux groupes d'extrême droite, ils attaquent violemment le président Kennedy. Ils lui font grief de suivre une politique de détente avec l'Union soviétique, de favoriser le mouvement des droits civiques en faveur des Noirs, de préparer en sous-main l'abandon du Vietnam aux communistes.

Plus le temps passe, plus les chances de percer le secret diminuent. Le champ a été labouré, retourné, fouillé jusque dans ses moindres détails. L'histoire ne manque pas d'énigmes qui ne seront jamais élucidées. L'assassinat de John Kennedy entre dans cette catégorie. C'est dommage pour la vérité historique. C'est pain bénit pour les inconditionnels du mystère.

Martin Luther King

Le 4 avril 1968, Martin Luther King est, à son tour, assassiné. Un peu plus de quatre ans après John F. Kennedy. La veille, il est arrivé à Memphis dans le Tennessee. Il y est venu pour soutenir la grève des éboueurs noirs. Il s'est installé au Lorraine Motel. Le soir, il a prononcé un discours devant 20 000 personnes. La journée du 4 avril commence tard. King réunit autour de lui les représentants de la communauté noire. À 17 heures, il revient dans sa chambre. Il prend ses dispositions pour participer au dîner que lui offre le pasteur Kyles. Il sort sur le balcon. À 18 h 01, un coup de feu claque. King tombe à la renverse. Il est blessé à la tête. Transporté immédiatement à l'hôpital, il meurt à 19 h 05.

L'annonce de l'attentat fait l'effet d'une bombe. Le pays serait-il livré à des forces obscures qui recourraient systématiquement à l'assassinat ? Les Noirs peuvent-ils se faire entendre sans mettre leur vie en péril ? L'émotion est à son comble lors de l'enterrement à Atlanta (Géorgie). Le président Lyndon Johnson a décrété un deuil national. Dans tous les États, sauf en Géorgie où le gouverneur est un partisan inconditionnel de la ségrégation raciale, les drapeaux sont en berne. Cent vingt millions de téléspectateurs suivent sur leurs écrans la cérémonie funèbre et découvrent, les larmes aux yeux, Coretta King, la veuve, les quatre enfants du défunt, des personnalités comme Harry Belafonte, Sammy Davis, Mahalia Jackson et, tout de noir vêtue, Jacqueline Kennedy - au milieu d'une foule de 100 000 personnes.

Des émeutes ne tardent pas à éclater - comme les années précédentes. Le scénario est toujours le même. Un incident met le feu aux poudres dans les ghettos urbains qu'habitent les pauvres, des Noirs dans leur très grande majorité. Des bandes de jeunes saccagent et pillent les magasins, incendient les bâtiments et les automobiles, dressent des barricades. Trois ans avant l'assassinat de King, les émeutes urbaines ont fait des centaines de morts. « On dirait Berlin en 1945 », déclare le maire de Détroit. Les Blancs ont de nouveau peur. L'assassinat de King fait craindre le pire. Et le pire se produit. Dès le 5 avril, cent cinquante villes sont à feu et à sang. Les vitrines des magasins volent en éclats. Une colère froide, la brutalité du désespoir, la misère, l'impatience à l'égard des changements qui n'arrivent pas, la persistance du racisme, la circulation et la détention des armes à feu, autant d'explications avancées par les responsables politiques et les sociologues. Une fois de plus, de jeunes Noirs envahissent les rues, forment des bandes, détruisent tout sur leur passage, mais ne sortent pas de leurs quartiers. Les Blancs fuient les centres-villes, se terrent dans les banlieues, havres de paix et de confort, regardent à la télévision des événements qui sont filmés à quelques kilomètres de chez eux. La capitale fédérale n'échappe pas aux violences. Pour rétablir l'ordre, 15 000 gardes nationaux interviennent jusqu'aux abords de la Maison-Blanche et du Congrès.

Martin Luther King n'a, pourtant, jamais prêché la révolte. Au contraire, il a toujours été l'apôtre de la non-violence, le disciple de Gandhi et des transcendantalistes américains du XIXe siècle. Il n'a pas cessé de prôner le pacifisme, les *sit in* et les boycotts. La jeune génération ne croit plus à cet idéal. Il ne faut plus, pense-t-elle, tendre la joue gauche après avoir été frappé sur la joue droite. Cruel paradoxe, pour venger le leader assassiné, on fait ce qu'il a condamné. Oublié ou autrement interprété, le beau discours du 28 août 1963, au pied du Lincoln Memorial de Washington, devant 250 000 manifestants. L'année suivante, le Congrès a voté et le président a signé le *Civil Rights Act*. La loi instaure la déségrégation des lieux publics ; elle protège le droit de vote des Noirs. Tous les Américains sont désormais égaux à l'embauche. King reçoit alors le prix Nobel de la paix. En 1965, le *Voting Rights Act* renforce le contrôle fédéral sur le processus électoral. Pour les 19 millions de Noirs dont 60 % vivent dans le Sud, c'est la fin de l'apartheid - cent ans après l'abolition de l'esclavage.

King vient d'atteindre le sommet de la gloire et de la popularité. La guerre du Vietnam est maintenant la préoccupation majeure des Américains. La conscription et le système des sursis désavantagent les jeunes Noirs, qui partent faire la guerre en nombre proportionnellement plus élevé que les jeunes Blancs. Les programmes sociaux subissent le contrecoup des dépenses militaires. King ne désespère pas. Il prend parti, officiellement, contre la poursuite de la guerre. Contre la pauvreté, il déplace son action dans les villes du Nord et du Middle West. Mais il n'est plus le seul leader des Noirs. Stokely Carmichael, plus jeune, plus proche des émeutiers, répond mieux à l'impatience, aux frustrations de la génération montante. King a beau critiquer avec vigueur la politique sociale du président Johnson, protester contre la guerre, sa modération déçoit. Ils sont de plus en plus nombreux les Noirs qui le surnomment « De Lawd » (the Lord, le Seigneur). Le Seigneur vit bien, trop bien ; il fréquente les Blancs, jouit de tous les honneurs, mais il ne comprend plus les habitants de Harlem, de Philadelphie ou de Saint Louis. En un mot, le prestige de King faiblit. Le temps de la non-violence est passé.

J. Edgard Hoover, le directeur inamovible ou presque du FBI, laisse croire à ses concitoyens que King subit l'influence des communistes. D'hôtel en hôtel, de meeting en meeting, les agents spéciaux du FBI suivent King, l'espionnent, le traquent. D'octobre 1963 à juin 1966, le FBI a recouru à l'électronique pour surveiller King. La presse a reçu des informations, dites confidentielles, sur sa vie privée, sur ses activités publiques ou secrètes contre la sécurité des États-Unis. Il n'empêche que King a décidé d'organiser une nouvelle marche sur Washington, la réédition de celle de 1963. Elle sera consacrée, non plus à la lutte contre la ségrégation, mais au combat contre la pauvreté. Il a accepté de venir à Memphis pour soutenir la grève des éboueurs noirs qui réclament de meilleurs salaires. Il sait que sa vie est en danger. En 1957, une femme l'a poignardé avec un coupe-papier. D'autres leaders du mouvement des droits civiques ont été abattus, avant et après l'assassinat du président Kennedy. Il continue, malgré les pressentiments et les avertissements, de prêcher. Le 3 avril 1968, il prononce à Memphis un sermon prémonitoire : « Je suis allé jusqu'au sommet de la montagne. Et je ne m'inquiète plus. [...] J'ai vu la Terre promise. [...] Je ne m'inquiète de rien. Je ne crains aucun homme. Mes yeux ont vu la gloire de la venue du Seigneur. »

Après l'attentat du 4 avril 1968, la police municipale et le FBI travaillent avec efficacité. En quelques semaines, le coupable présumé est arrêté ; sa démarche, expliquée, semble-t-il. Des policiers stationnaient à proximité du motel. À peine ont-ils entendu le coup de feu qu'ils se précipitent, découvrent un fusil à lunette, des jumelles, des tickets de blanchisserie, un exemplaire du quotidien local, des empreintes digitales. Toutes les voitures de police reçoivent le signalement du suspect. Les policiers ne tardent pas à découvrir que son vrai nom est James Earl Ray, un évadé du pénitencier du Missouri. Ils relèvent que l'homme a fait une demande de passeport, qu'il est passé par le Canada et a pris l'avion pour Londres - sans doute pour partir ensuite vers la Rhodésie ou l'Afrique du Sud. Le 8 juin, les Britanniques arrêtent Ray à l'aéroport de Londres. Un mois plus tard, il est extradé vers les États-Unis.

Reste à comprendre les motivations de Ray. Elles sont mystérieuses. A-t-il agi seul ou bien a-t-il bénéficié de concours ? Le procès devrait élucider l'énigme. Mais le procès n'a pas lieu, car Ray plaide coupable. Grâce à quoi il échappe à la peine de mort et sera condamné, sans procès, à une peine de prison de quatre-vingt-dix-neuf ans. Fin de l'affaire ? Oui, sur le plan judiciaire. Non, sur les motivations de l'assassin. A-t-il des complices ? On ne sait pas. Et voilà que Ray revient sur ses aveux. Il proclame qu'il est innocent. Il ne cessera pas jusqu'à sa mort en 1998 d'affirmer haut et fort qu'il a été la victime d'une machination.

Que veut dire la mise en doute de la procédure que l'on croyait incontestable ? Les amateurs de romans policiers s'en donnent à cœur joie. Ils jettent le soupçon sur l'action des pouvoirs publics, en particulier sur le FBI. Encore une enquête truquée, soutiennent-ils. C'est pourquoi la Chambre des représentants décide de confier à une commission spéciale une nouvelle enquête sur l'assassinat de King et sur celui de Kennedy. Conclusion : Ray est un malfrat de médiocre acabit. Il a passé une bonne partie de sa jeunesse en prison. Il s'est évadé en 1967 du pénitencier du Missouri. Ses frères ne valent pas mieux que lui. Imprégné de l'idéologie fasciste, il déteste Martin Luther King. Il a entendu parler d'une récompense de plusieurs milliers de dollars qu'un homme d'affaires de Saint Louis aurait promise à qui exécuterait le leader noir. Ray a voulu gagner de l'argent. Il a suivi sa future victime à la trace, de ville en ville, l'a abattue et s'est enfui à l'étranger avec l'aide de ses frères. Il voulait gagner deux États africains qui pratiquaient alors la ségrégation raciale. Ni le FBI ni la police de Memphis ne portent la moindre responsabilité dans cet assassinat. Aucune association, secrète ou non, n'a ourdi de complot pour assassiner King.

Bien sûr, la commission d'enquête ne convainc pas tous les Américains. De son côté, James Earl Ray ne cesse pas de réclamer un nouveau procès. Une demande que les tribunaux ont rejetée à plusieurs reprises. La famille de King prend le parti de Ray. Un paradoxe qui renforce le camp des sceptiques. Le fils du pasteur a rencontré Ray dans l'hôpital du pénitencier où Ray était soigné pour une cirrhose. L'un et l'autre ont affirmé que la balle qui a tué King ne correspondait pas aux balles du fusil de Ray. En 1997, un juge refuse, encore une fois, la mise en liberté de Ray. Tant que de nouvelles preuves, incontestables, n'auront pas prouvé le contraire, James Earl Ray restera l'assassin de Martin Luther King. C'est ce que l'on croit.

Mais une seconde mort menace le pasteur. Aujourd'hui, voilà une figure mythique de l'histoire des États-Unis. Une journée nationale lui est, chaque année, consacrée, comme pour George Washington ou Abraham Lincoln. Un musée, un institut de recherche, un fonds d'archives établis à Atlanta font du grand homme l'une des légendes des États-Unis. Le centre King est devenu un pèlerinage. Toutes les citations des œuvres du grand homme doivent être payées au centre. Des objets en porcelaine, des effigies du pasteur sont vendus. Dans cette perspective, un nouveau procès entraînerait une profitable publicité. Le business assassinerait-il la mémoire du disparu ?

Robert F. Kennedy

Un autre assassinat suit de près celui de King. Le 5 juin 1968, peu après minuit, Robert Kennedy, le frère du président, est abattu à son tour dans un hôtel de Los Angeles. Un nouveau cauchemar pour les Américains. Kennedy venait de remporter la primaire démocrate de Californie. Il aurait pu devancer Hubert Humphrey, le vice-président des États-Unis, qui ambitionnait d'être le candidat démocrate aux prochaines élections présidentielles. *A priori*, l'assassinat ne cache aucun mystère. Le meurtrier a pour nom Sirhan B. Sirhan. Il a 24 ans. C'est un Palestinien de nationalité jordanienne qui a émigré aux États-Unis. Il attendait Kennedy dans l'un des couloirs de l'hôtel. Il a tiré huit balles. Le service d'ordre l'a immédiatement arrêté. Grièvement blessé, Robert Kennedy a été transporté dans l'hôpital le plus proche. Compte tenu de la gravité de ses blessures, il est transféré à l'hôpital du Bon Samaritain qui dispose d'un service spécialisé en neurochirurgie. Les chirurgiens opèrent sur-le-champ. Après trois heures d'efforts, ils remettent à la presse un bulletin de santé qui annonce que Kennedy respire sans l'aide d'un appareil, qu'une balle a été presque totalement extraite de la tête, qu'une autre est restée dans la nuque. La première de ces balles a pénétré du côté droit par la mâchoire. Elle a profondément endommagé le cerveau.

La période des prochaines vingt-quatre heures sera critique. L'état du blessé est extrêmement grave. Dans la journée du 5, d'autres bulletins de santé incitent à un pessimisme croissant. Les caillots de sang, les blessures à la moelle épinière, l'état du cerveau indiquent que Kennedy ne s'en remettra pas. Dès son entrée à l'hôpital, il a reçu l'extrême-onction. Les uns après les autres, les membres de la famille arrivent à l'hôpital : Ethel sa femme, Edward son frère, Jean et Patricia ses sœurs, Stephen Smith son beau-frère, Jacqueline, trois des enfants de Robert enfin. Devant la porte de l'hôpital, les journalistes montent la garde. Ils diffusent, sur les écrans des télévisions, à la radio et dans les journaux, les nouvelles et les rumeurs qu'ils recueillent. Ils découvrent que cinq autres personnes ont été touchées par les balles du meurtrier. Le 6 juin, à 2 heures du matin, Robert Kennedy meurt sans voir repris connaissance.

L'assassinat de Robert Kennedy, c'est la brutale intrusion du conflit du Proche-Orient en Californie, à 10 000 kilomètres de distance. Sirhan vivait à Pasadena, non loin de Los Angeles, avec sa mère et ses deux frères. Né à Jérusalem, il s'est établi aux États-Unis en 1957. Ses parents sont séparés. Son père est retourné en Cisjordanie, dans son village natal. Sirhan tient son journal avec des notations parfois incohérentes. Très clairement, à la date du 18 mai, il a écrit : « Kennedy doit être assassiné avant le 5 juin 1968. » Il a collé sur une feuille un article de journal qui indique que Kennedy approuve l'aide à Israël sous prétexte que l'Union soviétique envoie des armes aux États arabes. La date du 5 juin est capitale. C'est le premier anniversaire de la guerre des Six Jours. La passion qu'éprouve Sirhan pour la cause palestinienne est attestée par son ancien employeur. « Il m'a dit que dans son enfance, il a vu des membres de sa famille tués par des Juifs et qu'il a dû s'enfuir en Jordanie. [...] C'était un homme qui disait : Je veux que les droits soient respectés. »

Sirhan a-t-il agi seul ? C'est du moins ce qu'il a longtemps soutenu, avant qu'il accepte que sa défense affirme qu'il y avait un autre tireur - une hypothèse approuvée par le fils de Robert Kennedy. Chrétien orthodoxe, Sirhan nourrit des motivations uniquement politiques. Ce qui ne manque pas d'étonner, c'est que Robert Kennedy n'était pas l'homme politique le plus favorable à l'État d'Israël. Il a, une vingtaine d'années auparavant, publié des articles, dans lesquels il faisait l'éloge de la présence juive dans la Palestine mandataire, devenue en 1948 l'État d'Israël. Il bénéficiait, sans doute, du soutien des milieux juifs, comme beaucoup d'autres sénateurs. Peut-être manifestait-il, à sa manière, des hésitations, voire un sentiment de culpabilité en raison de l'antisémitisme de son père. Au sein du parti démocrate, Hubert Humphrey est beaucoup plus lié à la communauté juive. Reste que Kennedy vient de remporter la primaire démocrate en Californie. C'est une cible facile pour Sirhan.

Les États-Unis, profondément choqués, prennent le deuil. Les drapeaux sont en berne. La vie politique s'arrête. La campagne pour les élections présidentielles perd une grande partie de sa signification. Humphrey rentre d'urgence à Washington. Eugene McCarthy qui a combattu Kennedy sur le plan politique ressent un choc dont, semble-t-il, il ne s'est jamais remis. Richard Nixon, le candidat républicain, ferme pour une journée son quartier général et, pendant une semaine, reste cloîtré dans son appartement de New York. Tous les politiques, qu'ils soient démocrates ou républicains, assistent à la messe d'enterrement, célébrée dans la cathédrale Saint-Patrick de New York. L'Église catholique est représentée par six cardinaux, six archevêques, dix-huit évêques et deux cents prêtres. Earl Warren qui préside la Cour suprême, des ambassadeurs, des chefs de gouvernement étrangers sont présents également. Plus de 150 000 Américains rendent hommage au défunt.

Le procès de Sirhan a lieu dans les premières semaines de l'année 1969. Sirhan ne dissimule pas ses motivations. Il réclame même de plaider coupable. En avril, il est condamné à la peine capitale. Trois ans plus tard, sa peine est commuée en détention à perpétuité, car la Cour suprême de Californie soutient que la peine de mort est contraire à la Constitution de l'État. C'est la Cour suprême des États-Unis qui doit trancher. Et qui tranchera en 1973, en déclarant que la peine capitale est conforme à la Constitution fédérale. Mais Sirhan, condamné avant cet arrêt, ne sera pas exécuté. Il vit encore en détention, plus d'un demi-siècle après sa condamnation. Il prétend qu'en 1968, il avait trop bu. Il continue de soutenir la même défense : il a voulu défendre les Palestiniens que les Américains ne soutenaient pas suffisamment. Cinquante ans après, ne devrait-il pas bénéficier d'une remise en liberté avec toutes les restrictions que comporte une décision de la sorte ? Chacun jugera.

Reste que, à mesure que les années passent, le doute prend forme. Une fois encore, des détectives amateurs reprennent l'enquête. Ils affirment que Kennedy a été atteint par-derrière, non pas seulement par les tirs de Sirhan, mais par un autre tireur qui n'a pas été identifié. Avec un soin méticuleux, ils ont repéré comment Sirhan, qui n'avait pas la nationalité américaine, a pu se procurer un revolver Iver Johnson de calibre 22, comment il a appris à s'en servir. Bref, si Sirhan n'était pas en règle avec les lois californiennes, pourquoi l'aurait-on choisi pour participer à un complot et commettre un crime - un crime dont les inspirateurs ne tarderaient pas à être découverts ? À moins que des complices au sein des forces de l'ordre… À moins que des membres de la CIA aient voulu tirer vengeance, une fois encore, de la politique cubaine des Kennedy. Comment Sirhan aurait-il pu savoir que Kennedy allait, après son discours, passer par les cuisines de l'hôtel ? N'était-ce pas un lieu favorable, au milieu d'une foule compacte, pour viser et tuer un candidat que la police ne protégeait pas ? Les candidats à la présidence disposaient d'une protection policière depuis l'assassinat de John Kennedy, pas les candidats à la candidature, et c'est à la suite de cet assassinat que Lyndon Johnson leur a accordé la protection policière.

Pour la quatrième fois, en 2015, quarante-sept ans après le meurtre, un juge a écarté l'hypothèse d'un deuxième tireur. Il n'est pas certain, toutefois, que cet arrêt mette fin aux hypothèses invérifiables, pour ne pas dire à l'imagination délirante de quelques amateurs de mystères.

19

De Carnegie à Musk

Un soir, William Carnegie rentre chez lui découragé, harassé de fatigue. À son fils Andrew il dit simplement : « Je ne peux plus trouver de l'ouvrage. » Margaret, son épouse, continue, pourtant, de fabriquer des chaussures ; inlassablement, elle enfile encore des aiguilles ; sans compter son temps, elle rougit ses yeux un peu plus. Mais elle a compris que pour ses deux fils, pour son mari, pour elle-même, l'Écosse n'a plus d'avenir. En revanche, elle aurait aimé rejoindre ses deux sœurs et son frère qui ont pris le chemin de l'Amérique, le nouveau pays de Cocagne. Elle emprunte une vingtaine de livres à des amis et à des parents, vend ce qui lui reste et rassemble quelques hardes.

En mai 1848, les quatre Carnegie embarquent sur un ancien baleinier américain. Andrew n'a pas encore 13 ans ; son frère, Thomas, a 5 ans. L'aventure américaine commence. À peine arrivée à New York, au terme d'un voyage de cinquante jours, la famille poursuit son odyssée, d'un cours d'eau à l'autre, d'un canal à l'autre, jusqu'au fin fond de la Pennsylvanie, à Allegheny, dans la banlieue de Pittsburgh, une colonie écossaise, où les Carnegie retrouvent des membres de leur famille. La ville forme un ensemble rudimentaire. Elle est sale et grise, mais extraordinairement animée. Les rues sont couvertes de boue ; les maisons, petites et sombres. C'est, pourtant, l'Amérique. La preuve, Andrew et son père trouvent aisément du travail. William occupe un très modeste emploi dans une usine de cotonnades. Il meurt prématurément en 1855. Le plus âgé des garçons, lui, prend un excellent départ. Il est bobineur. Son salaire ? Un dollar vingt par semaine.

Les ambitions du jeune Andrew Carnegie

Il n'a nullement l'intention de s'arrêter en chemin. D'ailleurs, la vie américaine l'enchante. Il est indépendant. Il découvre la cité. Il donne libre cours à son esprit d'entreprise et ne manque pas de faire part de son enthousiasme à ses amis restés dans « le vieux pays ». Et puis, tradition écossaise, il sait et aime lire au point qu'il dévore tous les livres qui lui tombent sous la main. Sans nourrir le moindre complexe, il envoie des lettres aux journaux sur les grandes questions de son temps. Inlassablement, il se passionne pour la politique, l'histoire, la science, la philosophie. De tous points de vue, Andrew Carnegie est un *self made man* qui a pris soin de former son esprit en même temps qu'il luttait pour franchir les étapes de la hiérarchie sociale.

Un an après son arrivée aux États-Unis, il change d'emploi. Le voici coursier, chargé de distribuer les télégrammes, avec le salaire mirobolant de deux dollars cinquante par semaine. Andrew parcourt les rues de Pittsburgh avec une dextérité qui laisse pantois. Il connaît sans tarder ses clients et beaucoup d'autres. Toujours fasciné par la culture, il profite de ses déplacements incessants pour faire des haltes, prolongées et renouvelées, dans un théâtre où l'on donne les pièces de Shakespeare. Mieux encore, Andrew rêve d'actionner lui-même le télégraphe. Il écoute le cliquetis mystérieux et, peu à peu, à la différence des opérateurs traditionnels qui communiquaient par signaux écrits, il perfectionne sa connaissance du son. Ses employeurs ne tardent pas à découvrir le jeune phénomène. Ils lui confient la tâche de recueillir et de diffuser les messages télégraphiques. Andrew travaille plus vite que les autres opérateurs, ce qui fait gagner plus d'argent à ses employeurs. Juste retour des choses, il bénéficie d'une augmentation de salaire : il gagne maintenant 4 dollars par semaine.

C'est alors qu'il fait une rencontre qui sera décisive pour son avenir. Thomas A. Scott admire le jeune garçon. Il lui propose de l'employer dans ses bureaux du Pennsylvania Railroad, la principale compagnie ferroviaire de l'État qui, comme toutes les compagnies de chemins de fer, recourt abondamment au télégraphe. À 18 ans, Andrew gagne 35 dollars par mois. Si l'on en croit sa biographie, il se demande comment il pourra dépenser tant d'argent. Quoi qu'il en soit, Carnegie vient de mettre le pied à l'étrier, car désormais le voilà dans le monde de l'innovation, dans les secteurs de pointe que sont les chemins de fer et le télégraphe, dans ce fabuleux domaine de la communication qui bouleversera l'économie du XIXe siècle et annonce celle du siècle suivant.

Douze années, durant, il travaille d'arrache-pied pour la plus grande gloire et pour les plus gros profits du Pennsylvania Railroad. Mais il n'est pas désintéressé. Il sait saisir la chance, sa chance. Carnegie est connu comme « Andy, l'homme de Scott ». En un mot, il est son factotum qui voyage d'un bout à l'autre de la ligne. Il rencontre des personnalités influentes, des ouvriers et des employés. Il est d'abord chargé du télégraphe que le Pennsylvania RR installe le long des voies. Son dynamisme attire l'attention de ses supérieurs. En 1856, il franchit un pas décisif.

Scott l'encourage à acheter des actions d'une compagnie de transport. Cinquante dollars seraient nécessaires. Carnegie a beaucoup dépensé pour entretenir sa famille. Il ne dispose pas des fonds nécessaires. Qu'à cela ne tienne ! Le brave Scott prête de l'argent à son protégé qui promet de rembourser dans les six mois. Il lui faudra deux ans pour éponger sa dette, qu'il a fait passer d'un créancier à l'autre.

L'expérience instruit le jeune homme. Il a rapidement compris que l'investissement rapporte. Une autre occasion, plus fructueuse encore, séduit Carnegie. On lui offre d'acheter un huitième des parts de la Woodruff Company - qui possède les brevets des wagons Pullman. Carnegie a immédiatement compris que dormir tout en voyageant ou voyager tout en dormant provoquerait, dans un pays aussi étendu que les États-Unis, un formidable essor des chemins de fer. Dans l'un de ses livres, il raconte l'épisode :

> Je ne parvenais pas à faire sortir de ma tête ce wagon-lit béni. À mon retour, j'en parlai à M. Scott et lui déclarai que c'était l'une des inventions de notre époque. « Vous êtes enthousiaste, jeune homme, fit-il observer. Vous devriez demander à l'inventeur de venir me voir. » Je le fis et on s'entendit pour fabriquer deux wagons à titre d'essai qui circuleraient sur le Pennsylvania RR. On m'offrit un intérêt dans l'opération, et je l'acceptai, bien entendu, avec joie. [...] Ce fut un succès triomphal. C'est ainsi que les wagons-lits vinrent au monde.

Sans doute Carnegie a-t-il un peu grossi le trait. Les wagons-lits existaient déjà sur plusieurs lignes et le rôle du zélé Andy a sans doute été moins déterminant. Il n'empêche qu'il vient d'acquérir une part importante de la Woodruff et que c'est là le début de sa fortune. Son investissement initial est de 217,50 dollars et lui rapporte 5 000 dollars en 1859. Belle opération pour un Américain de 24 ans qui n'a quitté la vieille Europe que depuis une décennie. S'il est une étoile qui monte au firmament du Pennsylvania, c'est bien lui. Un jour prochain, il pourrait accéder au sommet. À moins que ce ne soit tout de suite. À la fin de 1859, il devient vice-président de la compagnie, responsable de la division occidentale. Son salaire annuel est fixé à 1 500 dollars. Carnegie accepte ses nouvelles fonctions et le salaire qui l'accompagne, tout en soulignant que le salaire importe peu. La spéculation rapporte davantage.

La guerre de Sécession et ses lendemains

Commence alors la guerre de Sécession. Thomas A. Scott est nommé par le gouvernement fédéral secrétaire adjoint à la Guerre avec pour mission d'assurer le bon fonctionnement des transports militaires. Il fait appel, une fois de plus, à Carnegie, qui lui sert de bras droit. Et Carnegie remplit ses fonctions à merveille. Si l'Union dispose d'un excellent service ferroviaire, c'est en grande partie à lui qu'elle le doit. Si le télégraphe fonctionne bien entre Washington et les armées fédérales, c'est encore à Carnegie que le mérite en revient. À sa place, le surintendant de la division occidentale fait une belle guerre, monte en première ligne et témoigne d'un inébranlable patriotisme. Il donne de sa personne au point qu'il est victime d'une insolation qui laissera des séquelles. À une époque où la typhoïde menace, il préfère revenir à Pittsburgh.

Retour aux affaires, qui, en ces temps troublés, traversent une période particulièrement faste. Carnegie ne combat plus les Sudistes, mais les coûts excessifs. Il ne défend plus l'Union, mais le profit et l'expansion économique. Son flair est toujours aussi aigu. L'un de ses voisins lui a signalé qu'une découverte capitale en Pennsylvanie allait bouleverser l'économie nationale et internationale. À Titusville, on extrait du pétrole qui sert à alimenter les lampes. Carnegie fait le déplacement pour voir de ses yeux les puits et l'extraction du liquide noir. Convaincu, il investit 11 000 dollars. En un an, les dividendes atteignent 160 %. Carnegie encaisse près de 18 000 dollars. Les investisseurs, pourtant, ne sont qu'à moitié satisfaits. Le prix du baril a chuté de 5 dollars à 10 cents. Carnegie et ses associés font alors creuser un réservoir pour mettre de côté 100 000 barils qui devraient rapporter de l'or, lorsque les cours remonteront. Ils ne remontent guère, mais les dividendes atteignent, eux, des sommets.

Carnegie réussit d'autres investissements tout aussi, sinon plus, juteux. À la fin de 1863, il rédige la liste de ses revenus : 50 000 dollars par an, dont plus de la moitié provient des dividendes du pétrole et de la vente à bon prix de quelques actions. Son salaire annuel ? À peine 2 400 dollars. Lorsqu'un ami entre dans son bureau et lui demande comment il va, Carnegie répond : « Tom, je suis riche, je suis riche. » L'aveu n'a rien d'une révélation. Il confirme l'évidence.

Carnegie a réalisé le rêve de l'immigrant qui débarque en Amérique sans argent, qui peine et gravit les échelons un à un, tire parti de la chance et s'enrichit. Que reste-t-il, dix-sept ans plus tard, du misérable Écossais qui arpentait, les yeux écarquillés, les rues de Pittsburgh à la recherche des clients du télégraphe ? Comment ne pas admirer la réussite extraordinaire d'un immigrant qui a su acquérir l'une des plus grosses fortunes de son époque ? Il y a du

Midas chez cet homme. Tout ce qu'il touche, il le transforme en valeurs boursières, puis en dollars. Comme on sait à peu près tout de ses gains, on demeure confondu par leur progression géométrique. Au point qu'en 1900, en dépit des crises qui ont bouleversé l'économie américaine, du marasme qui a noyé plus d'un « entrepreneur », Andrew Carnegie détient l'essentiel de la société qui porte son nom, qui donne des profits annuels de l'ordre de 40 millions de dollars et laisse 25 millions à son principal actionnaire. Carnegie pourrait devenir le premier milliardaire américain, s'il laissait croître son immense fortune. Un miracle ? Le fruit du hasard ? Non, Carnegie applique une recette qui mêle plusieurs ingrédients.

En premier lieu, dès la fin de la guerre de Sécession qui a beaucoup stimulé l'essor industriel du pays, Carnegie a quitté ses fonctions au Pennsylvania RR. Malgré les promesses qu'on lui a faites et le salaire mirobolant qu'on lui laissait entrevoir. Dès lors, il ne sera plus jamais l'employé de personne. Il s'intéresse maintenant à la construction des ponts métalliques. Une fois de plus, il a compris que les temps ont changé. Les ponts de bois n'ont plus d'avenir. Les chemins de fer réclament des infrastructures plus solides, plus stables. Toutefois, il dirige, il gère depuis son bureau. Il a quitté Pittsburgh pour s'établir à New York. Un changement significatif, car Carnegie tient à nouer et à maintenir des contacts étroits avec l'Europe, particulièrement avec la Grande-Bretagne, la superpuissance industrielle de l'époque. Il voyage beaucoup, pour son plaisir et pour répondre aux nécessités de ses entreprises. Il vend aux Européens des titres américains et, au passage, empoche de substantiels profits. Un exemple : en 1872, il a fait de si bonnes affaires avec une firme londonienne qu'il perçoit une commission de 150 000 dollars. Son portefeuille boursier accroît sa valeur d'année en année. Tous ses contemporains, amis ou ennemis, reconnaissent que, dans cette activité d'intermédiaire, Carnegie excelle. Il séduit ses interlocuteurs, possède une culture et un sens de l'humour qui impressionnent. Il sait écrire et causer. Il ne manque aucune occasion de distiller d'amusantes anecdotes qui lui attirent des sympathies.

La découverte de l'acier

Au cours de ses séjours en Angleterre, il fait une découverte déterminante. L'heure n'est plus au fer, trop cher, trop cassant. Il faut désormais fabriquer de l'acier. Sir Henry Bessemer a découvert, en 1856, une méthode efficace, rapide et peu coûteuse pour obtenir un métal de première qualité. Les Américains sont en retard en ce domaine. Carnegie a deviné tout de suite quel parti il pourrait tirer de l'innovation. En 1872, il scelle une association avec des maîtres de forges. Il fait construire une usine à Braddock sur la Monongahela. Il investit sans hésiter 250 000 dollars, soit le tiers du capital initial. Huit ans plus tard, l'entreprise rapporte, chaque année, un million et demi. Elle ne cesse pas de prendre de l'ampleur : des hauts fourneaux, des fonderies, des fours à acier modernisent la production. Le capital est porté à 5 millions, dont plus de la moitié appartient à Carnegie.

C'est que la conjoncture est favorable. Les États-Unis construisent des voies ferrées, notamment des transcontinentaux, des wagons et des locomotives. Leur réseau ferroviaire est le plus étendu du monde. La marine à voile et en bois cède la place à la marine à vapeur et en acier. Des ponts, des bâtiments, des travaux d'art en tous genres réclament, eux aussi, des quantités croissantes d'acier. La sidérurgie est le secteur de pointe. Et Carnegie le domine. Ses admirateurs font de lui le Napoléon de l'industrie. Ses investissements ressemblent à des campagnes victorieuses. En un mot, il est un bâtisseur d'empire.

Cet industriel ne manque pas d'originalité. Il ne croit pas dans les formes nouvelles de gestion financière. Les trusts ? Non, il préfère unir ses efforts à ceux de quelques associés qu'il a choisis avec soin, propriétaires eux aussi d'une partie du capital, tous unis par la promesse qu'en cas de décès de l'un d'eux, les parts libérées seront rachetées au prix nominal par les membres du groupe. Jusqu'au terme de sa carrière d'industriel, Carnegie restera fidèle à ce principe : ne pas dissocier propriété et gestion, ne pas introduire le loup dans la bergerie, entendons les financiers et les banquiers dans les activités manufacturières. En revanche, il découvre grâce à l'un de ses associés au nom prédestiné, Henry Clay Frick, les bienfaits de la concentration verticale. Il fait l'acquisition de mines de fer, de mines de charbon à coke, de compagnies ferroviaires et maritimes, d'aciéries, d'usines de fabrication de machines-outils. Son entourage est d'une efficacité redoutable, à commencer par son jeune frère Thomas (qui meurt en 1886), avec Frick, Charles M. Schwab et quelques autres. Carnegie a rédigé un jour sa propre épitaphe : « Ci-gît un homme qui a su s'entourer d'hommes plus intelligents que lui. » Autre secret qu'il ne dissimule pas : il faut « mettre ses œufs dans le même panier et surveiller attentivement le panier ».

Les résultats sont à la hauteur des espérances. Dès 1890, la Grande-Bretagne n'est plus le premier producteur mondial d'acier. La place lui a été ravie par les États-Unis, en fait par la société Carnegie. L'Amérique vient de dépasser l'Europe et ne cessera plus d'accroître son avance. L'élève a fait mieux, beaucoup mieux que le maître. Il faut préciser que le marché américain est à la fois très étendu et protégé. Ce n'est pas que Carnegie soit, sur le plan des principes, favorable au protectionnisme. Au contraire. Il estime que des droits élevés portent préjudice à la liberté des échanges, donc à l'expansion économique. Mais il estime également qu'une industrie naissante doit prendre son essor à l'abri de barrières douanières. Et lorsqu'elle aura atteint un niveau de développement satisfaisant, elle pourra renoncer à tout protectionnisme. C'est pourquoi il fait campagne, au tournant du siècle, pour un abaissement des droits de douane. Il n'apprécie pas non plus les rabais que les compagnies ferroviaires consentent à leurs plus gros clients. Très curieusement, il a passé une partie de son temps à combattre la politique du Pennsylvania RR qui, plutôt que d'avantager les sidérurgistes de Pittsburgh, accordait ses faveurs à Chicago et à Cleveland dont le trafic de marchandises semblait plus profitable.

Enfin, voilà un homme profondément optimiste. Il croit en l'avenir de son pays. Il fonde toute son action, il justifie son dynamisme sur la conviction que les États-Unis sont destinés à devenir la plus grande puissance économique du monde. Quels que soient les aléas de la conjoncture, il est convaincu, comme le dira la chanson, que « les beaux jours seront bientôt de retour ». En 1873, par exemple, en pleine panique boursière dont les répercussions affectent l'industrie, Carnegie reste serein, ouvre l'usine de Braddock, investit sans états d'âme. Plus tard, alors que l'activité ralentit et pourrait inquiéter plus d'un gestionnaire, il profite des périodes de marasme pour acheter des bâtiments, pour les rénover, pour changer les machines. S'il répugne à acheter des actions à crédit ou à la marge, s'il déteste la spéculation telle qu'elle est pratiquée à Wall Street, il reste à l'affût de l'innovation. Il est réputé, à juste titre, pour être l'homme de la modernisation permanente.

Carnegie, le philanthrope

Pourtant, les années passant, Carnegie éprouve moins d'intérêt pour ses affaires. À 65 ans, il est las des tensions sociales qu'il affronte dans certaines de ses usines. Notamment à Homestead en Pennsylvanie où une grève très dure a fait sept morts en 1892. Il est excédé par sa dispute avec Henry Clay Frick, l'un de ses plus efficaces collaborateurs qui le quitte alors. Peut-être devine-t-il qu'une entreprise comme la sienne, si active soit-elle, malgré ses énormes profits, ne saurait poursuivre son expansion ni affronter une concurrence brutale sans entrer dans un ensemble plus vaste qui sera, c'est inévitable, dominé par les banquiers.

Les économies d'échelle et la remise en ordre d'un monde chaotique sont à l'ordre du jour. Puisque John Pierpont Morgan, le banquier, est intéressé par la société Carnegie, va pour des négociations qui aboutiront à la fusion. Morgan vient de créer l'United States Steel. Il propose à Carnegie 480 millions de dollars pour prendre possession de la société et de tous ses actifs. Carnegie recevra 225 millions sous forme d'obligations, garanties sur l'or, à 5 % par an. Marché conclu. L'accord est signé au début du printemps 1901. Morgan a vu juste. En dépit du prix élevé qu'il a accepté de payer, il parie sur l'essor continu de la sidérurgie américaine. Carnegie, lui, ne regrette rien. Depuis longtemps, il rêvait d'une autre vie. Il professait une philosophie de l'action humanitaire. Il peut, maintenant sans contrainte, la mettre en application.

Carnegie, en effet, n'a jamais été l'un de ces requins de la finance dont la seule préoccupation est de gagner de l'argent, le plus d'argent possible. Tout au contraire. En 1868, il vient d'avoir 33 ans et jouit d'un revenu annuel de 50 000 dollars. À son intention personnelle, il rédige un aide-mémoire, une sorte de programme de vie :

> Ne pas faire d'efforts pour accroître ma fortune, mais dépenser le surplus chaque année dans des activités philanthropiques. S'installer à Oxford. Parfaire mon instruction. Fréquenter des hommes de culture. Cela me prendra trois ans. Donner une attention spéciale à l'expression en public. S'établir ensuite à Londres. Prendre le contrôle d'un quotidien ou d'une revue vivante ; lui accorder une attention constante. Tenir un rôle dans les affaires publiques, en particulier celles qui touchent à l'enseignement et au progrès des classes défavorisées. L'homme doit avoir une idole, mais l'acquisition de la richesse est la pire des idolâtries.

Voilà des idées qui ne correspondent pas à l'image d'un « baron voleur », d'un homme d'affaires sans scrupule, d'un esprit dont la seule préoccupation serait d'amasser inlassablement. « Le roi de l'acier » ne manque pas de nous surprendre.

Carnegie n'a pas suivi pas à pas le programme de sa jeunesse. Il n'en a pas moins collaboré à des revues culturelles. Il a publié plusieurs ouvrages, dont certains ont remporté un grand succès de librairie. Il a fréquenté des sommités intellectuelles, des hommes politiques de premier plan, des écrivains et des artistes. Il a acheté des journaux en Angleterre pour militer en faveur de l'abolition de la monarchie. Et surtout, il a donné une bonne partie de sa fortune.

Il commence par faire cadeau à sa ville natale de bains publics. Puis, il subventionne des bibliothèques, des églises, des universités, des institutions destinées à propager le progrès scientifique et à promouvoir la paix dans le monde. Dans les vingt dernières années de sa vie, il distribue ses revenus annuels, soit 12,5 millions de dollars, plus une partie non négligeable du capital, au total 350 millions, dont 62 millions dans l'Empire britannique et le reste aux États-Unis. L'Association Carnegie de New York, l'équivalent d'une fondation, reçoit 125 millions. Grâce à lui, des centaines d'églises refont leurs orgues. Les bibliothèques publiques bénéficient de 60 millions. Une vingtaine de millions vont à de petites universités, sans oublier les 10 millions qui financent le fonds des héros pour récompenser ceux qui ont accompli des actes hors du commun, les 22 millions qui dotent l'Institut Carnegie de Pittsburgh, les 29 millions qui ont pour but d'améliorer la qualité de l'enseignement. C'est que Carnegie défend sans concessions quelques idées-forces. La Grande-Bretagne et les États-Unis, pense-t-il, forment un ensemble anglophone qui doit montrer le bon exemple au reste du monde, surtout si le républicanisme triomphe dans la patrie de Cromwell – il n'oublie pas qu'il est d'origine écossaise.

Les riches, écrit-il avec conviction dans *L'Évangile de la richesse*, ont une responsabilité sociale, celle d'assurer une redistribution intelligente de l'argent qu'ils ont amassé. S'ils se contentent de laisser leur fortune à des héritiers, ils commettent une erreur, une faute, pire encore une injustice. Leur argent n'a rien de coupable. Le capitalisme a droit de cité. Il n'est ni bon ni mauvais. Il est ce qu'en font les capitalistes. Les ouvriers et les employés méritent d'être aidés par leur patron dans le cadre d'un système paternaliste. Les grèves sont inutiles et dangereuses.

Un esprit puritain ? Du moins, profondément marqué par le protestantisme ? Peut-être, encore que Carnegie n'ait jamais manifesté un attachement indélébile pour le calvinisme. Il y a plutôt chez lui l'empreinte d'un vieux fond de chartisme que lui auraient légué son père et d'autres membres de sa famille écossaise. Quoi qu'il en soit, voilà un homme complexe qui n'entre pas dans les catégories habituelles. En résumé, Carnegie est un « baron pillard » qui a fait fortune en devinant ce que doit être l'innovation, un grand industriel et un financier avisé. Mais c'est aussi un philanthrope très attaché à la défense de la paix qui a combattu l'acquisition d'un empire par les États-Unis en 1898. On peut deviner la souffrance qu'il a éprouvée, lorsque commence la Grande Guerre. Il est mort le 11 août 1919. Avec lui disparaît une figure attachante et contrastée du XIXe siècle. Il fut l'un des bâtisseurs de l'Amérique contemporaine.

Elon Musk, un grand patron d'aujourd'hui

L'un des bâtisseurs... Le personnage est exceptionnel. Il y eut d'autres figures exceptionnelles, comme Henry Ford, le roi de l'automobile, John Rockefeller, le roi du pétrole, J. P. Morgan qui domina l'histoire de la banque aux États-Unis. Aujourd'hui encore, de grands patrons sont des inventeurs révolutionnaires. Jeff Bezos avec Amazon, Mark Zuckerberg avec Facebook, Larry Page avec Google, Steve Jobs, puis Tim Cook, avec Apple, Bill Gates, le fondateur de Microsoft, candidat au titre de bienfaiteur de l'humanité, autant de noms qui nous sont devenus familiers. Ils illustrent les innovations, bonnes et moins bonnes, de notre époque. Ils témoignent du dynamisme que continuent de manifester les États-Unis. En un sens, ils sont les successeurs d'Andrew Carnegie.

Dans cette liste, il manque un nom prestigieux, celui d'un inventeur génial, dont la nouveauté des projets et des réalisations nous surprend. Elon Musk est aujourd'hui l'homme le plus riche du monde. Sa fortune est estimée à 270 milliards de dollars. Il vient de vendre pour 15 milliards une partie de ses actions Tesla. Il spécule sur le bitcoin, cette monnaie nouvelle dont les variations peuvent rapporter d'énormes dividendes.

Il est certainement aussi le plus original et, peut-être, le plus inventif – ce qui n'est pas peu dire quand on aligne toutes les inventions qui ont bouleversé notre monde de la communication. Musk est né en 1971. Il possède trois nationalités : sud-africaine par son père, canadienne par sa mère, américaine par naturalisation. Sa profession ? Il a reçu une formation d'ingénieur, complétée par des études de dessinateur industriel. Il n'a pas cessé de créer des entreprises, ni de lancer des initiatives philanthropiques. Sa vie personnelle est encore plus surprenante. Sa première femme a recouru à l'insémination artificielle. Elle a d'abord accouché de jumeaux. Puis, toujours par la même voie, elle a accouché de triplets. Quelques années plus tard, Musk a divorcé. Il épouse alors une actrice anglaise, divorce, se remarie avec elle, divorce une deuxième fois. Sa liaison avec une actrice, américaine cette fois-ci, ne dure pas, car leurs emplois du temps rendent impossible une vie commune. Il vit dès lors avec une chanteuse canadienne qui lui a donné un garçon. Le nouveau-né reçoit un prénom bizarre et très peu courant : X AE A-12, qu'il faut prononcer *Ex Ash A Twelve*. L'administration californienne refuse ce prénom. Les Musk écrivent désormais le prénom, non plus avec des chiffres, mais avec des lettres. En un mot, voilà un homme qui ne fait rien comme les autres.

Musk nourrit une obsession. Il veut changer le monde, sauver l'humanité. La vie sur Terre, soutient-il, ne durera pas. Nous sommes tous menacés de disparition à plus ou moins longue échéance. Un astéroïde pourrait tout détruire sur son passage. Un virus mortel nous menace. Le recours à l'énergie fossile a provoqué un réchauffement climatique qui nous achèvera. Pouvons-nous échapper à la catastrophe ? Oui, il y a une solution. Le recours à l'électricité retardera notre disparition. Les automobiles électriques, les trains électriques, les avions électriques, voilà qui nous sauvera… momentanément. Il est urgent, toutefois, de préparer la colonisation de la planète Mars. D'ici à 2040, Musk prévoit que 80 000 Terriens auront migré sur « la planète rouge ». Ils vivront là-bas grâce à l'électricité. Pour mener à bien cette aventure, le premier vol vers Mars est une réussite en 2021 ; le premier vol habité est prévu pour 2024. Autant dire : demain matin. Pour réussir l'exploit, Space X teste la plus grande fusée de l'histoire. Le lanceur Starship/Super Heavy mesure 120 mètres, soit dix fois plus que *Saturn V* des missions Apollo. Il pèse 5 200 tonnes et placera en orbite 100 tonnes, soit cinq fois la capacité d'*Ariane 6*. Et *Starship* sera récupérable. Peut-être qu'avec cette technologie révolutionnaire, il sera possible d'aller de New York à Shanghaï en trente minutes. De plus, grâce à Starlink, la connectivité Internet est déjà nettement améliorée. Bref, rien n'arrête Musk. Les projets les plus fous, ou si l'on préfère les plus révolutionnaires sont désormais à la portée de l'humanité. Au risque de faire peur à la Chine, le principal rival des États-Unis. Voilà qu'en 2016, Musk crée une nouvelle société. Neuralink a pour but de traiter les maladies neurologiques. Avec une ambition qui inspire les craintes les plus vives : greffer des implants cérébraux pour rendre plus intelligent.

Sans doute certains penseront que Musk est un illuminé qui a lu trop de romans de science-fiction, un rêveur, peut-être un esprit dérangé. Pas du tout. Au début des années 2000, il fait fortune en créant PayPal, une banque en ligne qui permet de payer à distance. Il accroît encore ses revenus en spéculant sur le bitcoin. En 2002, il a fondé Space X, une société qui construit des engins spatiaux. Deux ans plus tard, il met sur pied une autre société, Tesla, qui, elle, fabrique des voitures électriques. En 2006, il participe à la création de SolarCity, une société qui distribue de l'énergie solaire. La liste des créations s'allonge encore dans les années suivantes. Il est présent dans le domaine de l'intelligence artificielle et dans celui de la neuro-technologie. Il innove dans la construction de tunnels pour les voitures électriques. Aujourd'hui, l'industrie automobile tourne le dos au diesel et même aux moteurs thermiques. Musk est l'un des inventeurs, peut-être le principal inventeur de cette révolution industrielle, écologique et civilisationnelle.

Musk, un esprit fou ou un utopiste ?

Avant de sauver les Terriens en les transportant sur Mars, Musk ambitionne de ralentir leur disparition sur Terre. Et dans chacun des domaines qu'il aborde, il obtient des résultats spectaculaires. Qui est-il en fin de compte ? Un esprit farfelu, un utopiste insatiable, un touche-à-tout, peut-être, mais avant tout, c'est un homme d'affaires, un génie inventif qui ne cesse pas de nous impressionner. La preuve ? Au printemps de 2020, une fusée est lancée depuis la Floride. Destination : la Station spatiale internationale. La fusée est habitée par deux spationautes américains. Réussite à 100 %. Depuis 2011, les Américains n'avaient plus réalisé cet exploit. Ils étaient contraints de recourir à la Russie, de payer les Russes pour atteindre la station spatiale. Quelle honte pour un pays qui, le seul depuis 1969, a déposé des hommes sur la Lune ! La NASA a signé des contrats de plus de 10 milliards de dollars avec Space X. Voilà qui rouvre pour les États-Unis la voie vers l'exploration spatiale, vers la Lune de nouveau, vers Mars certainement. Pour la plus grande satisfaction du président Donald Trump, encore que Musk déclare qu'il est à moitié démocrate, à moitié républicain, qu'il est aussi « socialiste » et « conservateur sur le plan fiscal ». Décidément, un homme difficile à classer.

Musk, c'est aussi et surtout Tesla, une voiture révolutionnaire. Elle fonctionne à l'électricité sur des distances que les autres constructeurs ne parviennent pas à atteindre pour le moment. Grâce à une batterie que Musk qualifie de « révolutionnaire » et qui sera, nous dit-il, encore améliorée - elle aurait alors une durée de vie de 1,6 million de kilomètres et un coût de production très raisonnable. Tesla pèse en bourse plus que General Motors. Des milliers de véhicules sont fabriqués en Chine, et les ventes ne cessent pas de progresser. Le marché chinois est plus que prometteur. Musk serait-il l'un des liens entre deux superpuissances, rivales et complices sur le plan économique et géopolitique ? Des milliers, bientôt des millions de Tesla sont et seront vendues dans l'empire du Milieu.

Cet inventeur génial et déconcertant continue de surprendre les experts de la finance, les journalistes spécialisés, les ingénieurs, toutes celles et tous ceux qui suivent ses déclarations et ses exploits techniques. Il est à l'affût des découvertes dans le domaine de la chimie, de la physique, des moteurs et des batteries. À l'affût et à l'origine des découvertes. Car il ne faut pas oublier que Musk n'est pas seulement un patron et un homme d'affaires. Il est aussi et surtout un ingénieur qui a des idées. Sans doute est-il aussi un mégalomane qui agace, qui provoque, qu'on déteste et qu'on admire, un esprit déconcertant. Tesla fait désormais partie de l'indice vedette S&P 500. L'entreprise est donc rentable, alors qu'elle a frôlé la faillite dans les années antérieures. Avec une fierté qu'il ne cache pas, Musk déclare que l'amélioration de la chaîne de production commence à porter ses fruits : « Nous devenons meilleurs à fabriquer des voitures, vous pouvez le voir à Shanghai, vous le verrez davantage encore à Berlin. » Tesla est donc rentable. Et Musk de préciser que les économies d'échelle seront transférées vers les consommateurs : « Nous ne réussirons pas notre mission si nos voitures ne sont pas abordables. » Musk n'est pas un philanthrope. Il a compris que le progrès économique doit engendrer le progrès social.

Est-il légitime de rapprocher Musk et Carnegie ? Ils illustrent deux époques si différentes, si lointaines, qu'on hésite à comparer « le roi de l'acier » et l'inventeur de la Tesla. Pourtant, ils partagent des traits communs : la recherche de l'innovation, le goût du pari industriel et financier, la découverte de nouveaux produits, de nouvelles industries, une insatiable ouverture vers l'avenir. D'une certaine manière, il est, avec Zuckerberg, Bezos, Job, Cook, Bill Gates, et quelques autres, l'héritier d'Andrew Carnegie. Tous expriment une certaine idée de l'Amérique. Aucun ne limite ses activités au commerce et à l'industrie. Les uns et les autres ne manquent pas d'ambitions culturelles. D'une certaine manière, ils contribuent puissamment à façonner la société américaine.

20

Il y a cinquante ans, *Explorer*

Cap Canaveral en Floride, le 31 janvier 1958. À 22 h 48 (heure locale), une fusée *Jupiter-C* lance le satellite *Explorer*. Opération réussie. *Explorer* pèse 13 kilos, transporte 8 kilos de matériels et fait le tour de la Terre en 115 minutes. Les Américains sont soulagés. Depuis le 4 octobre de l'année précédente, ils vivaient dans l'exaspération, l'inquiétude et l'espoir. C'est que les Soviétiques avaient accompli un exploit. Avec un missile intercontinental, ils étaient parvenus à mettre en orbite *Spoutnik 1*, « compagnon de voyage » en russe, une boule de 58 centimètres de diamètre pesant 83 kilos. Le bip bip du *Spoutnik* annonçait à la planète tout entière que, dans le cadre de l'année internationale de géophysique, les savants soviétiques avaient devancé les savants américains, que la science de demain serait marxiste, que l'avenir appartenait à l'Union soviétique. Et comme si la démonstration ne suffisait pas, voilà que le 3 novembre, ils recommencent et font mieux encore. *Spoutnik 2* pèse 480 kilos. Son orbite est encore plus haute que celle de *Spoutnik 1*. Une petite chienne, Laïka, est à son bord. L'humanité vient d'entrer dans le temps des satellites habités. Bientôt, c'est un homme qui ira dans l'espace, et cet homme sera non pas américain, mais soviétique. À Moscou, les responsables scientifiques et politiques exultent. « Vous autres, Américains, déclare le savant Leonid Sedov, jouissez d'un meilleur niveau de vie que nous. Mais l'Américain aime sa voiture, son réfrigérateur et sa maison. Il n'aime pas son pays, contrairement au Russe. » Nikita Khrouchtchev promet que l'URSS construira des fusées à la chaîne, « comme des saucisses ».

Pourtant, aux États-Unis, les scientifiques ont depuis longtemps alerté leur gouvernement. Un rapport de 1954 demandait une subvention de 100 000 dollars pour réaliser un programme de construction et de lancement. Les recherches ont progressé à petits pas, comme s'il n'y avait aucune urgence. Elles sont menées par la marine et l'armée de terre dans le désordre. Les services se font concurrence. La Maison-Blanche manifeste une relative indifférence. Bref, les experts prêchent dans le désert. Ils prévoient un nouveau Pearl Harbor, cette fois-ci technologique.

Cette désinvolture a de quoi surprendre. Au printemps de 1945, Werner von Braun abandonne le régime nazi qui agonise. Plutôt que de tomber aux mains des Soviétiques, il offre ses services aux Américains. Von Braun a dirigé les laboratoires souterrains de Peenemünde, dans lesquelles des déportés, réduits en esclavage, travaillaient d'arrache-pied, vivaient en enfer et mouraient d'épuisement ou sous les coups. Il a mis au point les V2, l'arme décisive sur laquelle Hitler comptait pour renverser le cours de la guerre. Ces terribles engins ont atteint Londres en septembre 1944. Ils ont tué, détruit, semé la terreur. Les Américains n'ignorent rien du passé. Au contraire. À leurs yeux, Werner von Braun est une exceptionnelle prise de guerre. Ses compétences, son expérience, ses ambitions, il les offre maintenant aux États-Unis, comme d'autres iront les offrir aux Soviétiques. La science allemande nourrit les recherches à l'est et à l'ouest du Rideau de fer.

Von Braun prend la direction d'un laboratoire de recherches spatiales, d'abord à Fort Bliss au Texas, puis à Huntsville en Alabama où il met au point la fusée Redstone. Cette fusée, modifiée, deviendra le *Jupiter*-C qui lance *Explorer*. Von Braun ne cesse pas de penser à des vols spatiaux qui seraient habités. Nazi, il l'a été sans prendre vraiment conscience des horreurs que commettait le régime. Poète imaginatif, il le reste. Il songe à une station spatiale qui tournerait autour de la Terre. Elle serait construite par une cinquantaine d'astronautes qui voyageraient dans trois vaisseaux. À partir de la station spatiale, partirait une mission vers la planète Mars, cette fois-ci composée de dix vaisseaux. Cet homme aime à ce point la science-fiction qu'il a rédigé un roman que dix-huit éditeurs ont, semble-t-il, refusé. Mais il n'est pas seulement un visionnaire. C'est un remarquable savant qui stimule ses collègues américains. Il rivalise avec le Soviétique Sergei Korolev qui, lui, est contraint de continuer sa tâche au fond du Goulag.

Or, à Washington, on entend les propositions de von Braun. On ne les applique pas. Le président Dwight Eisenhower a commandé les armées alliées qui ont gagné la guerre en Europe. Il sait de quoi il parle. Il exprime ses réticences à l'égard de ce qu'il nommera le « complexe militaro-industriel », ces chefs d'entreprises alliés aux chefs des forces armées qui réclament toujours plus d'armements, toujours plus de commandes pour accroître leur arsenal et, plus simplement, leurs profits. Il estime suffisante l'avance de son pays dans le domaine nucléaire, même si l'URSS a elle aussi fait exploser une bombe thermonucléaire. Un satellite n'est d'ailleurs pas une arme, du moins à cette époque. Mais les fusées qui le projettent dans l'espace ne sont-elles pas des missiles intercontinentaux ?

Et les missiles soviétiques, les *intercontinental ballistic missiles* (ICBM), ne menacent-ils pas la sécurité des États-Unis ? Réponse d'Eisenhower : rien ne prouve que la fusée soviétique soit aussi un ICBM, ni qu'elle puisse atteindre une cible précise. En ce qui concerne le satellite, le président ajoute « Cela n'augmente pas mes inquiétudes d'un iota. Je ne vois rien en ce moment, à ce stade de développement, qui soit significatif en ce qui concerne la sécurité ».

Tous les responsables politiques et militaires ne partagent pas cette tranquille assurance. Quelques-uns ont compris que le *Spoutnik* est aussi une arme de propagande, qu'il relance la course aux armements, qu'il souligne en même temps la faiblesse de l'enseignement supérieur aux États-Unis. Ils militent pour une révolution culturelle. Dans tous les domaines, notamment dans les sciences et dans la connaissance des langues étrangères, la nation doit stimuler les études universitaires. Il est urgent aussi de remettre de l'ordre dans la recherche spatiale. La marine travaille sur le *Viking*, une fusée à un étage. L'armée de terre laisse von Braun mettre au point une fusée de quatre étages et lui interdit de placer un satellite dans le quatrième étage. En dépit du secret qui pèse sur les travaux scientifiques en temps de guerre froide, Américains et Soviétiques savent qu'ils sont au coude à coude. La différence, c'est que du côté américain, les certitudes, les ambitions, la volonté de réussir sont moins fortes que du côté soviétique. La preuve ? On demande à Charles Wilson, le secrétaire à la Défense, s'il redoute la victoire au sprint des Soviétiques. « De toute façon, répond-il, ça me serait égal. »

Il y a pire encore. Pour riposter au lancement du *Spoutnik*, la marine américaine décide d'expérimenter sa fusée équipée d'un satellite de 2 kilos. Un échec lamentable. La fusée prend feu sur le pas de tir. Un journal britannique titre : « Les États-Unis l'appellent *Kaputtnik* ». Reste la solution ultime, celle qui aurait dû être prioritaire. On confie enfin à von Braun la mission de faire mieux. La date du lancement est fixée d'abord au 29 janvier, puis retardée au 31 en raison des conditions météorologiques. L'heure est tardive, au début de la nuit, ce qui n'empêche pas une centaine de journalistes de couvrir l'événement. Von Braun suit le lancement aux côtés des chefs militaires dans les bâtiments du Pentagone. Victoire, le satellite est placé en orbite. « C'est merveilleux », s'exclame Eisenhower. Puis, rasséréné, il conclut : « N'en faisons pas un plat. »

Il y aura d'autres *Explorer*, d'autres *Spoutnik*. Les États-Unis ont enfin compris les enjeux. La NASA est créée le 29 juillet 1958. Elle assume la responsabilité du programme spatial des États-Unis. Alan Shepard est le premier Américain dans l'espace le 5 mai 1961, trois semaines après le Soviétique Youri Gagarine. L'année suivante, John Glenn reste en orbite pendant cinq heures. John F. Kennedy lance en 1961 la course à la Lune, qui aboutira à l'alunissage de juillet 1969. Voilà des résultats qui dissipent les doutes et approfondissent nos connaissances en géophysique et en astrophysique – une autre facette de la guerre froide.

21

Que sont les États-Unis devenus ?

Voici ce qu'on pouvait lire en première page du *Figaro*, daté du 30 et 31 juillet 2022 : « Port d'armes, wokisme, avortement, racisme, Covid. Les États-Unis à l'heure de la grande fracture. Joe Biden devait tourner la page de l'ère Trump. Deux ans après son élection, l'Amérique est divisée comme jamais par les débats philosophiques, éthiques ou sociaux qui la traversent ». Est-ce un résumé alarmiste de la situation ? Rien n'est moins sûr. Tous les observateurs, qu'ils soient américains ou étrangers, parviennent aux mêmes conclusions. Les États-Unis vont mal. Ils sont profondément divisés. Désunis, fracturés, ils réunissent tant bien que mal deux sociétés antinomiques. Les visiteurs peuvent ne pas s'en apercevoir, encore qu'il suffise d'un regard plus attentif que celui du touriste pour en prendre conscience.

Le débat sur l'histoire des États-Unis

L'histoire du pays suscite une controverse qui n'en finit pas. Le dimanche 18 août 2019, le *New York Times* publie un supplément qui a pour titre : *The 1619 Project*. Le résumé ne laisse planer aucun doute. Il s'agit de donner une nouvelle interprétation de l'histoire des États-Unis. Une histoire qui aurait été, jusqu'à maintenant, mal enseignée, déformée, incomplète. Il y a quatre cents ans, deux navires débarquaient en Virginie une cargaison d'une vingtaine d'esclaves provenant de l'Angola. Ils avaient été capturés par des Portugais qui les avaient embarqués en direction du continent américain. Un trafic courant à cette époque. Espagnols, Portugais, Hollandais et, dans une moindre mesure, Anglais et Français tâchaient de rafler, puis de vendre des esclaves africains. La cargaison comptait, au départ des côtes de l'Angola, trois cents hommes, femmes et enfants entassés dans les cales du navire. Les conditions du voyage étaient à peine imaginables. La soif, la faim, les maladies faisaient qu'un tiers mouraient au cours de la traversée. Sur l'Atlantique, deux navires pirates, le *White Lion* et le *Treasurer*, s'emparent de la cargaison qu'ils vont vendre à Jamestown, dans la colonie anglaise de Virginie. À vrai dire, ce n'est pas la première fois que des esclaves sont vendus en Amérique du Nord, puisqu'en 1526, une première cargaison avait été livrée dans la colonie espagnole qui deviendra la Caroline du Sud.

Ce que veut démontrer le supplément du *New York Times*, c'est que l'histoire des États-Unis commence en 1619 et qu'elle est fondée sur l'esclavage. Voilà ce que les Américains, de tous âges, doivent désormais apprendre. Les États-Unis ont un passé raciste qui explique le racisme d'aujourd'hui. Oubliée, l'arrivée des Pèlerins qui, en 1620, débarquèrent du côté de Plymouth, à la recherche d'un refuge où ils pourraient, librement, pratiquer leur religion et instaurer un « commonwealth » qui n'aurait aucun lien avec l'esclavage.

Le supplément du *New York Times* pousse plus loin l'analyse - ou, si l'on préfère, les révélations. L'esclavage, lit-on, n'a pas cessé de marquer l'histoire des États-Unis. Si les colons ont pris les armes contre la Grande-Bretagne, s'ils ont proclamé l'indépendance des colonies en 1776, c'est parce qu'ils craignaient que la métropole annonce la fin du système esclavagiste. La révolution américaine n'illustre pas le triomphe des libertés politiques, mais la consolidation d'une société esclavagiste, qui entend ne rien abandonner de ses origines. Deuxième affirmation : le président Abraham Lincoln, avant de proclamer l'émancipation des esclaves en 1863, envisageait de faire partir les Noirs, tous les Noirs vers l'Afrique, vers le Libéria que des Américains avaient créé et protégé depuis la présidence de James Monroe. Troisième affirmation : le capitalisme du XIXe siècle a puisé son inspiration dans le système esclavagiste, en recourant aux mêmes méthodes brutales et destructrices. En un mot, la société américaine, dans tous ses aspects, a été façonnée par l'esclavage et par l'oppression que les Noirs n'ont pas cessé de subir - une oppression qui caractérise, aujourd'hui encore, leur place dans la société américaine.

Le supplément du *New York Times* fit grand bruit. En premier lieu, parce que le quotidien est une référence fondamentale dans la culture américaine - surtout dans la gauche. En second lieu, parce que les fondements de la culture, de la vie politique, des rapports sociaux sont remis en question. Enfin, parce que le but de Nikole Hannah-Jones, la journaliste responsable du supplément, est de modifier en profondeur l'enseignement de l'histoire des États-Unis.

Il n'empêche que cette « nouvelle histoire » a provoqué une polémique immédiate. Très curieusement, ce sont des militants trotskystes qui ont été les premiers à réfuter les conclusions du *New York Times.* Ils ont alerté des historiens professionnels, universitaires, spécialistes de l'histoire des États-Unis. Ce qui, plus que tout, a choqué les contestataires, c'est l'interprétation de la révolution de 1776 et la mise en cause de Lincoln, « le martyr » de l'Union, le vainqueur de la guerre civile. Ils ont dénoncé avec vigueur les erreurs, les à-peu-près, les partis pris du *Projet 1619*. Ce sont les fondements de la nation qui étaient contestés, ébranlés, voire détruits. La polémique a pris de l'ampleur dans la presse comme dans les milieux politiques. À telle enseigne qu'en 2020, le président Donald Trump a mis sur pied une commission historique pour rétablir ce qu'il estimait être la vérité - une commission que Joe Biden, dès son accession à la Maison-Blanche, s'est empressé de dissoudre.

Cette controverse a de quoi surprendre. Il y a soixante ans, Martin Luther King et ses amis blancs luttaient pour faire triompher l'égalité raciale. Ils dénonçaient avec vigueur le racisme hérité de la ségrégation, au nom des principes de la révolution de 1776. Ils ont obtenu des résultats spectaculaires qui ont transformé la société américaine. En 2008, Barack Obama est élu à la présidence des États-Unis. Un Noir, plus exactement un métis, accède au sommet de l'État fédéral, sans que les fondements de la société soient ébranlés. C'est plus que le résultat d'une évolution profonde des États-Unis ; c'est une sorte de bouleversement de la société américaine, la reconnaissance que les Noirs sont des citoyens comme les autres. Et pourtant, « la race » revient aujourd'hui au premier plan. « Le racisme systémique » serait partout présent, chez tous les Blancs. Le président Joe Biden lui-même ne manque pas de dénoncer, à son tour, cette maladie qui ronge la société de son pays. Le vocabulaire en porte témoignage. Il ne faut plus utiliser le mot *negro*. Il ne faut plus, au théâtre comme au cinéma, grimer en noir les visages blancs.

Plus révélateur encore. Black Lives Matter, c'est, d'abord, un *hashtag* qui naît en 2013. Un jugement vient alors d'acquitter George Zimmerman, un Blanc de Floride qui, l'année précédente, a tué un jeune Noir, Trayvon Martin, qu'il a surpris dans une résidence privée. En 2014, deux autres Noirs sont tués, l'un à Ferguson près de Saint Louis, l'autre à New York. BLM prend racine. En 2016, Colin Kaepernick, un joueur de football américain, refuse de se lever quand retentit l'hymne national. Il pose un genou à terre et fait un don d'un million de dollars à des associations qui combattent le racisme.

Le geste est reproduit dans le monde sportif – aux États-Unis et, ici et là, en Europe. Nancy Pelosi, la présidente de la Chambre des représentants, n'a pas manqué de suivre l'exemple. Le 25 mai 2020, à Minneapolis, la mort tragique de George Floyd, étouffé sous le poids du genou d'un policier blanc, provoque une indignation mondiale. Les villes américaines s'enflamment. Des manifestations, plus ou moins spontanées, déchirent le pays. Le président de la section de New York de BLM déclare au micro de Fox News : « Si ce pays ne nous donne pas ce que nous voulons, alors nous brûlerons ce système et le remplacerons. » Il ajoute : « Je veux juste la libération des Noirs et la souveraineté des Noirs. Par tous les moyens. » Des propos qui n'ont rien d'exceptionnel. Robin DiAngelo, une sociologue qui travaille sur le concept de « blanchité », ne fait pas dans la nuance : « Une identité blanche positive, écrit-elle, est un but impossible à atteindre. L'identité blanche est intrinsèquement raciste ; les Blancs n'existent pas en dehors du système de la suprématie blanche. » Ibram X. Kendi, un universitaire noir qui est devenu « le pape » des relations interraciales, emprunte la même direction : « Les défenseurs racistes de la discrimination raciale, écrit-il, qui servait à maintenir les iniquités raciales avant les années 1960, sont désormais les opposants racistes à la discrimination antiraciste qui sert à détruire les iniquités raciales. » Tous se retrouvent sur un thème prioritaire : il faut diminuer les crédits publics qui sont affectés aux forces de police. Pourquoi ? Parce que les polices appliquent des méthodes violentes, dont les Noirs sont les victimes et qu'elles commettent des bavures criminelles. Les polices, qui dépendent des États, des comtés et des villes, seraient toutes fondamentalement racistes. Même si bon nombre de policiers sont eux-mêmes noirs. Qu'il s'agisse du maintien de l'ordre, de la gestion des prisons, de la prévention des crimes, la police doit cesser de tenir un rôle majeur. La lutte contre la pauvreté, contre les maladies mentales, pour une politique sociale du logement, voilà les tâches prioritaires des services sociaux, qui rendraient inutile l'intervention de la police. Moins nombreux, mieux formés, les policiers ne commettront plus les bavures dont ils sont chaque jour responsables.

Sur les campus

Les campus sont profondément marqués par cette idéologie combattante. D'autant que, dans le monde des étudiants, les Blancs sont sur le point d'être minoritaires - les Noirs, les Hispaniques, les Asiatiques accèdent aujourd'hui plus qu'hier aux études supérieures. Cette nouvelle « clientèle » réclame des professeurs qu'ils explorent de nouveaux champs d'études - des études ethniques, raciales, post-coloniales, féministes. L'étude du racisme, la dénonciation d'une société accusée de racisme occupent une place primordiale. Il faut rester « éveillé » - on dit *woke* - pour mener le combat. Il faut « rejeter », « annuler » (en anglais : *cancel*) les hommes et les femmes d'aujourd'hui comme hier, les ouvrages, les propos qui vont à l'encontre des idées nouvelles. Il faut abattre les statues qui célèbrent des idéologies aujourd'hui indéfendables. Peu importe que ce soient des généraux de la guerre de Sécession, des présidents de la République, il convient de faire le tri. Un exemple significatif : impossible de considérer *Autant en emporte le vent* comme un chef-d'œuvre de la littérature ou du cinéma. Trop marqué par l'idéologie sudiste, donc esclavagiste. Un *speech code,* des mots qui sont interdits et d'autres qui sont recommandés, contrôle les conversations.

Black Lives Matter n'est pas un parti ni même un mouvement structuré. Son succès tient à l'influence mondiale des réseaux sociaux. C'est par Facebook, Instagram ou Twitter que les appels, des dizaines de millions de messages sont diffusés. BLM contribue à « raciser » la société. Ses adeptes ne demandent pas que les Noirs entrent de plain-pied dans l'Amérique d'aujourd'hui. Ils veulent que les Noirs bénéficient d'un statut particulier. Ils combattent ce qu'ils nomment la domination des Blancs et, chemin faisant, des hommes et des hétérosexuels, leurs privilèges, en un mot leur *leadership*. Aux États-Unis, BLM est soutenu par 84 % de la population noire, et 67 % des Noirs estiment que le mouvement représente beaucoup plus qu'un slogan. Les jeunes, en majorité des étudiants, participent activement, quelle que soit leur couleur de peau, aux manifestations en tout genre. La plupart des Blancs sont moins enthousiastes. Ils hésitent entre un soutien plutôt tiède et une franche hostilité. Ils redoutent la violence des partisans de BLM, leurs propos excessifs, l'influence grandissante de l'extrême gauche. Donald Trump et ses partisans ne manquent pas de soutenir les adversaires de BLM, et d'applaudir la création de All Lives Matter, de Blue Lives

Matter pour défendre les policiers, de White Lives Matter. La société américaine est fracturée en deux camps qui se détestent et sont prêts à combattre l'un contre l'autre.

La condition des Noirs aujourd'hui

Est-il possible de porter un regard dépassionné sur la situation des Noirs aux États-Unis ? Dès leur naissance, les États-Unis ont défendu les libertés publiques et privées. Dans le même temps, l'esclavage des Noirs a existé jusqu'en 1865. Les Pères fondateurs, George Washington et Thomas Jefferson entre autres, ont combattu pour les idées les plus progressistes de leur temps, mais l'un et l'autre possédaient des esclaves. Ils ont accepté avec leurs contemporains, que, dans le décompte des citoyens américains, un esclave soit l'équivalent de trois cinquièmes d'un Blanc. Faut-il en conclure que leurs statues doivent être abattues ? Que la capitale des États-Unis, qu'un État de l'Ouest auquel est rattaché la ville de Seattle, qu'un grand nombre de rues et d'avenues soient débaptisées ? Que du passé on fasse table rase ? Si détestable soit-il, le passé ne saurait être interprété à la lumière du présent. On doit ajouter qu'après l'abolition de l'esclavage, la ségrégation a régné officiellement dans les États du Sud, plus discrètement et tout autant détestable partout ailleurs aux États-Unis. Mais depuis une soixantaine d'années, des lois, des arrêts de la Cour suprême ont transformé la société. Le temps de Barack Obama n'est plus celui de Martin Luther King. Il ne faut pas confondre 2022 avec 1965.

Faut-il le rappeler ? Les Noirs ne fréquentent pas toujours les meilleures écoles et ne sont pas suffisamment représentés dans les universités. Il est vrai qu'ils sont en moins bonne santé que les Blancs. Ils sont plus mal soignés, parce que le système de santé défavorise les pauvres. Il est vrai que leur taux de pauvreté est deux fois et demie plus élevé que celui des Blancs. Les Noirs vivent le plus souvent dans des quartiers sous-équipés, mal desservis par les services publics, envahis par les trafiquants de drogue, soumis à la loi des gangs. Ce qui explique qu'un Noir court cinq fois plus de risques d'être assassiné, vraisemblablement par un autre Noir, et qu'il a six fois plus de malchance d'aller en prison. Un chiffre révélateur : 40 % des détenus sont Noirs, auxquels il faut ajouter les détenus en attente de jugement. Ce qui ne veut pas dire que les 41 millions de Noirs souffrent de la discrimination. Il y a une bourgeoisie noire, composée de médecins, d'universitaires, de pasteurs, d'hommes d'affaires, de sportifs, de hauts fonctionnaires, d'acteurs et de chanteurs. Des villes comme Atlanta, Washington ou New York ont élu des maires noirs. Des noirs siègent sur les bancs du Congrès et de toutes les assemblées d'État. Le parti démocrate recueille 80 à 90 % du vote noir, du moins quand les électeurs noirs participent aux élections.

Somme toute, le passé a laissé des traces profondes. Le présent ne les efface pas. Jusqu'à quand ? Mais une autre évidence s'impose : BLM ne contribue pas à l'intégration des Noirs, mais plutôt au séparatisme. Au lieu de militer pour leur intégration dans la société américaine, le mouvement les incite à occuper une place à part. Il les invite à détruire les fondements de la société d'aujourd'hui pour construire une société « racisée ». N'est-ce pas la forme moderne du racisme ?

Aux origines du « wokisme »

Dans ce bouleversement sociétal plus encore que linguistique, les Français portent une lourde responsabilité. Ce sont nos philosophes, Michel Foucault, Jacques Derrida, Jean-François Lyotard et quelques autres qui ont appris aux Américains que le modernisme n'avait plus sa raison d'être, qu'il fallait passer au postmodernisme, que toute pensée est une construction qu'il est urgent de déconstruire. Le mot d'ordre vient tout naturellement à l'esprit : il faut « dégenrer », « démasculiniser » la société pour éviter les pièges d'une société marquée par « le genre », la séparation entre hommes et femmes. De la même manière, il faut « décoloniser » la république pour redonner aux minorités raciales la place que les Blancs n'ont jamais voulu leur accorder. Et prendre garde aux ruses de l'idéologie qui sert de fondement au pouvoir politique. N'est-ce pas le pouvoir politique, nous disent ces philosophes, qui détermine en définitive ce qui est vrai et ce qui ne l'est pas, et non la correspondance avec la réalité ? Dans les mêmes perspectives, le langage est perçu comme un moyen peu fiable de produire et de transmettre des connaissances. C'est en 1979 que Lyotard soulignait son manque de confiance dans les grands récits comme le Progrès, l'Émancipation, le Marxisme.

Comment être surpris que de l'Europe à l'Amérique, puis de l'Amérique à l'Europe, les idées circulent ? Que le vocabulaire américain influe sur le vocabulaire français ? Black Lives Matter ne manque pas en France d'admirateurs et d'imitateurs. « Éveillés » par les nouveaux penseurs américains, bon nombre de nos compatriotes sont persuadés que le racisme a pénétré tous les milieux, les institutions et nos lois, qu'il tient une place grandissante dans les écoles, dans les tribunaux, au sein de la police et parmi les employeurs. Ne voit-on pas, dans le monde du travail, emprunter, avec plus ou moins d'enthousiasme, « les chemins de l'éveil » ? Assa Traoré, la fondatrice du « Comité vérité et justice pour Adama », ne pose-t-elle pas, le poing levé, chaussée d'escarpins de la marque Louboutin ? Des entreprises françaises n'organisent-elles pas des groupes d'études pour dénoncer « le privilège blanc » ? Aujourd'hui plus encore qu'hier, l'océan Atlantique ne sépare plus l'Amérique et l'Europe. Tout au contraire, il les unit. Pour le meilleur et pour le pire.

La théorie critique de la race

Il ne faut pas sous-estimer le but que poursuivaient les auteurs du *Projet 1619*. Donner aux relations entre les « races » la priorité dans l'enseignement, mettre en valeur la théorie critique de la race, c'est-à-dire faire des relations interraciales, à vrai dire du « racisme systémique », le fondement majeur de l'enseignement, notamment dans l'histoire des États-Unis. L'école est devenue un champ de bataille. Un exemple significatif : la Virginie où la fonction de gouverneur et les principales responsabilités politiques de l'État ont été soumises au suffrage universel en novembre 2021. Le candidat démocrate a fait campagne sur « la théorie critique de la race ». Une majorité des parents ne l'a pas suivi. Ils ont montré par leur vote qu'ils sont mécontents de la qualité de l'enseignement. Bon nombre d'entre eux sont *anti-woke*. Des mères blanches ont été particulièrement actives. Elles ont organisé des manifestations pour attirer l'attention sur « la guerre des cultures », pour protester contre la contamination des écoles, et pas seulement dans les universités. Résultat : une majorité de Virginiens vient de répondre que l'étude du racisme, telle que l'envisagent les tenants de la CRT, n'a pas sa place dans les écoles. Les républicains ont remporté les élections, bien que la Maison-Blanche ait soutenu les candidats de l'autre camp.

L'enseignement de l'histoire, on l'a compris, fait l'objet d'une bataille politique. La bataille porte sur le contenu des manuels. L'interprétation du passé varie d'un État à l'autre. Et chacun des États tient à son interprétation. Un exemple significatif : en Californie, les élèves apprennent que la Déclaration des droits autorise, voire recommande le contrôle strict des armes à feu. Une position de gauche. Au Texas, rien ne figure sur ce chapitre. Une position de droite. En Californie, les manuels racontent l'histoire des immigrants, ces nouveaux venus qui ont quitté l'Amérique centrale pour prendre place dans la famille américaine, comme les Asiatiques, comme les Juifs. Au Texas, c'est un policier des frontières qui donne son témoignage, et les manuels évoquent la loi, depuis longtemps abolie, qui excluait les Chinois. Convient-il de rappeler que les États-Unis sont une nation chrétienne ou faut-il rappeler l'influence néfaste des Églises, les injustices qu'elles n'ont pas dénoncées ou les conversions forcées qu'elles ont encouragées ? Comment présenter les Indiens ? Ont-ils « massacré » des Blancs ou bien ont-ils été des victimes innocentes ? Les États-Unis ont-ils été fondés sur l'esclavage, sur ce « racisme systémique » qu'on cite trop souvent sans vraiment le définir et qui aurait survécu à tous les changements ? Le Texas et la Californie s'accordent pour condamner la cruauté du commerce des esclaves. Il n'est plus question de soutenir que les planteurs prenaient soin de leurs esclaves et que les esclaves étaient plus heureux que les Noirs libres. Mais jusqu'à quel point faut-il dénoncer les pratiques sociales qui relèvent du racisme ? En Californie, les élèves apprennent que les États du Sud ont résisté de toutes leurs forces à la Reconstruction qui a suivi la guerre de Sécession. Au Texas, les élèves sont plutôt sensibilisés au coût des réformes, à la nécessité d'augmenter les impôts pour les financer. Ici et là, les lynchages sont condamnés. Mais pour les Californiens, les racistes ont tout fait pour écarter les Noirs de la vie politique et de la prospérité économique. Pour les Texans, l'essor économique reste le fondement de l'économie américaine. Andrew Carnegie est alors un héros. La Standard Oil est condamnée en Californie, parce qu'elle a contribué à accentuer les inégalités économiques et sociales ; elle est aussi accusée de nuire à l'environnement. Ce n'est pas le cas au Texas. Il va de soi que les manuels n'évoquent pas de manière semblable l'histoire de la sexualité, les questions qui touchent au genre ou aux pratiques sexuelles. On pourrait allonger la liste des divergences. Chaque État ne manque pas d'influer sur les éditeurs et sur les auteurs de manuels, tout simplement pour qu'ils se conforment aux interprétations de la majorité politique. Pour les Américains, c'est un témoignage de la liberté de pensée, du droit de chacun à rejeter les influences d'une pensée dominante. C'est aussi et surtout le signe éclatant des divisions profondes de la société américaine.

Les relations sociales aujourd'hui

Les relations sociales, elles aussi, peut-être même elles surtout, reflètent les bouleversements, les fractures qui ont transformé les États-Unis. La première question que l'on doit poser à son interlocuteur peut surprendre : « Quels sont vos pronoms ? » Ce qui revient à dire : « Voulez-vous que j'utilise dans notre conversation un pronom féminin ou un pronom masculin ? [...] Dois-je vous considérer comme une femme ou comme un homme ? » Mais il y a toutes les situations intermédiaires, avec nos « semblables » qui sont, en fait, de plus en plus différents. Les lesbiennes, les « gays », les bisexuels, les transgenres, les « queers » qui ne sont ni masculins ni féminins, les asexuels, voilà les catégories qui forment les LGBTQIA+, sans oublier ceux qui ne savent pas quelle est leur sexualité, les alliés à la cause, les pansexuels, les alliés hétérosexuels. Le sigle complet – pour le moment : LGBTTQQIAAP.

Ce ne sont pas des appellations fantaisistes. Encore moins dans le monde universitaire où il est indispensable de prendre en compte l'appartenance raciale et les PGP (*personal gender pronouns*), en un mot les formes grammaticales. Les professeurs sont fermement invités à la plus grande prudence dans leurs relations avec leurs étudiants. S'ils commettent une erreur dans leur expression grammaticale, ils doivent immédiatement présenter leurs excuses. Ce qui vaut pour les relations qui prévalent sur les campus doit influer sur l'ensemble des relations sociales.

Il ne faut pas croire que ces nouvelles pratiques sont des excentricités auxquelles recourrait une très faible minorité de la population. En anglais, *he* ou *she* sont officiellement remplacés par *they* qui, paraît-il, n'indique pas seulement le pluriel, mais aussi le neutre. Le *New York Times* a mentionné dans un article « les hommes, les femmes et les gens qui ne sont pas conformes ». Ce qui veut dire qu'on peut n'être ni homme ni femme. Une personne qui rejette les stéréotypes masculins cesse d'être un homme – et si elle rejette les stéréotypes féminins, elle cesse d'être une femme. La naissance ne détermine plus le reste de l'existence. Un jeune homme ou une jeune femme peuvent changer de sexe – à partir de quel âge ? On est loin, très loin du mouvement féministe qui, au XXe siècle, a transformé la condition féminine. Le droit de vote, acquis par les Américaines en 1920 (vingt-cinq ans avant les Françaises), l'accès à tous les emplois, l'interdiction de la discrimination à l'embauche, la contraception, le combat contre le *male chauvinism,* la phallocratie qui faisait obstacle au bonheur de toutes, voilà des acquis que personne n'oserait remettre en question. Une nouvelle étape insiste sur l'identité féminine, sur la nécessité du séparatisme, sur des exigences spécifiques. Madonna, Angelina Jolie, Beyoncé, Lady Gaga sont les héroïnes de notre temps. À l'ordre du jour, les violences faites aux femmes, le viol, la marginalisation, les dernières traces de la discrimination, la dénonciation des « crimes » commis par les hommes. En 2016, surgit le mouvement MeToo, pour défendre les femmes agressées ou maltraitées. L'intersectionnalité, une vision nouvelle de la société, met en valeur la couleur de la peau – aux États-Unis, on dit « la race ». Les femmes noires doivent mener le combat contre la discrimination raciale. Elles souffrent du racisme systémique dont les Blancs et les Blanches sont porteurs. Plus encore que les Blanches, elles sont des victimes, potentielles ou réelles. Désormais, le genre, non le sexe biologique, et la sexualité sont assimilés à des constructions sociales. Autant de perceptions qui ont pris racine sur les campus. Elles ont pénétré l'ensemble de la société. Elles suscitent de fortes adhésions et de fortes hostilités. Elles contribuent à approfondir les divisions de la société.

Le 4 juillet 1776, les treize colonies anglaises d'Amérique du Nord proclamaient leur indépendance. Malgré leurs divergences idéologiques, malgré leurs différences économiques et sociales, elles promettaient de devenir des États unis et de combattre, dans l'unité, l'armée de Sa Majesté. Quatre cent quarante-six ans plus tard, les cinquante États sont de plus en plus divisés. On pourrait allonger la liste des domaines dans lesquels des Américains s'opposent à d'autres Américains. Deux Amériques s'affrontent.

Immigration, armes à feu, avortement

L'immigration illégale, par exemple, fait l'objet d'âpres débats. Les États-Unis restent fidèles à leur tradition d'accueil, même si de 1921 à 1965 ils ont strictement limité le nombre des entrées. Près de 50 millions d'Américains sont nés à l'étranger, soit 14 % de la population, alors qu'en 1970, la proportion n'atteignait pas 5 %. Un immigrant sur quatre vient du Mexique. Les Chinois comptent pour 6 % ; les Indiens (d'Inde), pour 6 % également ; les Philippins pour 4 %. Aujourd'hui, un immigrant sur trois est d'origine asiatique. Ils sont chrétiens pour 42 %, bouddhistes, hindouistes, rarement musulmans. Qu'ils vivent en Californie, dans l'État de New York, au Texas, l'immigration légale ne fait plus peur. Les enfants des nouveaux venus occupent des emplois diversifiés dans le commerce, la finance, la technologie. Ils impressionnent par leurs qualités intellectuelles, par leur volonté de « réussir ». Ils ne sont pas des espions, des saboteurs, les ennemis cachés de la République. Bien au contraire.

Ce sont les illégaux qui font peur. Aujourd'hui, on évalue leur nombre à plus de 11 millions. Des milliers d'autres espèrent entrer dans « le paradis américain ». Ils viennent, pour le plus grand nombre, du Mexique, du Guatemala, du Salvador, du Honduras, parfois de plus loin encore de l'Amérique centrale, de l'Amérique du Sud, des Antilles. Ils prennent le chemin qui les conduit au Texas, en Arizona, ou en Floride pour les Cubains. Cette immigration illégale, comment l'arrêter ? Donald Trump a cru trouver la bonne formule. Un mur de neuf mètres de haut serait construit le long de la frontière avec le Mexique. La dépense serait considérable, mais le Mexique serait contraint (comment ?) de payer les frais de construction. Peine perdue. Joe Biden est, depuis 2021, à la recherche d'une solution originale, voire miraculeuse. C'est que les illégaux recourent souvent aux services, grassement rémunérés, des « coyotes », ces passeurs qui acheminent des hommes, des femmes, des enfants – et des drogues, d'autres produits interdits. La cocaïne, la marijuana, les métamphétamines, le fentanyl alimentent un commerce prospère. Les États frontaliers avec le Mexique ne cachent pas leur colère – alimentée plus encore par la crainte du Covid. Le gouverneur du Texas, républicain, menace de construire son propre mur. Le gouverneur de la Floride, républicain lui aussi, expédie cinquante illégaux d'origine vénézuélienne dans le Massachusetts, à Martha's Vineyard, le paradis des riches, pour que « les gens du Nord » comprennent ce que signifie l'immigration illégale. Kamala Harris, la vice-présidente des États-Unis, a été chargée du dossier par Joe Biden. Mission impossible. « Restez chez vous, a-t-elle déclaré aux futurs illégaux. [...] Ne venez pas. » Des paroles qui n'ont aucun effet. Joe Biden a arrêté la construction du mur. Trois millions d'illégaux ont été interpellés sous sa présidence. Il n'a pas trouvé la solution miraculeuse. Pendant ce temps, la criminalité porte gravement atteinte à la sécurité des citoyens. Même si des employeurs peu scrupuleux tirent profit d'une main-d'œuvre bon marché, qui n'est pas déclarée, qui fait fonctionner les usines et travaille dans les exploitations agricoles.

Dans cette conjoncture, les armes à feu sont aussi l'objet de controverses. Les *mass shootings* succèdent aux *mass shootings*. Ce ne sont plus des événements exceptionnels. Depuis plus de vingt ans, les tueries dans les établissements scolaires et universitaires, dans les bâtiments religieux, dans les rues des grandes villes émeuvent l'opinion. Ces massacres plongent les Américains dans l'horreur. Et dans l'incompréhension. Comment cela est-il possible dans une société civilisée, démocratique, qui ambitionne d'influer sur le reste du monde ? Le débat sur les armes à feu ne cesse pas d'enflammer l'opinion. C'est que la liberté d'être armé est aux États-Unis un droit fondamental, conformément au deuxième amendement à la Constitution, adopté en 1791 et interprété par la Cour suprême en 2008. Une majorité d'Américains reste persuadée qu'il ne faut pas toucher à cette liberté, qu'elle est constitutive de la démocratie. Ce n'est pas seulement la puissante National Rifle Association, soutenue par la plupart des milieux conservateurs, qui tient ce langage, mais aussi de paisibles mères de famille qui craignent d'être agressées, violées ou insuffisamment protégées par les forces de l'ordre. Ce sont aussi les chasseurs et les tireurs sportifs qui défendent le droit de pratiquer leur sport et leurs activités de loisir. Ce sont encore celles et ceux qui veulent se défendre et n'ont confiance ni dans les polices ni dans les institutions politiques. Ils s'opposent aux partisans du contrôle des armes - du contrôle, pas de l'interdiction. Le débat divise le pays. Il suscite la controverse dans le monde religieux, universitaire et politique. Il oppose les républicains - plutôt favorables au droit de détenir et de porter une arme – aux démocrates qui souhaiteraient que soit limité, et non supprimé, ce droit fondamental. Faut-il rappeler que dans chaque État, les villes et les comtés bénéficient de la liberté d'accommoder à leur guise le droit d'être armé ; quarante-quatre des cinquante États appliquent strictement le deuxième amendement à la Constitution. Six autres, dont l'État de New York et la Californie, ne font pas référence dans leur Constitution au deuxième amendement. Quant aux règles qui président à l'achat des armes, elles font l'objet de toutes sortes de dispositions. L'âge des acquéreurs, la vérification de leurs antécédents, le type d'armes, voilà autant de règles qui varient d'un État à l'autre, d'une ville à l'autre. Reste l'importance du commerce des armes. Il est florissant, y compris et surtout en période de pandémie qui fait craindre l'insécurité. Fabricants et commerçants sont des businessmen qui cherchent à gagner de l'argent, le plus d'argent possible. Les armes tuent, dit-on. L'automobile aussi ; l'alcool également. Les drogues en tout genre minent la société et détruisent les individus.

Résultat de l'interminable controverse : les foires aux armes attirent une foule de visiteurs et d'acheteurs. Les transactions entre particuliers ne laissent aucune trace officielle. Les femmes constituent une clientèle nouvelle et profitable. Quant aux fabricants, ils ne manquent pas d'imagination pour accroître leur clientèle. Ils ont lancé la production en 3D qui permet de monter son arme à domicile, sans laisser la moindre trace auprès des services officiels. Enfin de compte, les États-Unis sont une nation armée. Et malgré la campagne que mènent les adversaires du deuxième amendement, ils le resteront longtemps encore.

Le droit à l'avortement

Le droit à l'avortement crée une source nouvelle de divisions - des divisions profondes, peut-être irréconciliables. En 1973, la Cour suprême rendait un arrêt historique. Elle déclarait que l'avortement est un droit conforme à la Constitution fédérale et qu'il peut être pratiqué jusqu'à la 24e semaine de la grossesse. Tous les Américains ne partageaient pas ce point de vue. De fortes résistances ont surgi pour que la Cour revienne sur sa décision, sans que les adversaires de l'arrêt obtiennent satisfaction. Voilà que le 24 juin 2022, six des neuf juges de la Cour déclarent que l'arrêt de 1973 n'est conforme ni à la Constitution fédérale ni aux amendements postérieurs. Forte émotion dans le pays. Les uns sont scandalisés, manifestent dans les rues des grandes villes, dénoncent le conservatisme rétrograde des juges et demandent, ou plutôt exigent, que le président des États-Unis, que le Congrès, que les partis politiques condamnent « le coup d'État » de la Cour. Dans le même élan, ils combattent l'arrêt qui autorise chaque citoyen à porter une arme en public et un autre arrêt qui limite les pouvoirs de la Maison-Blanche dans la protection de l'environnement.

À vrai dire, la Cour suprême n'a pas interdit l'avortement. Elle renvoie aux États le soin de décider si, oui ou non, ils autorisent l'interruption de grossesse. Chacun des cinquante États a pris ou prendra sa décision dans le cadre du fonctionnement démocratique de ses institutions. La souveraineté du peuple n'est pas menacée ; bien au contraire. En revanche, il sera impossible de s'appuyer sur un texte fédéral. La bataille idéologique sera, bien évidemment, différente suivant qu'il s'agit de la Californie, du

Texas, du Wyoming, du Kansas ou d'autres États. Comme on peut s'y attendre, la situation varie d'un État à l'autre. Treize États ont adopté des lois préventives qui interdisent l'avortement, avant même que la Cour suprême n'ait rendu son arrêt. Une quinzaine d'autres États ont interdit ou vont interdire l'avortement, sauf à le maintenir dans des cas spécifiques. Au contraire, seize États plus le district fédéral (la ville de Washington) ont adopté des dispositions qui protègent le droit à l'avortement. Les partisans de l'avortement se pourvoient devant les tribunaux de leur État pour défendre leurs libertés. Leurs adversaires ne manquent pas, eux aussi, d'agiter l'opinion, de manifester dans les rues, de mener des campagnes spectaculaires pour défendre leurs conceptions. Les médecins ressemblent souvent à des boucs émissaires, enfermés entre les deux camps. Ils peuvent être traduits en justice en Alabama, s'ils pratiquent l'avortement, à moins que la future mère coure un danger pour sa santé. La Californie et le Vermont, des États plutôt « libéraux », envisagent de compléter leur Constitution pour assurer la pérennité du droit à l'avortement. Les républicains approuvent la Cour suprême ; les démocrates combattent l'arrêt. Les plus pessimistes, ou les plus réalistes, posent la question du mariage homosexuel, qui pourrait être, à son tour, interdit par la Cour.

Il n'empêche que dans les États abolitionnistes, les cliniques qui pratiquaient l'avortement ferment immédiatement, de crainte de subir les foudres de l'administration. Les médecins sont dans l'obligation d'appliquer la loi. Les femmes qui désireraient avorter peuvent aller dans un État « libéral », à condition d'en avoir les moyens financiers et de trouver une clinique qui les accueille. Les pauvres ne bénéficient pas des mêmes avantages que celles qui ont les moyens d'échapper à une législation restrictionniste. Sur cette question comme sur d'autres, deux Amériques sont face à face, comme si elles ne pouvaient plus vivre ensemble.

La démocratie à l'épreuve

Enfin, le fonctionnement de la démocratie suscite la controverse. Depuis novembre 2020, Donald Trump dénonce les fraudes électorales. Elles l'auraient privé de la victoire aux élections présidentielles. Les tribunaux n'ont pas confirmé ses accusations, mais l'ancien président a convaincu un nombre grandissant d'électeurs républicains. Les plus excités ont tenté, le 6 janvier 2021, de prendre d'assaut le Capitole, où les résultats des élections présidentielles allaient être proclamés. À croire les contestataires, Joe Biden aurait été mal élu. Il aurait bénéficié de « magouillages ». Une majorité d'Américains ressentent un malaise. Le fonctionnement de leurs institutions provoque la méfiance, le doute, voire la crainte de malversations. Les États dans lesquels les républicains détiennent le pouvoir ont voté des lois restrictives. Elles visent à empêcher les fraudes, à contrôler plus étroitement l'accès aux urnes. Obligation est faite de vérifier très soigneusement l'identité des électeurs - dans un pays où la carte d'identité n'existe pas. Il faudra aussi limiter le vote par correspondance, le vote qu'on exprime plusieurs jours, voire plusieurs semaines avant la date officielle du scrutin. Le vote électronique sera interdit ou, pour le moins, étroitement limité. Ici et là, ce sont les populations les plus fragiles, par exemple les Noirs et les Hispaniques, qui sont accusées de frauder ou d'être les complices, voire les bénéficiaires de l'illégalité. Ce sont, soutiennent bon nombre de républicains, les démocrates qui en profitent. Dans les quartiers déshérités, les bureaux sont peu nombreux. Le jour du scrutin, un mardi et non un dimanche, les files d'attente sont longues. En conséquence, pour décourager les plus pauvres, il sera interdit de leur servir devant les bureaux de vote des boissons ou des « snacks ». Somme toute, dix-neuf États ont adopté des lois qui rendront plus difficile l'accès aux urnes. Ces dispositions ne sont pas contraires, semble-t-il, à la Constitution fédérale.

Les États à majorité démocrate adoptent une politique opposée. En Californie, par exemple, tous les électeurs doivent recevoir un bulletin qui leur permettra, s'ils le souhaitent, de voter par voie informatique. Dans le Maryland, les électeurs ont le choix : mettre eux-mêmes leurs bulletins dans les urnes ou recourir à tout autre moyen, sans devoir préciser à l'avance qu'ils viendront ou ne viendront pas jusqu'au bureau de vote. Au Congrès, sénateurs et représentants débattent sur le vote électronique, sur le vote en avance, sur l'identification des électeurs, sur le jour du scrutin, sur les files d'attente devant les bureaux de vote. Les détenus, une fois libérés, recouvreront-ils leur droit de vote ? Les mineurs de plus de 16 ans seront-ils autorisés à voter ? Très curieusement, il n'est pas prévu de poser des limites plus strictes au financement des campagnes électorales.

Ce n'est pas la première fois dans l'histoire des États-Unis que les élections font l'objet de contestations. Rien ne démontre que les réformes, qu'elles viennent du camp républicain ou du camp démocrate, mettront fin aux doutes, voire aux accusations. Présidentielles, législatives ou locales, les élections continueront de provoquer d'interminables disputes. Chaque État continuera de défendre ses particularités. Les consultations électorales ne manqueront pas de provoquer d'autres contestations, d'autres batailles, d'autres fractures de l'unité nationale.

Et pourtant, le paradoxe a de quoi surprendre. Cette Amérique, si profondément divisée, n'en demeure pas moins la plus grande puissance militaire, même si nous condamnons ses illusions et ses erreurs. Sans elle, comment résisterions-nous, aujourd'hui, aux ambitions de la Chine comme nous avons, hier, résisté à l'impérialisme soviétique ? Comment tiendrions-nous tête aux terrorismes de toutes origines ? Elle continue, dans le monde entier, de surprendre, d'être imitée, de créer les modes culturelles, une autre façon de vivre et de penser. Internet, les réseaux sociaux, l'iPhone qui ne nous quitte ni le jour ni la nuit, les technologies les plus étonnantes nous ouvrent les portes d'un monde nouveau. L'Amérique domine l'économie mondiale. Ses industriels, ses banquiers, ses grands patrons nous fascinent. Mark Zuckerberg, Steve Jobs, Jeff Bezos, Elon Musk, l'homme le plus riche de notre planète, sont devenus nos modèles ou nos anti-modèles. Ses institutions politiques sont admirées ou fortement critiquées, d'autant que le match entre Donald Trump et Joe Biden n'en finit pas de bouleverser la vie quotidienne des Américains. Qu'on la déteste ou qu'on l'imite, l'Amérique ne laisse personne indifférent. Jusqu'à quand ?

Table des matières

Ont déjà fait l'objet d'une publication dans la presse les articles suivants :

- « Le maccarthysme », *L'Histoire*, octobre 1980 ;
- « Qu'est-ce qu'un Américain ? », *L'Histoire*, juillet 1986 ;
- « Carnegie », *Historia*, février 1991 ;
- « Les Rosenberg », *L'Histoire*, octobre 1994 ;
- « Lincoln », *L'Histoire*, juillet-août 2006
- « La guerre de sécession », *Le Figaro Magazine*.

Du même auteur

Histoire des États-Unis (en collaboration), Armand Colin, collection « U », 1969.

La Mission de Jean Monnet à Alger, mars-octobre 1943, Éditions Richelieu/Publications de la Sorbonne, 1971.

La Vie politique aux États-Unis, Armand Colin, collection « U2 », 2 volumes, 1973.

Le Temps des Américains. Le concours américain à la France, 1917-1918, Publications de la Sorbonne, 1976. Ouvrage couronné par l'Académie des sciences morales et politiques.

L'Indépendance américaine, 1763-1789, Gallimard/Julliard, collection « Archives », 1976 ; nouvelle édition sous le titre *La Révolution américaine, 1763-1789*, Gallimard, collection « Folio », 2013.

La Vie quotidienne aux États-Unis au temps de la prospérité, 1919-1929, Hachette-Littérature, 1980 ; nouvelle édition, 1993 ; Fayard, 2013. Ouvrage couronné par l'Académie française.

Le Watergate, 1972-1974. La démocratie à l'épreuve, Éditions Complexe, 1983.

Les Américains. Les États-Unis de 1607 à nos jours, Points, collection « Histoire », 2 volumes, 1986 ; nouvelle édition, 2014. Prix France-Amériques.

Franklin Roosevelt, Fayard, 1988 ; Tempus, 2012.

États-Unis 68. L'année des contestations, Éditions Complexe, 1988 ; 2008.

La Deuxième Guerre mondiale. Chronologie commentée (en collaboration), Perrin, 1990 ; Éditions Complexe, 1995.

La Civilisation américaine (en collaboration), Presses universitaires de France, 1991 ; 2006.

Les Juifs pendant l'Occupation, Le Seuil, 1991 ; Points, collection « Histoire », 1997.

La Guerre de Sécession. Les États-Unis désunis, Gallimard, collection « Découvertes », 1992.

La Libération de la France, juin 1944-janvier 1946 (en collaboration), Perrin, 1995 ; Tempus, 2004.

Mal connus, mal compris, mal aimés. Les États-Unis d'aujourd'hui, Plon, 1999 ; nouvelle édition, revue et complétée sous le titre : *Comprendre les États-Unis d'aujourd'hui*, Tempus, 2008.

Jules Isaac ou la Passion de la vérité, Plon, 2002.

La Peine de mort aux États-Unis, Plon, 2003.

John F. Kennedy. Une famille, un président, un mythe, Éditions Complexe, 2007.

Les Juifs américains, Plon, 2008 ; Points, collection « Histoire », 2009.

Des espions ordinaires. L'affaire Rosenberg, Larousse, 2009.

Barack Obama. La grande désillusion, Plon, 2012.

Saint-Maur-des-Fossés. Quand la banlieue peut avoir une âme (en collaboration), Gallimard, collection « Découvertes », 2010.

Les Présidents américains. De Washington à Trump, avec Hélène Harter, Tallandier, collection « Texto », 2012 ; 2018.

Histoire des relations internationales, de 1919 à nos jours, ouvrage écrit par Jean-Baptiste Duroselle, revu et complété par André Kaspi, 2 volumes, 15e édition, Dunod, 2017.

La Nation armée, Éditions de l'Observatoire, 2019.

Composition et mise en pages
Nord Compo à Villeneuve-d'Ascq

Achevé d'imprimer en décembre 2022
sur les presses de Normandie Roto Impression s.a.s.
61250 Lonrai
N° d'impression : 2205698

Imprimé en France

IMPRIM'VERT

PEFC
10-31-2541
Certifié PEFC
Ce produit est issu de forêts gérées durablement et de sources contrôlées
www.pefc-france.org